中国易学文化传承解读丛书

历代六壬占验选注

[清] 程树勋　编著

杨景磐　解析

中国商业出版社

图书在版编目(CIP)数据

历代六壬占验选注 / (清)程树勋编著；杨景磐解
析. —北京：中国商业出版社，2012. 6
ISBN 978-7-5044-7740-8

Ⅰ.①历… Ⅱ.①程… ②杨… Ⅲ.①占卜—中国—
古代 Ⅳ.①B992. 2

中国版本图书馆 CIP数据核字（2012）第 129068 号

责任编辑 李赫

中国商业出版社出版发行
010-63180647 www.c-cbook.com
（100053 北京广安门内报国寺 1 号）
新华书店总店北京发行所经销
北京明月印务有限责任公司印刷

*

710×1000 毫米 1/16 开 33.5 印张 487 千字
2013 年 1 月第 1 版 2013 年 1 月第 1 次印刷
定价：68.00 元

* * * *

（如有印装质量问题可更换）

传承经典，开创未来，
共筑中华文明新高峰

——"中国易学文化传承解读丛书"总序

《周易》为群经之首、大道之源，是我国现存最古老的文化经典、智慧经典，其"一阴一阳之谓道"的精湛命题，天人合一、太和中正的和谐思想，自强不息、与时俱进的创新精神，厚德载物、海纳百川的包容态度，居安思危、慎终敬始的忧患意识等，已经融入中华民族的人文心理和价值观念之中，成为中华民族精神的重要组成部分。《周易》一书以其宏富的内容、精深的思想，传承不绝，历久弥新，数千多年来始终受到人们的特别推崇和高度重视。从刘向、刘歆父子的《七略》，到作为中国古代文献总汇的《四库全书》，《周易》一直在其中占据着首要地位。如果说中国传统思想文化的精髓是经学，那么《周易》则是经学的核心。随着历史的发展，《周易》一书得到不断的完善和升华，逐渐由原始的占卜之书发展为人文化、哲理化的哲学著作，并对中国的传统政治、经济、军事、法律、教育等制度建设，对天文、历法、地理、数学、化学、农林、医药、建筑、史学、文学、艺术等学科发展产生了极其深远的影响，在人类文明史上意义重大。

当代著名学者余敦康先生曾经强调，从某种意义上说，《周易》及相关的易学发展史就是一部中国文化发展史。作为一门古老而常新的学问，易学随着社会的发展、时代的进步而不断变化，在各个历史阶段有着不同的特点和规律。两汉的象数易学、魏晋的玄学易学、宋代的理学易学、明代的心学易学、清代的朴学易学以及近代出现的科学易学等，都各具特色。但任由星转斗移、时异境迁，由《易传》所奠定的易学传统，囊括天、地、人"三

1

才"之道的整体之学，综合百家、超越百家的易道文化，始终是真正的易学价值的所在，尤其是其中的精髓——和谐、创新的理念和精神更是具有永恒价值的大智慧。

众所周知，《周易》由经、传两部分组成。其中，经的部分包括上经和下经，由六十四卦及其卦爻辞所组成符号系统和文字系统构成。相传伏羲画八卦，周文王被囚羑里而演为六十四卦、三百八十四爻，而传的部分则分为七种，共十篇，分别是《彖传》上下、《象传》上下、《文言》、《系辞》上下和《说卦》、《杂卦》，又称"十翼"，相传为孔子所作。所以，班固在《汉书·艺文志》中将《周易》成书的历程概括为"人更三世，世历三古"。

《易经》原本只是卜筮之书，卦爻被古人当做判断吉凶、占知未来的依据。《易传》的作者通过对《易经》筮法以及卦爻象和卦爻辞的解释，将古代的占筮典籍升华为哲学之书。易学是通过对《易经》的占筮体例的解释和儒家经学的确立和发展而逐渐形成、发展起来的，由于对其占筮体例的不同理解和诠释，形成了象数易学和义理易学两大流派，并对中国传统思想文化的发展产生了深刻影响。

两汉时期是象数易学发展的重要阶段，很多易学大师如孟喜、京房、郑玄、荀爽、虞翻等，纷纷以象数解《易》，形成了象数易学研究的高峰。魏晋南北朝时期，象数易学盛极而衰，易学与老庄之学相结合，使《周易》原理玄学化，出现了扫落象数、重新确立义理派研究方法的王弼易学。此后，在《周易》学术研究领域里，义理派逐渐占了上风，成为易学发展的主导力量。唐代孔颖达奉敕编撰《五经正义》，其中《周易正义》采用的就是王弼之本，王弼易学于是成为易学正统。宋代易学在延续历史的同时，进一步将《周易》哲理化，形成传统易学发展的新的高峰。陈抟推崇河图、洛书，用各种图式解说《周易》，创立了图书之学。周敦颐着重讲象，邵雍着重讲数，象数之学哲理化的倾向特别突出。程颐、程颢、朱熹等理学家的易学，坚持了义理学派的传统立场，并使之进一步发扬光大。元明两代是程朱易学深入发展的时期，同时也展现了自己的时代特色。清初易学基本上继承了宋代的传统并坚持了对图书易学的批判，到清代中期，以惠栋为代表的不少学者转向对汉易的辑佚、整理和考证,回归到汉学的学术传统。这样,就形成了易学史上著名的"两派六宗"。

与此同时,民间的易学研究者也围绕着《周易》,不断地从道德伦理、文化艺术、风俗习惯、民众心理等角度对其进行挖掘和拓展,从而形成了历史悠久、内涵丰富的民间易学文化。与偏重学理研究、偏重精英文化的学院派不同,民间易学具有更广泛的群众基础,他们根植于民间文化和百姓生活,部分地吸收、借鉴了学院派理论探索和学术研究的成果,依靠自己丰富的实践经验和成功案例,通过通俗易懂、简单明了、切于日用的方式服务大众,在一定程度上满足了社会的现实需要,从而构成了易学文化领域不可忽视的一支力量。特别是在作为易学文化重要支脉的占筮、堪舆、命理等术数文化方面,民间易学的贡献更是极为突出,不容小视。而这也恰恰说明了《周易》文化的博大精深,兼收并蓄。诚如《四库全书总目》所言:"《易》道广大,无所不包,旁及天文、地理、乐律、兵法、韵学、算术,以逮方外之炉火,皆可援《易》以为说,而好异者又援以入《易》,故《易》说愈繁。"更为重要的是,纵观中国历史的发展,随着易学研究、易学实践、易学运用的不断推广、深化和拓展,《周易》和易学已经成为众多精英人士实现诚意正心、进德修业、经世济民等社会政治理想的重要依据,成为中华文化重要的源头活水,成为中华民族精神和智慧的集中体现。易学思想堪称中国传统思想文化的主潮、主旋律,对中国传统思想文化发展的影响至深至远。

晚近以来,易学研究更呈现出不断开拓、持续发展的喜人景象,不仅有传统的象数、义理之学,更有科学易、考古易等具有时代特点的学说产生,还涌现出了一大批造诣精深、著述丰富的易学名家、名著,开创了易学文化研究的崭新局面。这些都使得《周易》这部古老的文化经典、智慧依然保持着非凡的活力、魅力和持久的感召力、影响力。尤其值得注意的是,近年来,随着经济社会的迅速发展和学术文化的不断繁荣,民间易学更是突飞猛进,影响激增,甚至成为当代"易学热"的重要推手。从一定意义上讲,如果没有民间力量的认同、追慕和推动,易学文化不可能影响如此广泛、如此巨大。我们一直坚定地认为，"易学热""热"在民间，不应将精英易学与民间易学简单地割裂开来、对立起来，学院派与民间派之间应该进一步相互取鉴、相互沟通、相互交流，因为在探求学术真理的道路上，两者是相伴而行、相得益彰、殊途同归的。

易学作为中国独特的文化对世界产生了巨大的影响，作为应用易学的风水学对世界的影响更是巨大。在亚洲受中国文化影响最深的是日本与韩国，同样易学文化对他们的影响也最巨。在日本的应用易研究历史更为深远，日本明治时期易学大师、以占卜参政的奇人高岛吞象的毕业巨著《高岛易断》，堪称是《周易》占筮学代表作，书中大量占例预测了军政大事、国际关系等，对日本当时的内外政策的制定具有重大影响，百余年来以英、汉等多种文字流传世界。现当代以来日本在应用易学方面出版了大量的研究书籍：村山智顺的《朝鲜的风水》、松蒲东机的《家相大全》、益蒲银鹤的《相家》、日本一流的建筑设计师冈本的《配合阴阳学的间隔设计》等等。日本于1989 年成立日本全国风水研究者会议。应用易学研究在韩国受到的重视程度相比日本更是有过之而无不及，不说在朝鲜的历史文献中有多少内容，单说从 2003 年开始，韩国对"中国风水"进行了重新梳理，并以政府行为启动了"整体风水地理"项目，还将其列为韩国国家遗产名录和申报世界遗产项目。该项目由韩国国立中央博物院主持，是联合数十位不同领域的专家进行的国家级项目。2004 年 6 月 5 日，韩国迁都之际，韩国政府国情咨询机构之一的地理风水学会 38 位专家学者曾来北京考察风水布局，并召开"首届国际堪舆文化学术研讨会"。2005 年 7 月 31 日，韩国还邀请数百名风水专家选定燕歧公州为新首都。

17 世纪西方传教士把《周易》带回西方，其影响力几乎震撼了整个西方。德国数学家莱布尼兹从一阴一阳的相互变化得到启示，发现了二进制数学，为电子计算机的发明奠定了基础。德国哲学家黑格尔从一阴一阳反合相生相成的消长变化规律得到启发，创立了辨证逻辑定律，并说"《易经》代表了中国人的智慧，是有绝对权威的"。丹麦物理学家、量子力学创始人玻尔受《周易》中的太极图启发，发现了物理变化原理与《周易》的平衡关系,创立了"测不准原理",其量子力学因此问鼎诺贝尔奖。此外,著名心理学家荣格、物理学家 F·卡普拉、科学家李约瑟等一批世界科学界重量级人物都对《周易》进行系统的研究,并高度称赞它的科学性。最发人深省的是著名信息经济学家获诺贝尔奖获得者查理森·威尔海姆不久前曾说:"知识经济正在改变着我们的时代,但是许多人并不知道带给我们巨大冲击的这次革命,实在受惠于中国古代的伟大经典《易经》。《易经》中包含信息论思想,不仅启发我们的科学家造出了计算机,而且正成为西方越来越多普通西方人们日常生活的决策指南。"美国学者约翰·希里格斯在其与英国学者合著的《混沌七鉴——来自易学的永恒智慧》一书中指出:《周易》对我们特别有启示。英国著名科学家李约瑟博士在他编著的《中国科学技术史》里,特辟十二消息卦与纳甲、《周易参同契》、外丹说与丹术等章节进行详细论述。相关应用易学的著述我简单例举一下:德国传教士艾德的《风水——中国自然科学的萌芽》、福伊希特万的《从人类学角度剖析中国的风水》、杜登的《风水——地理位置选择与布局的艺术》、迈耶《中国城镇风水》、罗丝巴哈的《风水——中国的方位艺术》等等。

应用易学的研究在港台地区更是异常繁荣,每年相关的著作达上百部之巨,参与的各项活动与咨询项目之多更是无法具体统计。在台湾地区的钟义明以一人之力编著的应用易学书籍就达三十多部。香港的应用易学服务机构有名的就有数十家之多。综上所述,《周易》以其特有的魅力影响着世界的各个方面,"易道广大,无所不包",也正因为如此,其影响力才会波及海外。尤其是近些年来,随着国内《周易》成为一大热点,一些学者成立了国际性的易学研究机构,出现了更多的易学交流平台,促进了易学文化的传播和发展。

当然,在对古代风水的评价时,还存在一个科学与迷信之争。应该说,风水在中国一直是一个社会问题,现代科学无法证明其就是科学,但其数千年不绝,我们也不能纯粹以迷信来看待,应该坚信未来的科学能够解释这个东西的。但在现阶段,我们对风水还是要有一个重新认识:不能说它合理,但必须承认有用。

几千年来，人们对《周易》和易学文化的研究从未间断，至今依然热度不减，高潮频起，而且业已成为全球性、国际性的学术研究课题。目前，我们国家正在和平崛起，经济社会飞速发展，综合国力不断提升，中华民族传统思想文化也越来越受到人们的关注。若想深入了解、真正认识中华民族传统思想文化及其演变、发展规律，《周易》和易学是无论如何也都绕不过的一个关键点。中国易学文化传承解读丛书的出版，便缘于这样一个背景和氛围。可以说，丛书中每一本书的撰成，都凝集着作者自强不息、兢兢业业、探赜索隐的学术热情和辛勤努力，书写着易学文化传统在当代的继承、延续和发展，展现着易学文化立体性、全方位、高水平研究的最新资讯和丰硕成果，凸显着古老易学智慧的当代价值和无穷魅力。我们有理由相信，这套丛书的顺利推出，一定会有助于中国传统思想文化及其典籍研究的进一步深化和发展，一定会有助于当前的和谐社会建设、生态文明建设。

"嘤其鸣矣，求其友声。"希望各位读者喜欢这套丛书，喜欢这套丛书中的每一本书。

张　涛

壬辰龙年秋冬之际

于北京师范大学易学文化研究中心

张涛：北京师范大学教授、博士生导师，北京师范大学易学文化研究中心主任，中国易学文化研究会会长，教育部易学研究基地成员。长期致力于国学尤其是易学文化的教学和研究工作，已出版易学研究著作多种。

目 录

第十一章　词　讼 ··· (245)

13

前　言

　　《历代六壬占验选注》一书的写作，得力于长春单良先生的帮助。单良先生雅爱传统文化，对周易卦爻辞和易象，着力颇深，对于三式术数，亦倾注大量心血，尤精通古代地理风水，曾于2007年夏前来同我一起研究太乙和大衍筮法，由此同我结为忘年之交。单良先生曾以高价购得清人程爱函编辑的《精抄历代六壬占验汇选》付印全卷，并惠赠我一份。我阅后认为，《汇选》囊括北宋直至清朝中期数百年间数十位著名学者的六百余则六壬验案（亦涉及到先秦、魏晋和唐宋之间的数则六壬验案），弥足珍贵，其学术价值不可估量。

　　于是，我们计划联手详解《汇选》诸案。由于当时我案头有其他工作，单良先生已着手于六壬应期的专项研究，尤其又考虑到我已出版过的《六壬指南例题解》、《六壬断案详解》中共339案，都包括在《汇选》之中，没有必要再对《汇选》每案必解。

　　为了不影响单良先生对六壬应期的专项研究工作，故决定由笔者一人完成《选注》中288案的解释，这样，就对《汇选》中627则案例，全部解析过了。由于笔者水平所限，解析中难免有错误之处，敬请读者批评指正。

　　另外，单良先生还将程爱函的《壬学琐记》惠我一份。此书内容涉及壬学诸多方面，为程氏自己及其诸多壬友实践经验的总结，详明实际，没有任何玄虚夸张之词，颇有价值。我对《壬学琐记》作了评述，将收入《三式述要》一书中。

　　最近接到单良先生的电话，他对六壬应期的专项研究工作已近尾声，已写成若干万字的文字资料，并将于近期带手稿前来会我，我将以先赌为快。

我们期待着单良先生的成功。

我的"前言"至此本来可以结束了。由于《汇选》和《壬学琐记》中的有关问题，还想与大家交流意见，故借"前言"的机会，叙述如下文。

一

《汇选》的内容清晰地展现了两千余年来六壬术数发展的脉络。《四库全书》考证认为六壬"其传尤古"。明清之际的学者黄宗羲认为《左·国》伶州鸠对七律即为六壬术，后汉人所著《吴越春秋》、《越绝书》中有范蠡、伍子胥等人的数则六壬占例，现今考古发现的西汉初期的六壬栻盘就有六具，这些足可证明六壬式在春秋战国时期就很盛行了。从《吴越春秋》、《越绝书》所载六壬占例来看，其推演和判断方法与后世所传不尽相同，大概六壬式也是"人更多手，时历多世"的集体创作，必然有一个完备和完善的过程。从《三国志·魏书》所载管辂占王宏直案，可以看出当时六壬式与《风角》紧密相联，而《晋书》所载戴洋占郏城陷落案，这时的六壬式就相对独立并且完备了。

唐朝和宋朝是六壬式大发展的时期。唐代著名医学家孙思邈提出：不精通六壬不可为大医。《龙城录》载有冯存澄为李隆基夺取皇位前占得斩关课（六壬式六十四课之一），可见这时六壬法式已经很完备了。

宋代是六壬式发展的高峰。蒋日新的《六壬开云观月经》、徐道符的《六壬心镜要》、邵彦和的《口鉴》、《六壬断案》、凌福之的《六壬毕法赋》、祝泌的《六壬大占》等六壬经典作品，都成书于两宋时代。

程树勋在《壬学琐记》中说：

宋仁宗最嗜六壬，故其时习此学者甚多，而以元轸、苗公达为最。至徽宗、高宗时，邵彦和一出，又驾诸人之上。理宗时有凌福之等本邵公之法作《毕法赋》，于是诸法咸备，至平至当，一扫疑神疑鬼之习气。

明清两代六壬式盛行，有成就的著作，当推郭御青的《六壬大全》和陈公献的《六壬指南》二书。前者是六壬典籍的集大成者，着重推演方法和理论基础的阐述，是习六壬者必备之书，后者列有一百二十五则占验实例，判断思路清晰，断语亦明确。晚清和民国间亦有多部六壬式著作问世，虽在某个方面也有一定的见解，但大多学术平平，判断实例亦难超其前人。近几十年来，港台对传统术数未经历断代危机，演习六壬者亦大有人在，也有几部六壬著作问世，但由于其特殊的商业价值观念，其作品的学术价值实在不敢恭维。

程树勋在《壬学琐记》中又说：

予所见各书之言善六壬者，《吴越春秋》则载子胥、少伯、文种、公孙圣，《晋书》则载戴洋，《龙城录》则载冯存澄，《五代史》则载梁太祖，《夷坚志》则载蒋坚，《稗史》则允升、尧山堂，《外纪》亦载朱允升，《徽州府志》则载程九主，《松江府志》则载陈化雨，《苏州府志》则载徐大衍、皇甫焯，《元史》则载刘文成，然古今书籍之言善六壬者，当不止此数人，奈予之未见耳。

六壬式同其他占术一样，原于周易筮法，一开始就为上流社会所专有，并逐步呈现儒学化的特点，并且其社会效果也得到充分肯定。宋元之际的马端临在《文献通考·论六壬》中说："近世宁亀消息，而此术甚行。""《五代史》、《金銮密记》皆极言其验。"程树勋在《壬学琐记》中说："读杨忠愍公年谱，知公通三式之学，可见此学亦为君子所不弃。晋之戴洋，唐之李靖，元之刘秉忠、耶律楚材，明之刘青田，皆祖其学，固非渺见寡闻之辈所能精通者也。"

今有人称三式术数为古代高层次预测术。既是高层次预测，必然要有高层次学识者方能驾御，非江湖术士辈所能掌握。此类学术在古代既为"君子所不弃"，高度儒学化，而现代仍应"儒学化"。遗憾的是，现代有不少渺见寡闻之辈，不学无术，根本不去读周易卦爻之辞和卦爻之象，而略知点天干地支和五行生克知识，居然称周易大师、泰斗，岂非咄咄怪事！

二

《汇选》除辑录少量唐朝以前的六壬占例之外，大部分为宋代及其以后的占例。其中大部分六壬占例，经数度风雨沧桑，若非程树勋先生有手抄本留世，现在已经无法查找了。因此，《汇选》保留的资料是弥足珍贵的，程树勋先生的功绩也是值得后人永远称赞和纪念的。

《汇选》涉及到的古代六壬式专著主要有：

《宋本邵案》、《张本占案》、《方本占案》、《苗公达断经》、《口鉴文武星案》、《指归灵文论》、《中黄经》、《通神集》、《一针见血.》、《行人类证》、《捷要》、《捷录》、《青钱秘诀》、《课经集》、《精蕴》、《心镜》、《六壬指南》、《残篇》、《五要权衡》、《郭氏占案》、《六壬直指》、《牧夫占验》、《一字诀》、《玉连环》、《说约》、《笔尘》。

《汇选》涉及到的六壬家宋朝之前主要有：

范蠡、伍子胥、公孙圣、管辂、戴洋、冯存澄、梁太祖。

宋朝及其以后的六壬家主要有：

元轸、苗公达、苗叔芳、仲褒、刘日新、楚衍、邵彦和、祝泌、邵提刑、黄先生、雪心、朱恒、陈公献、庄公远、程翔云、何半鹤、郭御青、陈天民、王牧夫、徐次宾、王宏宇、张继唐、吴稼云、郑体功、张鋐（张江村）。

上述六壬家，大多未能列入史传，其生平事迹不详，其作品多亦散佚，现在已经查找不到了。宋以来留有验案最多和最为显著的六壬家，当属两宋之际的邵彦和，宋元之际的祝泌，明清之际的陈公献、郭御青等人。

据邵彦和"自占动静"一案，可知邵氏为浙江衢州人，生于宋英宗治平二年（公元1065年）岁次乙巳，卒于南宋高宗绍兴三年（公元1133年）岁次癸丑，寿六十九岁。其著作为死后由门徒整理而成，有《口鉴》、《断案》等。从邵氏留下的案例来看，求占者有蔡京之流的达官显贵，也有中小官吏和平民百姓，是名动朝野的六壬学者。程树勋在《壬学琐记》中说：

邵彦和先生所著《口鉴》，今无完本，《断案》散见于各书，亦多不全。

予三十年来自徽而至杭，而苏，而扬，各处搜罗，仅得二百余课，其断语为后人改篡者时亦有之，此凌福之所谓"后人恣己意，作繁文以杂其真者"是也。考其"自占动静"一课，知先生为衢州人。然查《衢州府志》无其姓名。尝记相知者在衢州者访此公遗书，而久不得。

我们对邵彦和的生平事迹及其学术成就，只能依靠《汇选》所录有关案例加以探讨了。程树勋当年搜集到的《断案》占例，现有传本，其中大部案例也辑录于《汇选》中。笔者写有《六壬断案详解》一书，由珠海出版社于2007年12月出版，可供参考。

祝泌是南宋后期人，有《观物篇解》、《皇极经世起数诀》等著作流传于世。《饶州府志》有传：

祝泌，字子泾，德兴人。得皇极数于西江廖应淮。咸淳十年登进士第（咸淳十年至南宋灭亡仅五年时间，疑此句有误——引者注），历任饶州路三司提干，编修《壬易会元》，以年（老）乞休，御赐观物楼匾，因建楼于居傍。元世祖登极，诏取不赴，遣甥傅立持书上之。所著有《观物解》及《六壬大占》、《祝氏秘钤》、《革象新书》。或曰："先生之学流于数。"夫数一理也，康节之学非欤？世祖首诏不赴，忠而不激，有未测其浅深者。

《古今图书集成·艺术典·术数部》载有祝泌向元世祖所上《进壬易会元大占书表》。《四库全书·观物篇解·提要》对祝泌有简要介绍和评述，指出：

（祝）泌字子泾，鄱阳人，自号观物老人。书（指《观物篇解》——引者）首署衔称承直郎充江淮荆浙福建广南路都大提点坑冶铸钱司干办公事，而《起数诀》内又自署提领所干办公事，不知其终于何官也。

又说：

《永乐大典》别载有祝氏占例，所言实皆奇中。陶宗仪《辍耕录》载泌精皇极数，其甥傅立传其术，为元世祖占卜，尚能前知，则亦小道之可观者。盖其学虽宗康节而亦自别有所得，故其例颇与《经世》书不符，而其推占亦往往著验。方技之家，各挟一术，邵子不必尽用《易》，泌亦不必尽用邵子，无庸以异同疑也。

我们由上述可知，祝泌对《皇极经世》颇有研究，其"精皇极数"。遗憾的是，《永乐大典》所载著验的占例我们无法看到，不论皇极数占例，或六壬占例，都有价值。笔者写有《祝泌观物篇解释义》一书，正在出版中。

陈公献著有《六壬指南》一书。广陵（今扬州）人，主要生活在明末帝崇祯时代和清朝初期。周元曙在《六壬指南·小引》中说：

> 公献以维扬将家子，自祖父及昆仲，文苑武虎，著声海内。又生而赘勇，耽习奇技太公《阴符》诸篇，以及黄老之术，了然胸次。向请缨于大司马王霁宇先生……忽为谗阻，功志未竟，识者惜之。

陈公献出身于宦门，也曾经踌躇满志，企图在政治上有所作为。当他这种愿望破灭之后：

> 潜究六壬，寒暑不辍。访学燕京，与涂松亭、何半鹤二公齐名。繇是冠盖，问事者日无虚谷，纵口而谈，无不翩翩奇中。（《六壬指南·小引》）

可见，陈公献在当时就是名满京都的六壬术数大家。程翔云在《六壬指南》序言中称陈公献为当世之管（辂）、郭（璞）。从《六壬指南》记载的占例来看，崇祯朝廷的王公将相，登门求陈公献占卜者大有人在。有最受崇祯宠爱的田妃，还有一位皇室公主，首辅周延儒、温体仁，辅臣（宰相）钱龙锡、钱士升、李建泰、张四知、钱象坤等人也都曾登门求占。总督、御史、巡抚、侍郎、尚书一级的求占者，如赵光抃、钱谦益、吴振缨、闵弘学、周仲琏、刘若宜、宫子玄、钱大鹤等，比比皆是。笔者写有《六壬指南例题解》一书，于2006年7月出版发行，可供参考。

郭御青与陈公献是同时代人，辑有《六壬大全》一书，其自序中有云：

> 六壬向无善刻，抄本皆鲁鱼亥字，不堪入目。较正刊行海内者，自旸谷关先生三式始，路阻难以拘（购）得。余究心此道叶二十年，汇集《大全》

一书成帙，因旅橐萧然，难以行刻。梓人徐振南者，愿求其稿以登梨，因缮写付之。余复简书，复有中州之役，不知其刻能竟否？

若集中《毕法赋》正舛订讹分类抬头，使观者较若列眉文。《课经》集汇括诸家，更无剩义，余之心血几为呕尽。壬书中从无此精研者矣。

此自序末署："时在乾隆五十四年仲春上浣古博郭御青叙"。此为十三卷本，为民国十年春由上海锦章图书局印行，取名为《精校六壬大全》。程树勋在《壬学琐记》中有云：

古博郭御青先生，因梓人徐振南之请刻《毕法赋》二卷，《课经集》四卷，共六卷，每卷首页则有"徐振南梓"数字，是知为初刻原本，后不知何时复益以七卷，共十三卷，名曰《大全》，原本中《占验存略》一篇、《兵占》六课删去。尝读《明史·艺文志》有袁祥《六壬》三十三卷，后观《苏州府志》，知袁祥为元和县人，有《六壬大全》三十六卷。此书必有可观，惜遍求而不得。若郭氏所较（校）辑者，虽曰《大全》，实多缺略，况较雠未尽善欤！

现在流传于世的《六壬大全》十三卷本，当为郭御青所辑，虽"未尽善"，却是古代六壬典籍的集大成者，对现代人来说，也已经很可贵了。虽则《占验存略》删除，大概《汇选》中所录郭御青占案，也就是《占验存略》的内容了。

《汇选》所录郭御青占案几十例，皆是崇祯时期的占例，最早为崇祯六年（公元1633年）岁次癸酉，最晚的占例为崇祯十五年（公元1642年）岁次壬午。其中戊寅年（崇祯十一年，即公元1638年）四月甲午日问赴任一课，是郭氏自占赴任之期，但文中未透露所授何官，所任何职。由此可知，郭御青为崇祯时代的朝廷命官。

值得指出的是，《汇选》所录郭氏占例最早为崇祯六年（公元1633年），此距郭氏为《六壬大全》写自序之年（清乾隆五十四年，即公元1789年）为156年，显然此中有误。这只得有待进一步考证了。

三

六壬预测是引导人们趋吉避凶的。它同周易筮法一样，是"天生神物，以前民用"（《周易·系辞上传》）的，也就是这种预测是要为人类服务、为人类造福的。从《汇选》辑录的五百余则六壬例题来看，这种预测在历史上确实发挥过不可估量的作用。

六壬可以成功地预测军国大事，可以作为庙堂决策的重要参考。春秋时代的越王勾践笃信范蠡的六壬占，终于在被吴国的囚禁中脱险获释，而最终打败了吴国。而吴王夫差由于不相信伍子胥的六壬占，不采纳伍子胥根据六壬预测作出的建议，故而一误再误，终于使吴国走向灭亡，为自己招来杀身之祸。北宋仁宗皇帝不仅自己研究六壬式，而他身边也聚集了一批有学识的六壬家作为辅佐。观宋仁宗庆历八年郝太尉统兵渡河讨贼一案，即可见六壬占在军国大事中发挥的决策作用。南宋淳祐皇帝数次令祝泌占边事，皆属这类六壬占案。

六壬可预知年景丰歉和自然灾害，据此可有针对性地预作防灾减灾措施。《汇选》辑录了数则不同时代有关全年丰歉和自然灾害的占例，这在传统术数学系列中也是绝无仅有的，因此，这类六壬占案更值得玩味和重视。提前一年或数年，可用六壬式预测某年全年何方（农业）全收，何方半收，何方无收，何方旱灾，何方涝灾，何方风灾，何方虫灾等等。

这些占例，虽然没有地震（太乙中有地震预测）、山体滑坡、海难、空难、矿难等自然灾害和人为灾害的案例，但这已经为探讨、预知和预防自然灾害和人为灾害的发生开了先河，后人可以依据前人的思路和成果继续探索研究下去，从而，让六壬术数这类传统文化，发挥包括现代科学在内的其他方法无可替代的独特作用，为全人类造福。

六壬可预测个人和家庭的吉凶祸福，提出趋吉避凶的警示。《汇选》中这类案例最多。上至宰相、皇妃，中至御史、巡抚，下至曹吏衙役及平民百姓，求占者比比皆是。这些案例占问的事情，几乎涵盖了社会各阶层生活中的各个方面，不胜枚举。我们看到，六壬等占卜活动，长期以来就是民俗文化的一个重要组成部分，根深蒂固，人们靠着它释疑、解惑、趋吉、避凶。无论求占者，还是施占者，大多都对此笃信不疑，也收到了实际的效果。

六壬可预测一个人的终身命运和前程，较之四柱算命更加精彩。《汇选》中有占问终身及前程的案例若干则。这些案例的占问者，有达官贵人，也有中、小官吏和士民百姓。六壬家依据课传，对一个人的幼年、青年、壮年和晚年的各个不同时期，家庭环境、亲属、贫富、考选官职、身体疾病、劫难甚至死期等状况，均能作出判断。有的案例能据六壬课传判断一个人的姓氏和名字。

常熟蒋畹仙（即蒋棻）于崇祯十年（公元 1637 年）岁次丁丑参加会试之前，曾先后向陈公献和郭御青求占六壬课，得中进士后赋诗赠郭御青。诗曰：

> 汉帝潆沱失道时，白衣老父指点之；
> 嗣有通玄隐中条，长生术得神仙师；
> 繇来下传多奇壬，谶纬星历能旁窥；
> 景纯少授青囊秘，五行翻驳参同契；
> 介休独上元礼船，户履时盈占一第；
> 后先得失镜于胸，余亦从君考轩轾；
> 君云马少几被落，覆身犹喜存簾幌；
> 撤闱发策券前知，铩羽弹冠不一错；
> 君才绣虎兼雕龙，胡为九僎甘泥蟆；
> 泄天应犯天公恼，因君之身识君老；
> 吾闻场中鬼有权，目迷五色烘头脑；
> 八股不灵六壬灵，主司何如测数好。

蒋畹仙得中进士，从此彻底改变了命运。从诗中不难看出，蒋氏喜形于色，对郭御青充满感激之情，并发出"八股不灵六壬灵，主司何如测数好"的由衷地赞叹。

笔者在《六壬指南例题解》一书封面曾题字曰：

周易范围天地万物

数术倾倒将相王孙

四

六壬式课传已定，怎样才能作出正确的判断呢？《汇选》诸案，皆可为法。笔者对于《汇选》诸案，还正在深入探研之中，当前还不能作出较为全面、较为系统的总结。现仅就阅读和实践所及，提出以下几点。

（一）程树勋在《壬学琐记》中说："凡占事之重大者，课体最重。若课体不吉，即有一二吉神，无补于课体之疵也。"此为至要之论。笔者对此深表赞同。笔者曾于1990年末，海湾战争暴发之前，曾用六壬式预测海湾战争局势。第一次预测得到遥克课蒿矢格，三传带金，第二次预测得到遥克课弹射格，三传带金土，课传为群土围一水的格局，由此判定海湾战争必然暴发，以美国为首的多国部队必然以武力攻打伊拉克，而且伊拉克在战争中必将彻底失败（拙作《重大事件卦象探秘》中有此案例）。因此，程氏"凡占事之重大者，课体最重"之论，也必是有实践依据的。

（二）占此应彼的现象，在六壬式中也会遇到。程树勋指出：

大抵事关紧迫，则神明不报所问之事，而报未问之事也……不独占此现彼，又有来人心怀数事，欲占某事，殊不知神将于第一课中俱报者，不可不察。此即王知远所说"人止问我一事，殊不知此课事事可问，事事可断，盖世人来，已将他通身逐件包括在课中"之意。

程氏此论颇有见地。但是，初习六壬者是很难做到的，只有在预测实践中摸索，才能收取熟能生巧之效。

（三）六壬以五行生克定吉凶，此为要点，不可动摇。前人对此有许多精辟论述。《指掌赋》注云："大凡克处是动机。"这与《周易·系辞下传》所说"吉凶悔吝者，生乎动者也"之义相通。《指掌赋》注中又进一步指出："阴阳（此指日干支上神之阴阳）生合比合处，吉凶之端倪不露，惟于相克处一逗杀机，而吉凶遂尔见形。盖不杀不成其为生，而取克正所以观五行相生之妙也。"程树勋对于易象与生克的关系，在《壬学琐记》中有一段精辟论述，摘引如下：

予友吴稼云先生尝云："周易言象而不言生克，故六壬家亦宜观象定吉凶，而不可以生克定吉凶。"此稼云先生一家之言也。夫周易不尽言五行，故不论生克；六壬专言五行，则不能离生克。十二神将之所属，即象也。或生焉，或克焉，即象之吉凶者也。古人又患人之情伪，事之变幻，非生克两字可尽也。于是曰德，曰合，曰刑，曰冲，曰破，曰官，曰禄，曰刃，曰旺，曰墓，曰死，曰绝，曰胎，曰养，曰败，所以参其象而尽其变也，然后吉凶悔吝无所逃于三传四课中矣。稼云先生学问渊博，深于古文，尝与予谈六壬，经日不倦，其法重初传，重丁神，以神机兆于动。既得动，然后融会全课体象而断之，不可枝枝节节。盖初传与丁神皆课中之动者也。先生此言，最为微妙，是佛家上乘功夫，予愧未能造到此境也。

综观此论，知程、吴二人皆可列入大家之行列，其对易象、动机和生克的理解，高人一筹，虽自谓"愧未能造到此境"，实已进入此境了，其令浅学之辈望尘莫及。

（四）心不诚，则占不灵。这已是术数界的口头禅，但这是有道理的。术数家和占问者两个方面都应警惕这个问题。程颐曾论邵康节：其心虚明，故能前知。这里的虚明，也包括心诚的问题。程树勋对此举证曰：

休宁程（九圭）先生精六壬，有叩求其学者，九圭云："是全须精神。"吾尝澄心息虑，以先天之灵，得自然之妙，其所言者，百不失一。心有所寄，而强为人断，虽有数学诗书，终不验矣。（《壬学琐记》）

郭御青在《六壬大全》自序中亦有相似论述，今摘录以供参考：

尝有人以不紧要之事，因闲谈而漫求占。问者之心已不诚，占者亦漫应之，两人之心俱不诚，是无物也。无物则无形见，所以课体亦茫无端绪。大要天下事皆象心为之，未有无心而有事者也。如人闭目凝神，虽静坐一室，而室外步履音响，洞垣如见。如心偶他驰，人过我前而不见，声震吾耳而不闻，是心一不在，虽面前形声，且不见不闻，而况传课中隐深之义乎！卜筮家每云"心不诚则神不告"，非幻冥之神不告，乃吾自心之神不出现也。上彻九天，下透重渊，皆人心灵为之，何舍自己心灵而求课象必得之数也。余持是说以告占验家，百不失一矣。

拙作《重大事件卦象探秘》一书中，有许多是几年来笔者作的六壬案例，或许对读者有一定的参考价值。古人认为，三式之中，六壬式最切近人事（即人们的日常生活），我们对于壬式的探讨研究，还任重而道远，让我们大家共同努力吧。

杨景磐

2011年8月28日于文新墨旧斋

第一章 考 试

历代六壬占验选注

一　仲褒为李明占省试及殿试

东京有僧仲褒，精通六壬，元丰八年乙丑二月十七辛巳日，太学同人李明癸未生四十三岁求占，得申时亥将。**一针见血**

愚按：元丰为神宗年号，是知仲褒在邵彦和先生之前也。

龙　朱　阴　白
亥　申　辰　丑
申　巳　丑　辛

兄　申　朱
子　亥　龙
财　寅　常

申　酉　戌　亥
未　　　　　子
午　　　　　丑
巳　辰　卯　寅

仲褒曰：若占省试，必主高中，只是不承恩命。省榜了当殿试，为犯御讳，遂不及第。李君再谓褒曰：春前之数已验，不知异日如何？褒曰：且待别占。

议曰：发用朱雀，传入龙常，三传皆临长生，行年又得青龙，传入太常正属省府，所乘功曹本是青龙，春占为旺气，与月建上神三合，贵人顺治，发用在前，故主省试高发。以太岁为殿试，太岁不入传，青龙正临空亡，天罡加太岁，太岁加日上作白虎，为墓库来刑日，故不承恩命也。

杨注：

凡文中所加按语，皆为清人程爱函所加。此案为北宋神宗元丰八年（公元1085年）岁次乙丑二月十七辛巳日申时。因该月十八壬午日春分，故仍用亥将。

此案一课占问省试和殿试二事，断为省试得中，殿试不中。

以月建为省试，月建卯上为午，午为值班贵人，卯和午分为旺相有气，故省试得中。

以太岁为殿试，太岁丑加临日干辛上，丑乘白虎刑干（辛寄戌，丑刑戌），并且丑为辛干之墓，丑加辛为日干戴墓，昏迷不明之象，故可断殿试不中。

原案以三传并注重三传所乘天将作判断。三传申亥寅为长生玄胎吉课。初传申乘朱雀文书发用，但甲戌旬申为旬空。中传亥乘青龙吉将，亥又落空。末传寅乘太常不空，太常为省部级，亦主省试得中。

又，太岁丑与本命未相冲，其上神辰和戌又冲，亦主殿试不中。

原案不以初传、中传空亡作出判断，值得讨论。

二 郭御青为张贞明占秋闱

崇祯癸酉年八月二十七丙戌日辰将未时，张贞明兄占秋闱。**郭氏占案**

龙　常　贵　六
辰　未　亥　寅
未　戌　寅　丙

官亥贵
财申武
兄巳空

寅　卯　辰　巳
丑　　　　　午
子　　　　　未
亥　戌　酉　申

郭御青曰：是日揭晓。占得此课贵人作官星相气，又乘劫煞，主极迅速。干上长生、天德、命马，初传岁时马，中传日马、天马，末传行年马，七马聚会，目下即捷音至矣。果酉时而报至。

杨注：

此案为崇祯六年（公元 1633 年）岁次癸酉八月二十七丙戌日未时，该月十九戊寅日秋分，故用辰将。

初传亥为官星又为天乙贵人又为劫煞，主捷报速至。初传亥又为酉年酉月之马，中传申为日马、天马（八月天马在申），末传巳为行年马（文中未提供行年所在）和未时马，干上寅为本命马（文中未提供本命所在），此为七马聚会，应目下捷报即至。

三 郭御青为马氏兄弟占会试

崇祯丁丑年二月十四甲申日亥将巳时，占马氏兄弟会试中否。**郭氏占案**

```
青  后  后  青
申  寅  寅  申
寅  申  申  甲


     兄  寅  后
     官  申  青
     兄  寅  后


亥  子  丑  寅
戌           卯
酉           辰
申  未  午  巳
```

郭御青曰：余为陈留马君惕中讳孔健占会场，初嫌其返吟，德禄受克，未敢深许。其胞弟本命在未，行年在申，贵人驿马并值，似胜于惕中。及榜放，独惕中及第。后详课情，三传俱孟，吉应长者，何须簾幕贵人也。

愚按：登科者禄马扶会，此课禄马如此，且乘天后恩泽之神，青龙吉将相并，安得不中。独无奈其相冲也。凡相冲者，必须合。惕君之命在午，午与寅三合，午上见子，子与申三合，是以中也。若其弟命上见丑，行年上见寅，皆不会合，虽为贵人、驿马，何益之有？郭君以惕中命上子为本日福星，作螣蛇而临午，为飞空进用，卦爻应题，不必多求，此郭君事后之言，似是而非。余故删之。又吾郡吴稼云先生曰：此返吟课，故年命吉者不中，而中者反作年命不吉者也。此论太奇，附之。

杨注：

此案为崇祯十年（公元 1637 年）岁次丁丑二月十四甲申日巳时，该月二十六丙申日春分，此为春分前十二日，故仍用亥将。

三传寅申寅，初传寅为甲申日之德、禄、马，三者会聚于初传发用，考试必中之象。但是，返吟课三传寅申寅相冲（寅申相冲），冲则散，又有会聚不成之象，故兄弟二人不能皆中。

为何兄考中而弟落榜呢？兄本命午与初传、末传之寅为三合（半三合，他案中也有取用半三合之象者），午上子与中传申为三合，故兄得中。弟命在未，未上丑，年在申，申上寅，皆与三传寅申寅不合，不能破去其冲，故不得中。

又，其弟行年在申，申上寅，寅为德禄马会聚于行年之上，此为考中之象。奈何申寅自相冲克，冲克则散去，此为考试不中之象，故应断弟不得中。

案中只提供其兄本命在午，未提供其行年，是陈氏遗漏不足之处。

程氏所加按语强调逢冲取合，是正确的。程氏在抄录陈氏原案时，有意删掉部分内容，这是不可取的。

吴稼云所论返吟课年命吉者不中等语，是随意所云，于典籍中无所依据，不可效法。

四　郭御青为赵景皋占会试

崇祯丁丑年二月十四甲申日亥将未时，赵景皋兄占会试。**郭氏占案**

```
玄  蛇  六  白
辰  子  戌  午
子  申  午  甲
```

```
    财 辰 玄
    官 申 青
    父 子 螣
```

```
酉  戌  亥  子
申      丑
未      寅
午  巳  辰  卯
```

郭御青曰：干支各自乘死气，又各脱耗，不利场屋明矣。且四课天将不正，三传水局，天将又皆水，虽能生日，不敌自受脱耗。凡水局见武、蛇，主梦幻鬼魅，安能中乎？放榜果不中。

杨注：

三传辰申子为三合润下水局。"凡水局见武、蛇，主梦幻鬼魅。"此出处待考。案中其他断语清楚明晰。

五　郭御青为章曩占会试

丁丑年二月丙戌日亥将丑时，宗万斁占常熟章君（曩）会试，本命亥。

郭氏占案

<pre>
        武 后 勾 空
        午 申 丑 卯
        申 戌 卯 丙

            子 丑 勾
            官 亥 朱
            财 酉 贵

    卯 辰 巳 午
    寅   未
    丑   申
    子 亥 戌 酉
</pre>

郭御青曰：本命乘酉，恰是贵登天门。行年乘寅而为学堂、年马，愚按：年马是行年之驿马。且作青龙吉将。又太岁作初传，朱雀作中传，贵人作末传而登天门之上，必中无疑矣。果然。

杨注：

此案为崇祯十年（公元1673年）岁次丁丑二月十六丙戌日丑时。

据案中章曩本命在亥，行年在辰。亥上酉为贵人，贵人加亥为贵登天门。行年辰上为寅，日干丙火长生在寅（长生为学堂），寅分野为幽燕（北京），又为行年辰之驿马。此皆得中之象。

六 郭御青为魏冲占会试

丁丑二月十六丙戌日亥将寅时，为魏君冲占会试。**酉命。** **郭氏占案**

```
虎 阴 朱 青
辰 未 亥 寅
未 戌 寅 丙
```

```
官 亥 朱
财 申 后
兄 巳 常
```

```
寅  卯  辰  巳
丑          午
子          未
亥  戌  酉  申
```

郭御青曰：干上学堂青龙，发用簾幕朱雀，七马俱全，十分吉课。但嫌簾幕克干，朱雀又遁丁神，命上神作刃乘玄武，辰上神墓日上神，主场屋不利。有此数端以致坏局而不中。

愚按： 命上乘空亦非所宜。

杨注：

七马俱全，是指丑年、卯月、戌日、寅时、本命酉和行年、天马为七路驿马，俱会聚于三传之中。即丑年亥、卯月巳、戌日申、寅时申、酉命亥、二月天马申（文中未提供行年），七路驿马，俱在三传亥申巳之中。

七马俱全的十分吉课，最终坏局而不中者，一是初传簾幕亥克干，朱雀文字乘旬丁（亥为旬丁）主动摇不定；二是戌支为考场，上乘未为干上寅木之墓，即支上神墓日上神，主昏迷；三是酉命上午为羊刃凶煞，又乘玄武不正之天将等，有此种种不利而坏局不得中。

9

七　郭御青为姚昌祚二人占会试

崇祯丁丑年二月十六丙戌日亥将辰时，临晋姚君昌祚暨乃侄在朝占会试。**郭氏占案**

```
蛇 空 常 蛇
子 巳 未 子
巳 戌 子 丙

  鬼 子 蛇
  子 未 常
  父 寅 合

子 丑 寅 卯
亥         辰
戌         巳
酉 申 未 午
```

郭御青曰：此课两人占，中末空即为两空矣。末克中，中克初，初克干，又乘螣蛇，课名殃咎。大姚君命上乘贵人，入墓克日不美，行年乘白虎作刃；小姚君命在未，虽填空，但学堂入墓，皆不敢许。放榜果不中。

杨注：

此一课为姚昌祚及其乃侄二人占会试，课名殃咎（三传递克日干），大端不吉，三传之中末传两空，已可知二人皆不得考中。

然后，又详审年命。大姚本命在辰，行年在亥。辰上乘天乙贵人亥，亥加辰为入墓，贵人加辰又为入狱，不得用事，占考试为无贵人提携，亦是不能考中之象。行年亥上为午，午为羊刃凶煞。此为大姚年命上无救神，不能化凶为吉，故不能考中。

小姚本命在未，虽填实中传之空，但其本命未土长生在申，申加丑墓之官，长生为学堂，学堂入墓，占考试亦为不中之象。案中未提供小姚之行年，不论可也。

八　郭御青为张明弼占会试

崇祯丁丑年二月十七丁亥日亥将寅时，金坛张君公亮讳明弼占会试。**郭**
氏占案

```
        空 玄 雀 青
        巳 申 丑 辰
        申 亥 辰 丁

            兄 巳 空
            父 寅 六
            官 亥 贵

    寅 卯 辰 巳
    丑       午
    子       未
    亥 戌 酉 申
```

郭御青曰：初传巳为本日、行年、月建三马；中传寅为命马，支上申为
时马、天马；末传亥为岁马，真七马聚会。又三传自下递生干上青龙。末传
贵人，初传天空旺相，天空见贵人为奏书之神，但无簾幕，即断为十名以外
之魁，定在瀛洲之内。余占东南名公数十人，独许张君高列，已而果然。

杨注：

此案取象，除七马聚会于三传和支上之外，又取三传自末传递生至干上
神辰（辰乘青龙吉将，故称三传自下递生干上青龙），又取初传巳乘天空，
末亥乘天乙贵人，为天空见贵人为奏书之神。因课传之中数吉象之外，尚缺
簾幕贵人，故断定张明弼则中十名以外之魁，但在十八名之内。

此课丁日寅时以亥为当值贵人，则以酉为簾幕贵人，待考。

九　郭御青为周简臣占会试

丁丑年二月丁亥日亥将卯时，宗万羧占周简臣讳铨会试中否。**郭氏占案**

```
勾  常  贵  勾
卯  未  亥  卯
未  亥  卯  丁
```

```
子  未  常
父  卯  勾
官  亥  贵
```

```
丑  寅  卯  辰
子          巳
亥          午
戌  酉  申  未
```

郭御青曰：余初断此课发用旬空不成，木局生日，无簾幕驿马，未敢深许。及中后细详课情，未临本命可以填空，愚按此说非也。若未是本命或可填空，今未临本命，安能填空耶？卯为月建，亦可填空，会成木局则能生日，行年乘子为丁日福星，螣蛇临辰象龙，此中之大端也。余于此进一识矣。

吴稼云曰：此课干支传课无不相会，且成木局值时，是即会试成进士之确应也。郭君所评，甚为迂谬。

愚按：此课木局生日，妙在得时。初传空亡，妙在末传不空且作贵人、日德、岁德，何故郭君未之言及也？此案似不应入选，因郭君直书而不讳，故登之以表其直焉。且见此等课象，皆必中之兆也。若秋令得此，恐未必然。又按：年月日时及三传四课，皆会三合，及值春令，卯木正旺之际，焉得不中乎？

杨注：

此案初传未乘太常发用，但未为旬空，课传中无簾幕（酉）驿马（巳），故初断其考试不中。结果周简臣考中进士。作者重新审视认为，初传未加临本命亥上为填空（程氏按语以此说为非），中传卯为月建，不作空论（月建不作空论为定论），这样三传未卯亥会成三合木局生日干丁火，行年辰上子为丁日福星，子乘腾蛇加临辰宫象龙（此说待考），故应考中。

吴稼云评语和程爱函按语均提出不同的见解。程氏指出此课年月日时及三传四课皆会三合木局，是指丁丑年岁干丁寄未宫，与卯月、亥日、卯时会成亥卯未三合木局。程氏、吴氏二人的见解基本相同。

十 郭御青为荆庭实占会试

崇祯丁丑年二月十七丁亥日亥将巳时，金坛荆君讳庭实占会试。**郭氏占案**

```
贵 空 勾 阴
亥 巳 未 丑
巳 亥 丑 丁
```

```
兄 巳 空
鬼 亥 贵
兄 巳 空
```

```
亥 子 丑 寅
戌       卯
酉       辰
申 未 午 巳
```

郭御青曰：凡得返吟，即主反覆。马动而临绝地，年上乘墓神作螣蛇，主有惊疑事。课传又无簾幕，未敢许中也。果然。

杨注：

初传、末传巳乘天空，中传亥乘天乙贵人，天空遇天乙贵人虽为奏书之神，但返吟逢冲即散，此亦为奏书不成之象。

又，初末之巳虽为驿马，巳加亥为绝地，簾幕贵人（酉）不入课传，故断为会试不得中。

十一 郭御青为王家魁占会试

崇祯丁丑年二月十八戊子日亥将子时，江西王家魁孝廉占会试。**郭氏占案**

```
玄 阴 朱 六
戊 亥 卯 辰
亥 子 辰 戊

    兄 戊 玄
    子 酉 常
    子 申 白

辰 巳 午 未
卯       申
寅       酉
丑 子 亥 戊
```

郭御青曰：此课墓神覆日，虽初传有戊冲之，奈年上又乘墓神，命上乘酉，合住辰墓，则戊不能冲开矣。大端不美，余可不论。

吴稼云曰：墓库加干，乃埋没不得出头之象。

杨注：

此案是说辰加日干戊上，为墓神覆日，乃埋没不得出头之象，当然会试不得考中。而初传为戊，可以冲开干上之墓。但是，行年巳上又为辰墓（日本之墓），本命戊上酉与辰为六合，因为合神助辰墓，初传之戊不能冲开辰墓，则会试就无望了。

十二 郭御青为傅鼎臣占会试

丁丑年二月戊子日亥将巳时，江西傅鼎臣孝廉占会试。**郭氏占案**

```
蛇 虎 常 朱
子 午 巳 亥
午 子 亥 戌

    印 午 虎
    财 子 蛇
    印 午 虎

亥 子 丑 寅
戌       卯
酉       辰
申 未 午 巳
```

郭御青曰：三传俱空，天将皆凶，日克朱雀，大不美课。凡诸同胞来占者，余皆含糊应之，独此课余面直告。傅君变色，余心不安，后果不中。

杨注：

六壬式中有冲空为实之说，而此课三传午子午皆空，以空冲空，仍以空论。不知此说当否？

十三　郭御青为虞大定占会试

丁丑年二月己丑日亥将子时，金坛虞大定孝廉占会试。**郭氏占案**

```
后 贵 青 空
亥 子 巳 午
子 丑 午 己
```

```
财 子 贵
财 亥 后
兄 戌 阴
```

```
辰 巳 午 未
卯       申
寅       酉
丑 子 亥 戌
```

郭御青曰：此课干上命上禄作天空，无簾幕贵人，宅上虽贵人发用，上下夹克为逼迫杀，贵人入庙吉不为吉，天空虽在日相对，入庙则不见面，天空为恶矣。

吴曰：贵人入庙，为隐而不出之象。

杨注：

日干己上午乘天空，本命未上午乘天空，午为日干己之禄，故称"干上命上禄作天空"。午为旬空，又乘天空，亦为空上逢空，事不成之象。

支丑上子乘天乙贵人作初传。贵人本位在丑，现贵人乘子加临丑官，为贵人入庙，天空乘午加未，虽与贵人相对，因贵人入庙隐藏不与天空见面（天空见贵人为奏书），则天空不为奏书而为恶煞。

十四　郭御青为陈名夏占会试

丁丑年二月己丑日亥将寅时，陈名夏孝廉字百史者占会试。**郭氏占案**

```
虎 阴 蛇 陈
未 戌 丑 辰
戌 丑 辰 己
```

```
    财 子 贵
    比 辰 陈
    比 戌 阴
```

```
寅 卯 辰 巳
丑       午
子       未
亥 戌 酉 申
```

郭御青曰：课得昂星，已为不美，况发用贵人作财，又为中传所墓，干上辰墓，虽戌能冲之，奈辰作勾陈，是又一辰也，似非戌所能冲矣。课传并无簾幕、驿马，命乘朱雀，嫌克太岁，安能中乎？陈君为海内名宿，后果抱屈，信乎人遇合有时。

吴稼云曰：命乘朱雀、日德、月德，是即名士之应。

杨注：

此案为崇祯七年（公元1637年）岁次丁丑二月十九己丑日寅时。

柔日昂星为冬蛇掩目，四课三传之中，仅初传子水，其余皆土，卦体不美。

初传子乘天乙贵人发用，但子被中传辰土所墓，贵人不能发挥作用。

日干己上为辰，又乘天将勾陈（勾陈本位为辰），戌入课传可冲辰墓，但辰有勾陈之助，戌乘太阴（太阴为金，泄戌土之气）力弱，难以冲开辰墓。课传中又无簾幕贵人（申）和驿马亥，本命寅（此以案中所述推出）乘朱雀（天盘寅），寅木克太岁丑土，皆为不中之象。

陈名夏为海内名士。吴稼云评语认为，寅命乘朱雀文明文书之将，寅又为日德（日干己德在寅）、月德（二月寅为月德），此为名士之应。

此案原解仍有可讨论之处：

1. 己日寅时，当值贵人若取申，则子乘勾陈、辰乘太常、戌乘朱雀、寅乘天空，格局为之一变，尤明显者，子为簾幕贵人发用，申不入课传，申加亥却是贵登天门，又为会试必中之象。

2. 原案以寅为其本命，寅上为亥，亥为驿马，又为驿马加临本命之吉象。而原案中回避了这一问题，取天盘寅乘朱雀克太岁为不吉之象。

3. 陈名夏为历史名人，《辞海》（1989 年版）称其生于公元 1601 年，死于公元 1654 年，字百史，崇祯进士，著有《石云居士文集》。据此，陈氏当生于万历二十九年岁次辛丑，其本命当为辛丑。当然，对此有待进一步考证。

4. 陈名夏此后终考中进士，此案中是否有迹象可循，郭御青以及后来的程爱函、吴稼云皆未提及此事。

十五　郭御青为祝谦吉占会试

崇祯丁丑年二月十九己丑日亥将午时，六安祝谦吉孝廉字尊光者占会试。**郭氏占案**

```
蛇  空  白  贵
亥  午  巳  子
午  丑  子  己
```

```
父 巳 白
兄 戌 朱
官 卯 武
```

```
戌  亥  子  丑
酉          寅
申          卯
未  午  巳  辰
```

郭御青曰：簾幕临行年，亦为吉，但申临胎地无力，况干支上子午相冲而空陷，传课全无马，时即未敢深许。祝君精于五星，亦自知不第，后果落孙山。

杨注：

案中以申加卯为簾幕临行年，由此知其行年在卯（案中未提供其人本命）。

干支上子和午皆空（午为旬空，子落空）。课传无马，是指干支上神和三传中无驿马。此课丑日驿马为亥，亥为支阴入第四课，案中以无马论（亥加午落空）。

由此案可知，簾幕贵人出现，此为加临行年，还要作出具体分析，才能作出精确判断。

十六　郭御青为张锦鳞占会试

丁丑年二月己丑日亥将申时，丹阳张孝廉锦鳞午命占会试。**郭氏占案**

```
青 常 后 朱
未 辰 丑 戌
辰 丑 戌 己
```

```
父 午 空
兄 戌 朱
兄 辰 常
```

```
申 酉 戌 亥
未       子
午       丑
巳 辰 卯 寅
```

郭御青曰：课得昴星，其名不佳。初传空而乘空，虽本命可填实，奈中传落空为折腰，大体不美，况无簾幕、驿马，朱雀乘戌，火为戌墓，未敢许也。果不中。

愚按：魁罡利于占功名，其所以不中者，以土气太多，克去行年上贵人也。

杨注：

案中称其为午命（本命），其行年一定在酉（案中未提供其人行年，可以据本命推出）。酉上子为天乙贵人，子水被课传群土克去，天乙贵人失去子水之依托，不存在了，故为会试不中之象。

魁罡所以利于占功名者，魁（戌）为魁首，罡（辰）为领袖之神，故戌和辰利于功名，但应作具体分析，亦要参看其他要素，否则，只看其一，不看其二，就可能误判。

十七 郭御青为蒋畹仙占会试

丁丑年二月己丑日亥将戌时，常熟蒋畹仙孝廉名棻占会试。**郭氏占案**

```
六 朱 玄 常
卯 寅 酉 申
寅 丑 申 己
```

```
官 寅 朱
官 卯 六
兄 辰 勾
```

```
午 未 申 酉
巳       戌
辰       亥
卯 寅 丑 子
```

郭御青曰：簾幕覆日作长生学堂，必为本房首荐，年马、岁马、日马加于戌命之上，而与初传朱雀生合，且得进连茹课，必中之兆。但马少于公亮，名次不高。张公亮课见丁亥日干上辰。

愚按：六壬指南亦有占蒋畹仙一课，见己巳日干上寅。

蒋君中后赠诗云：

汉帝溥沱失道时，白衣老父指点之；

嗣有通玄隐中条，长生术得神仙师；

繇来下传多奇壬，谶纬星历能旁窥；

景纯少授青囊秘，五行翻驳参同契；

介休独上元礼船，户履时盈占一第；

后先得失镜于胸，余亦从君考轩轾；

君云马少几被落，覆身犹喜存簾幕；

撤闱发策券前知，锻羽弹冠不一错；

君才绣虎兼雕龙，胡为九摈甘泥蟛；

洩天应犯天公恼，因君之身识君老；

吾闻场中鬼有权，目迷五色烘头脑；

八股不灵六壬灵，主司何如测数好。

杨注：

蒋畹仙本命在戌，行年在巳。其行年巳、太岁丑、日支丑皆驿马为亥，亥加戌，故称：年马、岁马、日马加于戌命之上。张公亮课（见前）为七马聚会，此为三马聚会，因马少于张，故名次略低，当在十八名以后。

此案为崇祯十年（公元1637年）岁次己丑二月十九己丑日戌时，张公亮案早二日，为该月十七丁亥日寅时。

《六壬指南》中陈公献为蒋畹仙所占为该年正月二十九己巳日巳时，所用月将为子将。查该年正月辛丑朔，二十六丙寅日雨水，二十九己巳日为雨水后三日，仍用子将，是陈氏无心之错，还是另有所本，有待考证。

拙作《六壬指南例题解》中对蒋案有解，兹不再述。

十八 郭御青为李光倬占会试

丁丑年二月癸巳日亥将卯时，江右李君光倬占会试。**郭氏占案**

```
常 勾 贵 常
酉 丑 巳 酉
丑 巳 酉 癸
```

```
财 巳 贵
鬼 丑 勾
父 酉 常
```

```
丑 寅 卯 辰
子       巳
亥       午
戌 酉 申 未
```

郭御青曰：此课行年上得岁日二马，发用月马、日德、贵人，本为吉课，奈合中犯煞，不能会金局生日。干上酉冲克簾幕朱雀，四课不备，乃不完美之象，何能望中？

杨注：

丑年巳日驿马在亥，亥加卯，李光倬行年在卯，初传巳为卯月之驿马，又为癸日之德神，又为当值贵人，皆为得中吉象。

三传巳丑酉本为三合金局，但干上酉为自刑，为合中犯煞，三传不能会成金局生日癸水；干上酉又冲克簾幕贵人卯；四课中只有三课，缺少支阴，乃不完备之象。

最后权衡利弊，还是判定不能考中。

十九　郭御青为罗万藻占会试

丁丑年二月乙未日亥将申时，为江右罗文止孝廉万藻占会试。**郭氏占案**

```
后  朱  朱  青
丑  戌  戌  未
戌  未  未  乙
```

```
财  未  青
财  戌  朱
财  丑  后
```

```
申  酉  戌  亥
未          子
午          丑
巳  辰  卯  寅
```

郭御青曰：墓神覆日发用，一木难敌众土，无簾幕驿马，余素读罗君刻稿，向往已久，偶于李君光倬寓中得邂逅，余每遇名公，即为占之。惟于公亮、畹仙、章君、闵君四人得佳课，余俱不佳。时余心恐惧不安，同袍八十余人，岂仅公亮四人乎？放榜后止失周马两君，数之前定若此。

愚按：《指掌赋》云：不第者刑害俱并，此等课是也。

杨注：

此案为崇祯十年（公元 1637 年）岁次丁丑二月二十五乙未日申时，该月二十六丙申日春分，此为春分前一日，故仍用亥将。

此课未为乙木之墓，未加乙上，为墓神覆日，主昏迷，占考试大不吉利，三传未戌丑三刑，初未末丑冲害，此为刑害俱并。课传中无簾幕驿马（申为簾幕贵人，落空，不入课传。巳为驿马，不入课传）故不得中。

二十 郭御青为黎树声占会试

丁丑年二月乙未日亥将酉时，荆寔君占黎树声孝廉会试。**郭氏占案**

腾	六	勾	空
亥	酉	申	午
酉	未	午	乙

官	申	勾
财	戌	朱
父	子	贵

未	申	酉	戌
午			亥
巳			子
辰	卯	寅	丑

郭御青曰：涉三渊之名，即主不佳，况末传贵人坠落，课体交车，虽亦佳，不敌涉三渊课之为害也。时未敢许。荆君知之。

愚按：两贵受克，亦不能中。

杨注：

此案为崇祯十年（公元 1937 年）岁次丁丑二月二十五乙未日酉时。

三传申戌子为龙涉三渊课，主事不成，天乙贵人加临末传子，子加戌，为贵人入狱，故称贵人坠落。干上午与日支未相合，支上酉与乙（辰）相合，此为日辰交车相合，为吉象。虽有交车相合之吉，但课体大端不吉，无济于事。

程氏认为此课两贵皆坐克方，亦不能考中。

二十一　郭御青为闵度占会试

崇祯丁丑年二月乙未日亥将戌时，荆寔君占闵孝廉（度）会试。**郭氏占案**

```
玄 常 空 青
酉 申 午 巳
申 未 巳 乙
```

```
官 酉 玄
财 戌 阴
父 亥 阴
```

```
午 未 申 酉
巳       戌
辰       亥
卯 寅 丑 子
```

郭御青曰：簾幕加支而作太常吉将，青龙覆日又为驿马，良神官星发传，引入长生，以五子元遁之，三传恰合三奇格，必中之兆也。果然。

杨注：

乙日以申为昼贵子为夜贵，占时戌为夜，郭氏故以昼贵申为簾幕贵人。未日巳为驿马。甲午旬巳为旬空，郭氏对此并未提及。酉为官星发用（案中称良神，待考），引入末传亥为日干乙木之长生，亥又为天门，故应为登第吉象。

三传酉戌亥顺连茹，五子元遁起丙子，地盘酉戌亥为乙丙丁三奇。三传为三奇亦为考试高中之象。

二十二　王牧夫为人占乡试

乾隆己卯年八月丁未日辰将未时，癸卯人三十七岁占乡试。**牧夫占验**

<pre>
朱　龙　未　龙
丑　辰　丑　辰
辰　未　辰　丁

　　鬼亥贵
　　子辰龙
　　子辰龙

寅　卯　辰　巳
丑　　　　　午
子　　　　　未
亥　戌　酉　申
</pre>

王牧夫曰：贵德官星发传，青龙、天喜、太阳坠末，气虽不足，却是功名之吉神，然今科主不得中，以年命逢空，谁为而受之乎？故占事年命亦不可逢空，初七日榜发，果不中。

杨注：

此案为乾隆二十四年（公元 1759 年）岁次己卯八月三十丁未日未时，该月初三庚辰秋分，故用辰将。

丁日以亥为日德，亥既为官星（亥水克日干丁火），又乘天乙贵人发用，中末传辰乘青龙吉将，辰又为月将（太阳），又为天喜（秋以辰为天喜，天喜主喜庆、恩泽、官迁财喜），本为考试得中之吉象，但癸卯人本命在卯，三十七岁行年在寅，年命俱空，故不得中。

作者强调："占事年命亦不可逢空。"

丁未日为甲辰旬，辰为旬首加临日干丁上。《毕法赋》"簾幕贵人高甲第"注云："辰戌作旬首临年命日干者，必中魁元。"此课正应辰作旬首临日干，并且辰乘青龙，又为太阳，而作者断其不中，并且应验。由此可知，六壬断法不可拘泥，只在于如何衡量和掌握课传中诸多因素，当然，也只有经得住这样的考验才可以作出准确的判断。

二十三　《方本》为某秀才占省试

三月甲戌日酉将卯时，某秀才占省试，回家望得失之信。**方本占案**

```
合 武 后 龙
戌 辰 寅 申
辰 戌 申 甲
```

```
兄 寅 后
官 申 龙
兄 寅 后
```

```
亥 子 丑 寅
戌       卯
酉       辰
申 未 午 巳
```

断曰：占求官望文字，榜以挂报即至矣，当在四十九名中式耳。果当日报至，中四十九名。

盖课传俱马，又乘青龙，作官星，禄又得后，故主得官。天罡加支，望事立至，用事严紧，故报速来。

吴稼云曰：三传俱空，何以竟置之不问？

愚按：三月辰建，辰土生申，又三课、四课俱能生申，故虽空而亦中也。然三传毕竟空亡，恐居官不久耳。

杨注：

甲戌旬申为旬空，寅加申落空，三传寅申寅俱空。六壬中有冲空为实之说。原案概俱冲空为实，对三传不以空论。但毕竟寅申皆空，仍应待考。申为驿马，既临身（日干）又作中传，又乘青龙，故断为中式。

初传寅加申，寅申俱为七数，相乘得四十九，故断为第四十九名。

二十四　郭御青为马梦桂占会试

丁丑年二月癸巳日亥将巳时，马君梦桂占会试。**郭氏占案**

贵　空　常　朱
巳　亥　丑　未
亥　巳　未　癸

　财 巳 贵
　兄 亥 空
　财 巳 贵

亥　子　丑　寅
戌　　　　　卯
酉　　　　　辰
申　未　午　巳

郭御青曰：此课发用贵德登天门，行年斗鬼相加合为魁字，命上乘命马，中传岁日二马，美处多端，止嫌朱雀乘未在干上克干，居要紧之地，一疵害九纯乎？

愚按：朱雀空亡且休囚无气，贵德虽登天门，奈作闭口，皆有名无实，郭君何故不言？

杨注：

此人行年在戌，辰加戌为斗鬼相加；本命在巳，巳上为亥，亥为本命之驿马；中传亥又为岁（丁丑岁）和日支的驿马，又贵登天门为初传。故称美处多端。未乘朱雀加临日干之上，未土克日干癸水，朱雀为文书、文章，故郭氏断此人会试不得中。

程爱函在按语中提出，未为旬空，未土在二月又休囚无气，不能克制日干癸水。此案会试不中，原因在于初传巳虽为贵登天门，但巳为旬尾闭口，闭口无言，为有名无实之象，所以此人会试不中。笔者认为程氏此论正确。

二十五　郭御青为费鋐占会试

崇祯丁丑年二月壬辰日亥将丑时，为慈谿社丈费君弗庵讳鋐占会试。**郭氏占案**

```
青 六 阴 常
子 寅 未 酉
寅 辰 酉 壬

    子 寅 合
    兄 子 青
    官 戌 白

卯 辰 巳 午
寅       未
丑       申
子 亥 戌 酉
```

郭御青曰：日马年马发用，本吉。但格名冥阴，寅乃日出之方，退转子戌阴地，为自明入暗，且交车脱气，无簾幕，马少，干支上乘败病，未敢许中，果然。

杨注：

三传寅子戌为逆间传冥阴格，寅为日出之方，退入子、戌阴暗之方，为自明入暗，故不吉。干上酉金为辰支之脱气，支上寅木为壬干之脱气，故称交车脱气。水土败于酉病于寅，故称干支上乘败病。虽然驿马寅发用，仍断其会试不中。

二十六　郭御青为苏祖荫占会试

崇祯丁丑年二月二十一辛卯日亥将卯时，常熟苏孝廉祖荫占会试。**郭氏占案**

```
虎 六 贵 常
未 亥 寅 午
亥 卯 午 辛

    父 未 虎
    财 卯 后
    子 亥 合

丑 寅 卯 辰
子       巳
亥       午
戌 酉 申 未
```

郭御青曰：幕贵覆干并行年，本吉。嫌其克日，又是空亡。马少，末传丁神，命上太岁作螣蛇，皆为不美。后果不中。

杨注：

此人本命为巳，行年在戌。案中起贵人用"六辛逢虎马"诀，故以寅为昼贵，午为夜贵。卯时为昼占，以夜贵午为簾幕贵人，午加本命戌上，又加日干辛上，但午为旬空，故不起簾幕贵人的作用。又，旬丁为末传，克日，为金日逢丁不为吉象。故不中。

二十七 郭御青为邵灯占会试

丁丑年二月辛卯日亥将丑时，邵孝廉名灯者占会试。**郭氏占案**

```
白 青 贵 阴
亥 丑 午 申
丑 卯 申 辛
```

```
父 丑 青
子 亥 白
兄 酉 玄
```

```
卯 辰 巳 午
寅       未
丑       申
子 亥 戌 酉
```

郭御青曰：命上乘日禄，行年上乘幕贵，本为好处。嫌课名九醜，格名极阴，太岁作墓神，为龙夹克，不美。果不中。

杨注：

辛卯日为九醜日之一，丑临四仲（子午卯酉）发用为九醜课。三传丑亥酉为逆间传极阴格。九醜为纽结迍邅之象，极阴为昏暗不明之象。故不中。

二十八　郭御青为归起先占会试

丁丑年二月辛卯日亥将子时，归孝廉名起先者，占会试。**郭氏占案**

```
青 勾 阴 玄
丑 寅 申 酉
寅 卯 酉 辛
```

```
父 丑 青
子 子 空
子 亥 白
```

```
辰 巳 午 未
卯         申
寅         酉
丑 子 亥 戌
```

郭御青曰：干上禄神为玄武所夺，遁得丁神，为辛日之害。虽簾幕在宅，与日上年命俱无干。三传盗气，日辰夹住，欠一戌字，而为命上神补足，命上戌临作关隔断，皆非吉象。后果抱屈。

杨注：

日干禄在酉，酉加干上乘玄武水神，酉金生玄武水，故称干上禄神被玄武所夺。时旬酉乘丁（若以日旬论，则酉乘乙），此为取遁干的另一方法。因酉禄被玄武所夺，酉又遁丁，丁火克日干辛金，故称丁为辛日之害。

二十九　郭御青为虞敬占会试

崇祯丁丑年二月庚寅日，金坛虞君讳敬占会试。**郭氏占案**

```
蛇 空 白 贵
子 未 午 丑
未 寅 丑 庚
```

```
子 子 螣
官 巳 常
父 戌 六
```

```
戌 亥 子 丑
酉　　　寅
申　　　卯
未 午 巳 辰
```

郭御青曰：二月二十日午时为虞君占得此课。干支俱被墓覆，宅上乘幕贵，空亡无力，传课又无马，何敢许也。果不中。

杨注：

此案庚日午时昼占，取丑为昼贵人，当以夜贵未为簾幕。未加日支寅上。郭氏于此指出："宅上乘幕贵，空亡无力。"如果未不空亡，为簾幕加宅。《毕法赋》"簾幕贵人高甲第。"是指簾幕加临年命和日干上，而非指加临日支上。对此应分辨清楚。

三十　郭御青为王曰余占会试

丁丑年二月庚寅日亥将巳时，宗万彀占王曰余先生会试。夜占。**郭氏占案**

```
白  蛇  蛇  白
寅  申  申  寅
申  寅  寅  庚

        财  寅  虎
        兄  申  蛇
        财  寅  虎

亥  子  丑  寅
戌          卯
酉          辰
申  未  午  巳
```

郭御青曰：发用与干上俱命马，辰上得支马、天马，行年乘太岁，天空为奏书之神，有六七分可望。后中副榜，亦天将蛇虎，无帘幕之过。

吴稼云曰：帘幕现临行年，而曰无，可乎？

愚按：此课虽是夜占，然既得巳时，仍用丑贵为是。

杨注：

王曰余应是本命在申，行年在未，故称初传寅与干上寅为命马。未加丑，故称行年乘太岁。

吴稼云、程爱函二人皆对郭氏取用天乙贵人提出质疑。丑加临行年未上，故吴氏称"帘幕现临行年"。而程氏指出，此案为庚日巳时占，当用丑贵，不应用未贵。若用丑贵，则是贵人加临行年，而非帘幕加临行年。

前人因对起用贵人的方法有分歧，故出现上述有无帘幕贵人之争。这个问题只得存疑待考。

　　还应指出的是，本案取巳时，却注明为夜占。当是夜占而取用巳时。程氏于此特加指明：虽是夜占，既得巳时，就应以巳时来取用昼贵，不应仍取用夜贵。程氏此解是正确的。

三十一 郭御青为虞本忠占会试

丁丑年二月庚寅日亥将丑时，为金坛虞本忠孝廉占会试。**郭氏占案**

```
玄 后 六 龙
戌 子 辰 午
子 寅 午 庚
```

```
官 午 龙
父 辰 六
财 寅 蛇
```

```
卯 辰 巳 午
寅       未
丑       申
子 亥 戌 酉
```

郭御青曰：干支俱乘败气，传课无马，无簾幕，初中空陷，不中之象。其亲荆君庭实问余数次，余皆不许。后果不中。

吴稼云曰：干支俱乘败气，即文战而败之象，安能中？

杨注：

沐浴为败气。庚金沐浴在午，寅木沐浴在子，日干庚上为午，日支寅上为子，故称干支俱乘败气，考试不得中之象。

三十二　郭御青为王猷占会试

同日子时，为王君讳猷占会试，辰命。**郭氏占案**

<pre>
后 贵 青 空
子 丑 午 未
丑 寅 未 庚
</pre>

<pre>
  子 子 后
  子 亥 阴
  父 戌 玄
</pre>

<pre>
辰 巳 午 未
卯   申
寅   酉
丑 子 亥 戌
</pre>

郭御青曰：此课余初断帘幕覆日，旬空，马少。是日同袍数十人，众中虽皆面谀，实未深许。王君中后，细详课情，魁渡天门临行年，玄武入庙不能为恶，月建作朱雀临本命，太岁作生气，贵人临宅，帘幕虽空，得支上太岁冲之，不空。天空如不见贵人，当作空论，今与支上太岁、贵人对面，则为奏书之神。其高中宜也。

遭一蹶，长一智，乃知妙理无穷也。

愚按：此断皆牵强，予所以载之者，嘉郭君之直也。此课惟有朱雀旺而临命，中传生之，末传合之，可望其中。然不能中处甚多，似未可以此一端而许之也。殆郭君逢人即占，是日占多而神不告与，抑另有妙义？非浅学者所能窥测也。

杨注：

此案当为崇祯十年（公元 1637 年）岁次丁丑二月庚寅日子时亥将，王猷本命在辰，行年在亥。

簾幕的取用，是昼占以夜贵为簾幕，夜占以昼贵为簾幕。若用"甲戊庚牛羊"诀，子时占为夜当以丑为簾幕。若用"庚戊见牛羊"诀，仍以丑为簾幕。丑不加临年命、日干，未加干而为旬空，故取丑或未作簾幕皆为不中之象。

程氏以郭氏之解为牵强，最后指出"郭君逢人即占，是日占多而神不告与，抑另有妙义？"还是最终对此案持否定态度。笔者对此案亦持否定态度。课传中无驿马（应以日支之驿马为主），簾幕贵人不临年命、日干（当以丑为簾幕），三传子亥戌为水神，盗泄日干之气，年命上亦无明显得中标志。是否因郭君当日为多人占会试而不能应验？

第二章 官宦

历代六壬占验选注

一　苗叔芳为江府左府占官职

江府左府年二十五岁，白身家求荫授，又无学术，一日往苗叔芳家卜课，得庚寅日伏吟。**一针见血**

青　青　后　后
寅　寅　申　申
寅　寅　申　庚

兄 申 后
财 寅 青
官 巳 朱

巳　午　未　申
辰　　　　　酉
卯　　　　　戌
寅　丑　子　亥

苗叔芳曰：天后、青龙、朱雀三吉将，末又与初传合，可以进身，且始终德合，天城、天吏入传，维持必可成就。天后为用神，须得阴贵人之力。可求刑官，以三传三刑之故，然不免艰辛耳。后果授泉州司礼，乃刑官也。终得阴贵人之力而成。

杨注：

三传皆吉将，日德、日禄作初传，末传巳与初传申为六合，天城、天吏入传（天城、天吏取法待考），故断为可进身求禄。

三传申寅巳为三刑，故可求刑官。

天后为赐恩之将，乘申发用，天后为阴贵人，故可得阴贵人之力。

二 邵彦和为人占谒选

寅年七月癸亥日巳将巳时，辰命人占谒选。**直指**

```
空  空  勾  勾
亥  亥  丑  丑
亥  亥  丑  癸
```

```
鬼 丑 勾
鬼 戌 白
鬼 未 阴
```

```
巳  午  未  申
辰          酉
卯          戌
寅  丑  子  亥
```

邵彦和曰：稼穑乃守土之官也，干支上神格合拱禄，三传皆官，中传白虎为催官符至，且两贵拱命，上乘喜神，行年又带天马，与日禄、青龙相会，谓之蛟龙得雨、天马腾空。子月必选，禄临女分，当在北方。果验。

杨注：

寅年占辰命人，其行年在子。占官白虎乘官爻为催官使者（催官符），入课传，迁官最速。七月以辰为天喜。

案中称"行年又带天马，与日禄、青龙相会"，七月天马在午，日禄子，子乘青龙，行年在子，子和丑天文分野为女分，子、丑为北方，故断其任地为北方。此处天文分野用法，不以子为青州齐分，丑为扬州越分，与他案用法不同，亦应考证。

三　邵彦和为曹丙道占释褐

辛卯年正月辛巳日亥将卯时，曹丙道占在京来年释褐。**一针见血**

武　青　勾　贵
酉　丑　寅　午
丑　巳　午　辛

官　午　贵
财　寅　勾
父　戌　常

丑　寅　卯　辰
子　　　　　巳
亥　　　　　午
戌　酉　申　未

邵彦和曰：炎上主文明，贵人乘相气为用，吾丈是午生人，今午作贵人为用，末见太常，乘天魁为印绶，又是天喜神，六仪吉将在辰上，行年得天后恩神，炎上三传相气，想只是中传勾陈乘寅加本命上，主迟慢，来年定及第矣，果验。

杨注：

释褐，指脱去布衣，换上官服，即做官之意。新进士及第授官也称释褐。本案是指科举考试能否及第（考中）。

三传官局，官贵午火临干发用，午又为本命，行年亥上未乘天后恩神，故主及第。

四 郭御青自占赴任

戊寅年巳月甲午日酉将寅时，问赴任。**郭氏占案**

```
滕 空 玄 朱
申 丑 辰 酉
丑 午 酉 甲
```

```
 鬼 酉 朱
 财 辰 玄
 父 亥 勾
```

```
子 丑 寅 卯
亥       辰
戌       巳
酉 申 未 午
```

郭御青曰：戊寅年用奇门，拟于四月初一甲午日寅时到任。偶于先一日再查六壬，得此课。鬼作朱雀，干上发用，有官者防弹章，喜中末传空陷，然行年在辰为填空，亦喜初鬼生末传育干，印能化煞，月将作雀鬼，亦日边之象。得此课心甚疑懼，不便再更。果于到任之时闻邸报，真奇事也。

杨注：

郭御青为明崇祯朝进士。此案发生的时间为崇祯十一年（公元1638年）岁次戊寅四月。当时，郭氏去何处赴任、任何官等，案中未作说明。其先用奇门预测，拟于四月初一甲午日到任，后又用六壬课预测得此课。因初传酉乘朱雀加临日干，并且克日干为官鬼，故断为"鬼作朱雀，干上发用，有官者防弹章"。因为朱雀为文书，又主口舌是非，是因文书而生出口舌是非，故有官位者遇此要谨防弹劾。

能否化解呢？初传酉金生末传亥水，又行年在辰，辰上神为亥，二亥水泄酉金之气，案文中称此为"印能化煞"。又，时令为巳月夏季，酉金无气，只得贪生忘克，故断此煞可化，免遭弹劾。

郭氏自占得此课未免心中疑惧。案中说"果于到任之时闻邸报"，邸报为当时官方的报纸，主要发布皇帝施政和官员从政的情况，至于郭氏所闻邸报的内容，案中未作说明。

五 郭御青为刘梦岩占任所

崇祯丁丑年八月癸亥日真定刘梦岩（邦弼）占任所，报丑时。**郭氏占案**

```
贵 武 朱 后
巳 寅 未 辰
寅 亥 辰 癸
```

```
鬼 辰 后
鬼 未 朱
鬼 戌 青
```

```
申 酉 戌 亥
未       子
午       丑
巳 辰 卯 寅
```

郭御青曰：据此课天上行年临酉，岂赵人选赵地乎？官星为用临丑，北人难得吴越，驿马不在传，又临燕，亦本地也。细详干支上神，拱地盘子地为山东，卯为草，必有草头处也。查现缺有莘县、蓬莱二缺。必为蓬莱，以子又水乡也。至十月乙亥日果签选蓬莱。信乎食禄有方也。

愚尝以支为任所，支上寅为山，玄武为草头，又为近水之处。寅加长生为道士，彼道家有蓬莱山在海中之说，似与县名符合焉。况木加长生则发生蓬勃，来字亦有木字形也。

杨注：

郭氏原案认为干支上神辰和寅拱地盘子，子分野为山东（子属宝瓶齐青位），子上为卯，卯为草，又子为水乡，故任所为山东蓬莱。

程氏按语认为，以支为任所，支上寅乘玄武，寅为山，玄武为草头为水，又寅加亥长生之地为道士，与道家修炼之地蓬莱之名相符合。

郭、程二家之说不同，可以并存，以作参考。又，寅为艮位，艮为山，此为寅为山的来历。玄武为草头之说，待考。

六 郭御青为姚昌祚占任所

山西姚君昌祚于崇祯丁丑年五月戊辰日未将辰时，占任所。**郭氏占验**

```
        合  空  朱  龙
        戌  未  亥  申
        未  辰  申  戌

            财 亥 朱
            官 寅 后
            印 巳 常

    申  酉  戌  亥
    未          子
    午          丑
    巳  辰  卯  寅
```

郭御青曰：此课天上行年加申，为山西分野，岂有选本省之理？官马临卫，禄临燕，余初断非卫即燕，后选新野周分，传课全无影响。余后详课情，数日夜乃得之。

盖四课暗拱地盘周地也。此断在官禄马行年之外，余后占刘梦岩任所，见癸亥日干上辰。法从此出。课体隐现无穷，执一便谬。后遇占任所，又不必尽照此法也。

愚按：占任所或占官职，以支上测之多验，然取象不易。即如此课支上天空乘未非野乎？是日初交未将，非新乎？合之非新野乎？如此取象，难乎不难乎！

杨注：

此案为崇祯十年（公元 1637 年）岁次丁丑五月初一戊辰日辰时。查《三千五百年历日天象》，该年五月初一戊辰日夏至（《三千五百年历日天象》

未列明交夏至的具体时刻），故用未将。程爱函注云："是日初交未将。"

郭御青以此课为山西姚昌祚断任所。结果姚被派到河南新野（今河南西南部的新野县）上任。郭氏认为，姚被任新野县是由于四课申亥未戌（天盘）暗拱午（地盘）的缘故，因午分野为周分，新野县属周分（参见《六壬大全》有关天文分野的论述）。

程氏在按语中说，占问任所或官职，应以支上之神来判断，但若确定具体的地名或官职名称，是一件很困难的事情。程氏认为此课支上未，是新交夏至的月将，应新字，未乘天空，天空应野字，由此对应新野县。程氏在《壬学琐记》中又论此案曰：

崇祯丁丑年五月戊辰日未将辰时，郭公御青为姚君占任所，干上青龙申金，支上未土天空，三传亥寅巳，郭公以为官马临亥，亥为卫，巳禄临寅，寅为燕，任所非卫即燕。后选周之新野，课体全无影响。详玩数日，方知四课暗拱地盘周之故。郭公此断，未免牵强。须知支为任所，支上未土、天空土即野也，是日初交夏至，太阳初到未宫，即新也。丁丑年五月戊辰朔子正一刻夏至，见于崇祯万年书。若清朝万年书，则○○日。新野二字，其象如此。

古代有关天文分野的论述，诸书未臻一致。郭御青所骗《六壬大全》书中，对此有详细论述。遗憾的是，新版《六壬大全》（珠海出版社 2007 年 12 月出版）中删除了这部分内容，所谓"为广大读者提供一套质量上乘的现代版《六壬大全》"。很多今人不讲学术，无法与之争辩。建议读者尽量搜求古版或影印本的《六壬大全》读。

七 王牧夫占监院复任否

乾隆己巳年五月乙丑未将丑时，扬州商人占盐院复任否？ **牧夫占验**

<pre>
财   戌 朱
财   戌 辰 常
财   戌 朱

龙 后 常 朱
丑 未 辰 戌
未 丑 戌 乙

      合 勾 龙 空
      亥 未 辰 寅
朱 戌   卯 虎
蛇 酉   辰 常
      申 未 午 巳
      贵 后 阴 玄
</pre>

王牧夫曰：占此数新旧皆官，何以核实，因思数不妄传，今戌辰戌，辰为新，戌为旧。今戌居始末，是旧官复莅任也。夏占火墓发用，虽空，然得时之旺气，况反复仍归干上，干为外，故仍莅外任也。贵居申上为刑宪，为往来，又是日德，丑为扬州，未为太阳，丑见青龙，龙阳相遇，亦无祸患，况丁神作日禄，与马作合，将来戌旺辰衰，则旧官至矣。来期其在夏秋之交乎。果于六月末旬，立秋前一日到。

凡占官，以官星为主，马附之。干为外任，支为内任。以新旧论，生气为新，死气为旧，天罡旺气为新，河魁休囚为旧，长生为新，死墓为旧。推而广之，干上为新，支上为旧。以职守而论，申为兵宪，亥子为盐法。以贵而论，则昼贵昼占为现任，夜贵夜占为退休。以动而言，则斩关为动，返吟为动，马作长生为动，贵临传送为动。钦差则以马为主，禄次之，以此类推，无有不验。

杨注：

读者看此课的记载，都可能会有同感，对官贵的追求古今皆然，概莫能外，王牧夫由初末均为戌断出"是旧官复莅任"，火墓得时旺及初传末传归干得出"仍莅外任"。"贵居申上为刑宪，为往来，又是日德"这句话可用古赋的话作注解，即是"贵人居申曰移途，移途则有求干之荣"，往来又是日德，德者得也。丑为扬州，此分野的旧说，分野理论对于术数实占很有用处，切莫道听途说，弃之如敝履也。对于吴越之地位置在中国的东南部，其分野为何用北方玄武七宿，今人多不解，《汉书》地理志载"越地，其君禹后，帝少康之庶子云，封于会稽，文身断发，以避蛟龙之害。"换句话说，越人为夏禹之后，越在东南，夏人在北，故越属北方七宿。这是天文地理分野只以民族分类而不只以地域分类的明证之一。本来仅就一个扬州分野不想啰唆过多，但联想到在今人点校的《六壬大全》的书中，将分野的部分以"现无实际意义"的理由删掉的举动，感触很多。在整理我们术数古籍时，要慎重、完整地将其中的内容介绍给读者，同时本着"知之为知之，不知为不知"的态度来对待古代文化。回到正题上，太阳、青龙相见，套用一句时髦话"那是戴帽下来的"。"丁神作日禄与马作合"，禄马是占官的要件，本课有意思的地方在于那个"监院"的职位走马灯似的换。至于应期，当知道结论时再去找理由很简单，王牧夫先生也只以"来期其在夏秋之交乎"一语来大致断定，其根据为"将来戌旺辰衰，则旧官至矣"。要完全彻底地说清应期的来龙去脉，不是简单几句话能说清楚的。本课占于乾隆十四年（公元1749年），立秋为辛丑日，前一日为庚子日。占验最后讲了占官的要点，此部分讲得清晰、明了，不再解说。

八 《指归》占某官员赴任

四月癸未日申将午时，占来意。**指归灵文论**

<pre>
空 勾 贵 阴
亥 酉 巳 卯
酉 未 卯 癸
</pre>

<pre>
财 巳 贵
鬼 未 朱
父 酉 勾
</pre>

<pre>
未 申 酉 戌
午   亥
巳   子
辰 卯 寅 丑
</pre>

断曰：来意事起官员出行，道路必远，行至中途逢改差，权监酒税文字。又主本家二妇人蒙蔽不睦，婢落井内死，因此不能满任而回。何以见之？盖天乙为官员，乘巳加卯，主门户，又传阴出阳，主出行赴外任，卦名遥克，主道路，中传未乘朱雀，主改差，下临巳月建上，主权。未为酒，朱雀主文字，故云权监酒税文字。日上卯作太阴，主妇人，末传酉亦为妇人，故云二妇人。太阴为妾，又为蒙蔽，酉为婢，作勾陈，主口舌争讼。酉临未，未有井宿，甲戌旬酉为空亡，四月酉为死气，故云落井而死。初传克末传，末传又空亡，故不满任而回也。

杨注：

此课为遥克课弹射格，三传中有未土，主有弹丸。但末传酉为旬空，又为遥克弹射不得射中之象。

初传巳乘天乙贵人加卯发用，贵人已登途赴任之象。中传未为官乘朱雀文书，此为上级官府又有文书下达，故主中途改差。未为酒，未加巳上，巳为月建，为权（月建为权之说待考），故主改差为权监酒税文字。末传酉为旬空，故主不满任而归。

　　原案称日上卯乘太阴为妇人，末传酉亦为妇人等等，太牵强附会，不论可也。

九 王牧夫为卢雅雨占迁官

乾隆丙子年九月丁卯日辰将丑时，都转卢雅雨先生辛未生六十六岁，占迁官否。**牧夫占验**

```
    贵 合 常 后
    酉 午 丑 戌
    午 卯 戌 丁

        财 酉 贵
        官 子 武
        父 卯 空

    申 酉 戌 亥
    未       子
    午       丑
    巳 辰 卯 寅
```

王牧夫曰：宪台不能升迁，安荣此任甚久。公曰：三传递生人举荐，何故不能？曰：递生虽属举荐，但是闭口不能显荐，况公年命皆空，不能着实，三传是大概之象，年命方切于己耳。且丁神心动身动，寔有所望，奈自乘墓，又与支神作合，所以安荣此任不能升迁者也。后果不能升迁，壬午冬告休而回。

杨注：

此案为乾隆二十一年（公元1756年）岁次丙子九月初二丁卯日丑时，八月二十九乙丑日秋分，此为秋分后二日，故用辰将。

初传酉金生中传子水，中传子水生末传卯木，末传卯木生日干丁火，此为有人举荐之象，正与占官职升迁之事相符。但是，初传酉为闭口（旬尾），"闭口不能显荐"，仅凭此象不可断其升迁。

其人本命在未，六十六岁行年亦在未，未上戌为旬空，故断其"不能着实"，即虽有人荐举，不得落实。

又，戌加丁，墓神覆日，丁虽为丁马主动，但乘墓神，亦不能动。

十 《指归》为人占外任武官

七月甲子日巳将未时，占来意。**指归灵文论**

```
财  戌 玄
官  壬申 虎
子  庚午 龙


虎  玄  玄  后
申  戌  戌  子
戌  子  子  甲


   朱  合  勾  龙
   卯  辰  巳  午
滕 寅        未 虎
贵 丑        申 常
   子  亥  戌  酉
   后  阴  玄  常
```

断曰：来意主奴仆奸谋、道路出行之状，又主一外任武官不满任而回者。

何以知之？戌为用主奴仆，玄武主奸谋，初传在天乙后，末传在天乙前，名传阴出阳，主在家者远出，况申与白虎俱是道路之神，而午又为天马也。又申并白虎为武官，以申主刀兵，且为日之官星也。奈末传胜光克之，故云不满任而回也。

余按四课不全，亦为不满任也。万田孙记。

杨注：

同占来意，由此课反映出术数的多义性与复杂性，同一课式，在不同的时空状态中，往往得出不同的结果。

戊为用主奴仆，玄武主奸谋，此点还是由发用开始，以奸谋顺着传讲，有道路、天马，以此来描述，这是以干支为定人群身份，天神为人所干的事来确定可能发展的一条线路。

"又申并白虎为武官，以申主刀兵且为日之官星也，奈末传胜光克之故云不满任而回"。这一段是转换视点，以申为官讲下去，以四课不全、胜光克之定不满任。从陈公献的占例来看，三传递克是不满任的标志性符号之一，值得汲取。

"余按四课不全，亦为不满任也，万田孙记"此段标注有两种可能，一是汇选的作者之名，一是汇选作者引用它书而记录下其他壬家之注。

十一　王牧夫为乔继迁占官

辛巳年六月壬辰日午将申时，乔继迁翁壬辰生五十岁占楚匦可得否。**牧夫占验**

```
      六  蛇  常  空
      子  寅  未  酉
      寅  辰  酉  壬

          子  寅  蛇
          兄  子  合
          鬼  戌  青

      卯  辰  巳  午
      寅          未
      丑          申
      子  亥  戌  酉
```

王牧夫曰：正时冲初传，事即不能顺遂。况三传本寅午戌财局，为子乘六合者冲去财位而踞之。子与壬同气，乃同事之人有之也。天空在酉临身，乃败气，生之无力，荐之者亦无力也。命上寅、年上丑皆属艮卦。艮者，止也。巳为三楚，其地分乘卯，为贵人所合者。戌戌加子上，午巳无情，安能得之？后知为张姓者任之。此用贵人者，其权操之于官，以运司为之主，且商总则以旬首为用。六合加子亦的，以子为地支之首，六合为商贾，其象可取也。

杨注：

三传寅子戌，而作者云三传本寅午戌三合火局，是由中传子冲去午火之财位而占据了，因子与日干壬同气皆为水，故断此位被同事之人占据了。

酉乘天空加临日干，酉金生壬水，天空为奏书之将，当有人推荐，本为吉象。但酉为壬水败气，故"生之无力，荐之者亦无力也"。年命上寅和丑，皆为艮位，艮卦为止，停止的意思，因推荐无力而止，故楚匦不可得。

十二 《灵文论》为人占迁官

辛亥年正月辛酉日亥将辰时，占来意。**灵文论**

```
青 阴 空 后
亥 辰 子 巳
辰 酉 巳 辛
```

```
    子 亥 青
    鬼 午 贵
    印 丑 白
```

```
子 丑 寅 卯
亥       辰
戌       巳
酉 申 未 午
```

断曰：此课占来意，十月有迁官之喜，至壬子年正月主有大人见怒，谪降虚挠之忧。至亥年二字似衍十月却复有迁官之庆。盖亥为用，是十月建，又将得青龙，下临天罡，为青龙之象，如龙之见天，臣之见君，故言十月有迁官喜庆。中传贵人与末传丑为六害，故言贵人见怒，午加亥为火临绝地，式中午丑为六害。甲寅旬丑落空亡，故云虚挠。亥为太岁，主人君之象，又十月亥为月建，将得青龙，而与旺气并，故云复有迁官之庆也。

杨注：

初传亥乘青龙下临天罡辰，"如龙之见天，臣之见君"之象，故十月有迁官之喜。中传午乘天乙贵人，而与末传丑为六害，此为贵人见怒之象，末传丑为旬空，主官位谪降，仅有一虚衔。为什么壬子年正月主谪降之忧？原案中未能言明，可能甲寅旬丑为旬空之故，寅为正月建。

亥为太岁，又作初传发用，十月亥为月建乘青龙吉将，复有迁官之庆。

十三　王牧夫为詹经历占差遣

乾隆壬午年未月癸卯日午将卯时，詹经历戊午生二十五岁占有差遣否。

牧夫占验

```
空  合  勾  蛇
酉  午  未  辰
午  卯  辰  癸

    印 酉 空
    比 子 玄
    子 卯 贵

申  酉  戌  亥
未          子
午          丑
巳  辰  卯  寅
```

王牧夫曰：日内即有差遣，不须过虑也。问是何差？余曰：太岁作财，在支上乘六合，其财逢旺甚大，主万数，当是解饷之差。

公曰：目下运气甚平常。

余曰：运气春夏原平常，但公才干能抵当，何畏？

是日晚即接运司批命，解京饷数万。

盖此数今日癸卯，明日甲辰，辰在干，虽是墓气，然是次日旬首，解愁眉也。正时与支皆卯，又属贵人制鬼，故时下能振墓脱否也。三传天空递生，主有推荐，末又是日支，故主今日有差遣也。

数以理断，其验如此。

杨注：

此案断语要点：一是辰加癸本为墓神覆日，又为墓鬼克日，主昏暗昏迷之象，因辰为明日旬首，不以墓神覆日论，而论为"解愁眉也"，将有差遣得财之喜。若一般断法，辰为旬空，虽墓神覆日克日，空不以凶断，也不会当吉断，此为作者高明之处。二是正时卯，日支也是卯，卯为日干癸水之子孙，能制鬼贼，又为天乙贵人，作者断为"时下能振墓脱否也"。一般以墓鬼逢冲则散，此案以墓鬼遇克为"振墓脱否"之解，也似高人一筹。三是三传酉子卯为递生，而作者却说"三传天空递生，主有推荐"，这是因为天空为奏书之神，又逢末传卯为天乙贵人，此天空为真奏书之神，故作者强调"三传天空递生"，而不云"三传递生"。四是王牧夫取用"壬癸兔蛇藏"口诀，也与他书不同。

十四　张江村为人占赴任

嘉庆己未年六月壬寅日未将戌时，占选期。**说约**

```
玄 空 贵 玄
申 亥 巳 申
亥 寅 申 壬
```

```
财 巳 贵
子 寅 六
兄 亥 空
```

```
寅 卯 辰 巳
丑         午
子         未
亥 戌 酉 申
```

张江村曰：有为人占一事，而其人性情、事业，以及目下将来之景况，一一皆现于课中者，此时或有之。如己未夏间，余附粮舟回南，同舟一人已得官，占选期。六月壬寅日未将戌时，三传巳寅亥。余曰：选期视长生，申作长生临干，亦临亥，主亥年得选，此本事。余细推干上，见申作马，申主躁动，作马尤甚。此人性情必躁，申作长生乘玄武，玄武卑鄙龌龊，其官必不由正路得。申作马而干归支，其行而归家乎？支上亥为日禄，本是充裕之家，今天空殆无蓄矣。支阴重见申马，归家后又必出行。申与用神巳六合，巳作日财乘贵人，行必投贵人求财。但巳值空亡，又是绝神，必无遇。中传寅脱气，末传亥仍归支上，徒劳往返，仍回家中耳。

又推申为干之长生，巳又为申之长生，此人必祖与父俱在堂，但巳值空亡，其祖恐不久，巳又为妻，值空亡，当尚未娶。

当时萍聚，后日久见其浮躁无一刻闲，询其出身，由供事议叙得官，供事卑鄙，其非正路明矣。今欲归家，家中昔开布行久歇，拟归后往投四川某知府。祖、父俱在堂，祖已八十外。定亲未娶，一一皆准。然投贵无济，祖不能久二节，别后不知，第已往皆准，恐未来亦必验也。

杨注：

古代选拔录用官员，要通过科举考试，此为正道。也有不参加科举考试，由皇帝恩荫，或是家世继承，或由权贵任用等等。案中其人由为权贵供事（当差下人）而得官，故此非正道，因玄武为卑鄙龌龊之将，正与此不正之道得官相对应。

案中断语明晰清楚。

第三章 兵 战

历代六壬占验选注

一 祝泌奉诏占夷寇

丙午日占夷寇。一针见血

```
蛇 勾 贵 六
子 卯 亥 寅
卯 午 寅 丙
```

```
   鬼 子 蛇
   财 酉 阴
   比 午 白
```

```
寅 卯 辰 巳
丑       午
子       未
亥 戌 酉 申
```

祝泌奏曰：四课皆无克，辰之阴神子克日为用。日内也，辰外也，外来克内，夷来侵夏之象。遥克谓之无刑，幸而游都与贵人皆在三传之外，主虏目今在境矣。推此课蛇虎在传，四仲相交，歌曰："今日辰当为子午，传中四仲类相因，三交家隐奸私客，不是逃亡将避迍。"推目今边境，想已被外寇来侵，不利而去。但课之始终，吉气少而凶气多未能免寇至之患。目今之吉者，发用落空，游都在三辰之外也。未能免寇者，四仲相续，蛇虎为初终也。不至大害者，太阴在传，贵顺而加日本也。

杨注：

此课为遥克课蒿矢格，三传中带金，蒿矢转化为金镞，足有杀伤力，主有战斗。双方胜负和战况则要参看其他因素。

丙日以寅为游都，寅为旬空，虽加临日干之上，不会有大害。原案称"游都与贵人皆在三传之外，主虏目今在境矣"，不如断游都加临日干之上，主贼兵已入我境。因游都为旬空，主贼势不强，"不利而去"。

此课日支和三传皆为仲神，中传酉乘太阴，故又为三交课，三交为四仲相续交，主贼已入我境。

初传子水克日干丙火为鬼，又乘螣蛇凶将，诚为大凶之兆，但子加卯为陷空。克我之鬼落空，则无力克我，游都为贼又空，虽有战斗，故对我方不会造成大的损伤。

案中称敌入我境，"不至大害者，太阴在传，贵顺而加日本也。"此指中传酉乘太阴厌噩之神将，天乙贵人亥顺行，亥又加临日干丙火长生之寅官，可作参考。因为寅为旬空，天乙贵人亥加寅，亥亦落空，贵人无力救我。

此案诸因素中，所以肯定敌侵我境，双方有战，对我方未造成大害，而敌已退去，是卦体为蒿矢带金、三交课仲神相续，游都加临日干，主敌入境侵犯，双方必有战斗。游都为旬空，初传子鬼乘螣蛇凶将又落空，主敌不利而退去。末传午乘白虎凶将，但午火克白虎金，神将内战，白虎之威已减，不会对我方造成损伤，不论可也。

二 祝泌占国事边事岁事

淳祐壬寅年正月丙申日，宣谕卜今年国事、边事、岁事。**一针见血**

<pre>
滕 滕 勾 勾
申 申 巳 巳
申 申 巳 丙
</pre>

<pre>
比 巳 陈
财 申 蛇
父 寅 虎
</pre>

<pre>
巳 午 未 申
辰   酉
卯   戌
寅 丑 子 亥
</pre>

祝泌奏曰：伏吟主静中有动者，大类去年，动如宰执之除及边郡之惊。太乙为月德、日德，六阳既极之地，应有变，而二德神在焉，此国之有道也。次传今日支上见滕蛇，属丁为正月天德。臣今为国家占课，则日支为宅，乃宫禁所也。天德之神来奏福，宜有喜庆事。终传功曹即今岁之君，其位为今日之日本，主事之先兆。白虎为兵挠，臣言兵来有惊，亦与此合。然白虎之金，安能当丙午之火？宜可屈折不为害。申主粟麦，巳主禾，三谷有德神临之，当收成。寅主荳，不能免白虎之灾，恐收少薄耳。

杨注：

伏吟课之义为静中有动。但如何动，应结合课传天将等作具体分析。

初传巳为日德又为月德，吉象。巳虽为六阳极位（六阳至巳为极，太乙中称为绝阴，指阴至此而绝，阳巳至极），极则有变，因有二德神保佑，这是国家有道的表现。当然，这属于祝泌对皇帝的奉承之辞。

中传申加临日支，案中称申属丁为正月天德（申属丁位，此说待考。六壬中丁寄未宫，庚寄申宫，未见有申属丁之说）。天德加临支辰，支辰为后宫（案中称为国家占课，日支为宅，即后宫），主后宫有喜庆事。

末传寅为太岁，又为日干丙火长生之地（日干长生之宫为日本），但乘天将白虎，白虎主兵挠凶事，即主今年内有兵灾。

白虎属金，日干丙火可克白虎之金，故断为兵来有惊，可屈折不为害。

三传巳主禾稻，申主粟麦，因巳和申分别为日德、月德和天德，故断为此三谷有收成。末寅为苴，因乘天将白虎凶神，故主薄收。

三　祝泌占泰州攻守局势

十月初九戊午日卯将卯时，上宣谕卜泰州依咎事，或守或攻。**一针见血**

$$
\begin{array}{cccc}
青 & 青 & 勾 & 勾 \\
午 & 午 & 巳 & 巳 \\
午 & 午 & 巳 & 戊 \\
\end{array}
$$

$$
\begin{array}{cc}
卯 & 巳 \text{ 勾} \\
子 & 申 \text{ 白} \\
鬼 & 寅 \text{ 蛇} \\
\end{array}
$$

$$
\begin{array}{cccc}
巳 & 午 & 未 & 申 \\
辰 & & & 酉 \\
卯 & & & 戌 \\
寅 & 丑 & 子 & 亥 \\
\end{array}
$$

祝泌奏曰：课得伏吟，巳申寅静中有动，守中有战，围中有攻之应也。勾陈颂曰：勾陈前四大将军，兵灾两斗讼留连。此课勾陈为用，虽主战，而今日干为戊，勾陈乃是德神，与日支干不相克制，则是寇来向我，未至攻战也。申为游都，来在传，亦不能制日辰，其神乘白虎归家，不来用事，当是寇兵已合而未临城。况泰州城守见太阴厌翳之神，亦未易动兵。有自刑临，恐人民惊动有伤，尚不至于大伤。蛇在末传，恐未宁静，只是未免忧疑。

杨注：

此案可能为南宋理宗淳祐二年（公元 1242 年）岁次壬寅十月初九戊午日。

卦体伏吟，天盘十二神分别加临地盘本位上，为伏俯不动之象，当无战事。三传巳申寅为玄胎课，玄中有胎，又有动象。三传巳申寅为三刑，又为刑伤课。故原案有"静中有动，守中有战，围中有攻"的断辞。

勾陈主战斗。今勾陈加临初传巳上，应主战斗。但巳为日干戊的德神，德神为福佑之神，巳火又生戊土，故主"未至攻战"。

申为游都，乘白虎凶将，作中传，诚为凶象。但白虎临申为归家（白虎本位在申），不得用事，不当作凶断。又申金与日干戊土不克（戊土生申金），由此断寇兵已合而未临城。

十月月建亥为城，亥乘太阴厌翳之神，非双方交兵之象。

日支午上为午，午为自刑，支为人民，有自刑加临，故主"人民惊动有伤"。

四　祝泌奉诏占边事

十月初一丙辰日卯将巳时，占边事。**一针见血**

```
蛇 六 朱 勾
子 寅 丑 卯
寅 辰 卯 丙

   子 丑 朱
   鬼 亥 贵
   财 酉 阴

卯 辰 巳 午
寅       未
丑       申
子 亥 戌 酉
```

祝泌奏曰：此课传退名极阴，以此占边，旄头大煞在初传，其占颂曰：丑卯求吉，吉凶便临，则主边疆平定之旨，今日再来，游都、贵人在日后，已隔三辰，虏已退，但上下游都皆入传课，恐无厌再来，期在十二月，三传天官无凶，宜不至大害，而不可忽也。

杨注：

此案可能为南宋理宗淳祐二年（公元 1241 年）岁次辛丑十月初二日丙辰日。

此课三传丑亥酉，为退间传极阴格，贼兵已退之象。丙辰日为甲寅旬，初传丑为旬空，中传亥落空，亦为贼兵已退去之象。

丙日以寅为游都在日干丙后三位。寅为第三课上神和第四课下神，案中称此为"上下游都皆入传课，恐无厌再来"。此为游都贼兵反复（重复）之象，故断为贼兵会卷土重来。

为何判定贼兵再来为十二月呢？大概是因为初传丑为旄头大煞（此义待考），今为旬空，至十二月丑为月建填实，恐十二月贼兵再至。三传天将朱雀、贵人、太阴无凶将，故断贼兵再来不至有大害，但宜防备。

五　祝泌奉诏占寇

辛丑年九月二十三丁未日卯将戌时，占寇。一针见血

```
常 六 常 六
巳 子 巳 子
子 未 子 丁

    比 巳 常
    子 戌 蛇
    卯 卯 空

戌 亥 子 丑
酉       寅
申       卯
未 午 巳 辰
```

祝泌奏曰：谨详此课是八专课，有克为用。用起游都者，正主戎寇之神也。丁日天空在巳，巳火神临子，被下贼上，今秋冬火无气。《心镜》曰："游神旺相支干损，贼势凭凌难守持。"今游都无气，传归巳上，见戌为火墓，则游都立位也，乃受抑塞。其神腾蛇归家，腾蛇亦贼神也，主贼狐疑而遁。此课于月将加戌，戌月建也。月建为城府，其将见天空，天空卒位也。今天空又归家，主兵卒武战者已归城壁，此戌时课，三传之占也。

臣之算术，曾言九、十月之交有小寇。易曰："自我致寇，敬慎不败。"即而参之，此课当主丑类，一时干犯，随即逃去。游都在日辰五位，贵人亦在日辰三位，虏巳退矣。太常发用，是郡城拆搭未峥之占。然据此数，恐深冬虏再来，又宜戒饬守臣，无驰预备为主。

杨注：

此案时间为南宋理宗淳祐二年（公元 1241 年）岁次辛丑九月二十二日。

　　此为比用课（案中称为八专有克，两课无克为八专课，此为两课有克，择比为用，应为比用课），初传巳为游都（丁日以巳为游都），巳加子，子水克巳火，游都被下神子水克制。又时令为秋冬之交，故称"游都无气"。又游都虽然发用作初传，但中传戌为初传巳火之墓，此为游都入墓，故称游都"乃受抑塞"，为贼逃遁之象。

　　"然据此数，恐深冬虏再来"，此依据何在？案中未加说明。大概因为游都巳乘太常土将临子宫，子为十一月（深冬），巳火生太常土，土克子水之故。故断为宜防深冬贼兵卷土重来。

　　原文中有错简。

六　祝泌奉诏占安丰兵事 (一)

十月丙子日卯将申时，上宣谕占边事。**一针见血**

六　常　常　蛇
寅　未　未　子
未　子　子　丙

鬼　子　蛇
子　未　常
印　寅　六

子　丑　寅　卯
亥　　　　辰
戌　　　　巳
酉　申　未　午

祝泌奏曰：臣详此课三上克下，日阴不备，日之支来就日之干，而有客来伤主，主乃藏伏，谓螣蛇在巳，为入穴故也。此课宜固守。若论四课不备，又皆克下，势在再虞，惟勾陈是卯，与日干上子不相伤，而玄武属金，反来克勾陈，又游都在日后主寇添兵未已，卒战未利，若固守二三日，庶有解围之期。

臣曾占此事，皆见白虎临月建。月建者城邑也，即安丰之境土也。白虎为戎兵动挠，其所乘属火，今日丙上见子，足以制之，虽危而安。惟固守勿轻出战，过此三四日，自可保全。若轻动则招忧也。

愚按：祝泌字子泾，善六壬，著有《六壬大占》进呈。此课只云祝氏占，安知非祝泌也。故书其名焉。

杨注：

安丰，即今安徽霍丘一带。原案为十月，不知是何年。

此课支加临干上克干，为上门乱首课，故断为"有客来伤主"，即有贼兵来侵；日干丙火被子水克制，故称"客伤主"。日干丙火寄巳宫，子乘螣蛇加临巳宫，螣蛇本位在巳，此为螣蛇入穴之象，由此象推出"主乃藏伏"，故断为"此课宜固守"，不宜迎击。

游都为贼兵。丙日以寅为游都，寅居日干丙后三位，此象为"寇添兵未已，卒战未利"。为什么初战不利呢？因游都邻近日干。又因游都寅加未，未为寅木之墓，由此断为"过此三四日，自可保全"。

勾陈主战斗。勾陈加卯临申，申为旬空，勾陈陷空，不必虑。原案称勾陈"与日干上子不相伤"，亦可参看。但勾陈落空，贼寇无力战斗之象更为明显。又因游都在日后三位，故断为"若固守二三日，庶有解围之期"。

月建为城。月建亥上临午，午乘天将白虎，"白虎为戎兵动挠"，主战斗杀伤，城池有凶。但日干丙上为子乘螣蛇，子午相冲，蛇虎相冲，以凶制凶，其凶可解。

综观全课，作者得出最后结论为宜固守，勿轻出战，三四日后其围可解。

七　祝泌奉诏占安丰兵事（二）

十一月戊子日寅将卯时，卜安丰敌寇。**一针见血**

```
玄 阴 朱 六
戊 亥 卯 辰
亥 子 辰 戌
```

```
    兄 戊 玄
    子 酉 常
    子 申 白
```

```
辰 巳 午 未
卯       申
寅       酉
丑 子 亥 戌
```

祝泌奏曰：三传戌酉申连续而退，乃寇渐退之象。所占安丰，彼地受敌日多，今臣敢忘国家之忧，即以自占，亦到宥府占之，得数课，皆是临日辰月建，月建乃侯伯之权，即所卜安丰之郡也。游都为寇，即栖其位，是虏寇迫城之象。今之所占，游都在日干前四位，在日支后三位。占法云："二三依次须防御，若临前四不侵围。"由此推之，则可知虏寇已退矣。第未去，盖游都犹在日支后第三位也。初传天魁，未免失利，又占戌加亥，日间动为信息，两三日内音信当至矣。

杨注：

戊日以申为游都，申加酉官，酉官方位在西，正是安丰郡所在地理方位，故称"游都为寇，即栖其位，是虏寇迫城之象"。

三传戌酉申为退连茹课，贼渐退之象。又，游都申在日干前四位，在日支后三位（此以地盘论干支，以天盘论游都），"若临前四不围侵"，贼将撤离之象。尚未撤，是游都在日支后三位之故，但很快就要撤离。

初传戌乘玄武凶将加临亥上，戌土克亥水。亥为龙头（城头），受贼克，故称"未免失利"。

"又占戌加亥，日间动为信息，两三日内音信当至矣。"其出处待考。

八 祝泌奉诏占安丰兵事（三）

十一月己亥日寅将申时，卜安丰贼寇。**一针见血**

```
蛇 白 青 后
亥 巳 未 丑
巳 亥 丑 己
```

```
    印 巳 白
    财 亥 蛇
    印 巳 白
```

```
亥 子 丑 寅
戌       卯
酉       辰
申 未 午 巳
```

祝泌奏曰：死气临日支发用，将见白虎，杀气颇重，虏贼未退。月破临城，乘生旺之乡，不至大害，亦在危疑之间。不至大害者，腾蛇能制白虎也；亦主危疑者，游都加人民也。臣以术测之，安丰必先败而后胜，安丰受害之民必有损伤，然终可全保。

杨注：

案中以巳为死气。十二月死气为巳，可能十一月己亥日巳交小寒节。但月将用寅，尚未交冬至节，当为十一月，不应以巳为死气。疑原文中有误。

又，"月破临城"，占月为十一月，月破当为午。午加子，子为月建。月建子为城。六壬典籍中又以亥和辰分别为龙头和龙尾（龙头和龙尾比喻为城头和城尾），或以日干为人，日支为城。原案中似以月建为城。

案中以丑为游都，丑临日干，故称"游都加人民"，游都为贼，故主人民受害。

三传巳亥巳，中传亥乘螣蛇冲克初传巳所乘白虎，故主"先败后胜"。
此案距前案十二天。

九　元轸为郝太尉占统兵渡河

庆历八年，河东有贼寇作叛，差郝太尉统兵讨之，差元轸充随军阴阳官。其年二月间，欲渡兵马过河，元轸占之。郝公四十七岁，其日丙寅，课得辰时，以月将登明加辰。**玉连环末卷　一针见血**

青　阴　常　蛇
辰　酉　未　子
酉　寅　子　丙

　鬼　子　螣
　子　未　常
　印　寅　六

子　丑　寅　卯
亥　　　　辰
戌　　　　巳
酉　申　未　午

元轸曰：今日有风涛，不可渡河。郝公曰：我奉朝廷之旨，统率大兵渡河以讨凶贼，何虑风涛之有阻耶？可只就今日辰时渡河，管在申时渡绝。其入渡人马，至午时渡及一半，风涛忽然大作，舟尽倾覆，损万人。公大悔，再问元轸甚时可渡。轸曰：可来日寅初渡之，必无恐惧。

议曰：日辰俱见克下，二月咸池煞在子，加于丙上，克作用，其应最速。又主将行年在子，见未亦有所损，犹幸得太常吉将相助，故只损兵一半。午时风起者，是冲动咸池也。来日寅时可再渡者，来日属丁卯，化贵人在酉，临于寅位，当有神助之福也。

杨注：

此断案原文字数不多，但对郝太尉的描写相当传神，"奉朝廷之旨"可看出太尉对此次出征的心气与跋扈，身负"讨凶贼"之任的郝公将元轸劝告置之不理，强行于丙寅日辰时"率大兵渡河"，太尉此时可能想到的是早一点到达河东，将凶贼剿灭后班师回朝，奏见皇上得到晋升封赏的美梦，哪能听得进去今日有风涛，不可渡河的劝告？在"何惧风涛之有阻耶"的激情激励下，数小时后渡河任务完成一半。在进入午时后，事情发生戏剧性的变化，"风涛忽然大作"造成了"舟尽倾覆，损万人"的严重后果。受到风涛教训的统帅收起了抽鞭断流的骄蛮之气，"大悔"后"再问元轸，甚时可渡？"元轸提出了丁卯日寅时初渡河的建议，官军过河后向着"讨凶贼"的地域进发。

　　元轸所存世的断案，多与军国事有关，仅就上面的验案所保留的历史细节的碎片中，我们依稀可以看到，无论居庙堂之高的当权帝王将相，还是"心在天山，身老沧州"的落寞仕子，或者"处江湖之远"的游侠隐士，易数文化对他们的精神世界和现实的决策都产生过深远的影响！历史的复杂与诡异使后人面对历史事件时，仅凭史书所载，有些内容无法理清与理解，本课的价值和陈公献的清兵破扬州旧城之占一样，从另一个角度提供给后人以丰富的历史信息，仅从这一点上，我们对记录这一切的先人们，报以深深的感激。

　　其实本课可以分两个层次，一是渡河可否，二是天气如何。对于这两个问题元轸的判断是极其出色的，其随军阴阳官之职绝非浪得虚名。渡河之占关键看支上与其相关因素，在分析此课所引用的判断相关法则不一一注明其出处，请读者朋友参看相关的书籍。

　　"天河覆井渡河惊，水用寻罡水道通。支伤水涌前难渡，支吉不逢龙日亨。"盘中凡天盘子卯辰未临地盘子卯辰未者，即为"天河覆井"，此为渡河不吉之象之一。从干支取象来说，干为陆支为水，今支受上克，不宜渡河明矣。"六合青龙乘克害，蓬桅蒿桨未全完。"六合与青龙是船与帆的类象，今青龙本形上有酉和太阴来辖制，加之落于未位墓地，六合本形落于申地遭克，破损之象已成，好在在春季所占，六合与青龙没有退气，要是退气，那就糟透了。"螣蛇若遇刑冲地，长江风流必掀天。"发传正是这样，子乘蛇，中传未克害之，故风浪掀天。六壬的判断正是这样，中规中矩依理而断。当然本课的主角之一的郝太尉的命还是不错的，没有到"更值命中临死绝，波心难得保安然"的程度。根据原文的月将可以推知此课占于正月，正月生气在子，子又为太岁带官便是明证。

下面说第二个问题即天气的情况，"风伯会箕风满谷""朱雀居巢风烈烈"这两句学壬者耳熟能详的断语不需要再解释，另外一个也需要注意，即白虎在亥的位置，所谓的"虎临亥子风雨期"是也，这一现象也间接地回答了午时大风的原因。从整体上看，本课为四绝、度厄，大象已定。三传初见官鬼，损失惨重，中传泄气，末传见长生重整旗鼓完整地描述这一渡河的过程。更详细的课式运转、及寅时渡河的运筹经过的全面分析就不写入本书了。

这次渡河只是剿灭河东"贼寇作叛"的序曲，可以想见在短兵相接的战斗中将是何等的景象！历史都是站在胜利者一方的角度而写就的，至于那些"贼寇"是什么构成，为什么"作叛"的原因，赵宋王朝那个时代的朝臣、缙绅、文士是不能全面客观的作出分析的，我们也不要过于苛求古人。"一将功成万骨枯"，不晓得郝太尉在梦中是否梦见那些在此次渡河中丧身的万名士兵？

六壬无言，元轸远去，我们看到了宋人在战争中应用六壬的记录，看到了六壬冷峻的结论和应验，这种应验是郝太尉一类人刚愎自用违背战争规律，用万名鲜活生命的死亡为代价换来的。可曾想过，这不足400余字的验案的背后，消失了那么多青春的面容，消失了那么多为人子、为人夫、为人父的普通男儿的背影。

十 元轸占敌使阴谋

庆历八年，郝太尉统兵河东，忽探报云西番有使者入界。太尉遂召元轸占之。时八月丁丑日得未时，以月将天罡加未。**玉连环末卷 一针见血**

```
常  后  雀  龙
未  戌  丑  辰
戌  丑  辰  丁
```

```
鬼  子  蛇
 子  辰  龙
 子  戌  后
```

```
寅  卯  辰  巳
丑          午
子          未
亥  戌  酉  申
```

元轸对曰：据此课象，有阴谋，亏损主将及军兵之事，切勿与相见，见则必至无礼，内生恶意。

太尉曰：奉使乃好事，却课象不吉，未知祸生何处？

轸曰：皮革之间，必藏凶器刃物，宜豫备之。

太尉遂传令，进奉人等，可将随身所有刀枪之物，先于界牌之外搜索，逐队罄身而入，到帐相见。其进奉人等各物件并于城门前逐一搜检，稍有锋刃之物，尽收纳于城门之外，候回程日仍旧给付。

次日令番将担擎礼物赴厅排列，并是朱红漆皮笼十余只。番使曰笼内有香药金银酒器盘碟之属。

太尉问轸曰：此言实否？

轸曰：昨日之课，有阴谋狡计在皮革之间。遂令军士千人围之，先打开一只，内果有刀刃，即时将番使擒下。次将皮笼尽行打开，并是阔刀衣甲枪头铁锤之物。太尉大怒。番使曰：我等奉大王命令，来谋算招讨，取夺城池，不期神明洞察，致败露矣。

议曰：课得阴日昴星，主有阴谋诡计及惊恐。又魁罡在日辰，主欺诈奸恶。子水克日加卯，为鬼贼临门户，上乘螣蛇凶将，无礼刑战。又太尉行年在子，受卯上螣蛇之刑，乃来使有无礼之谋，巧算之意。八月建酉，月建主州府，上见白虎乘午火，午为皮革之类，午是败火，酉是旺金，火不自胜，灼烁无功，上乘白虎凶神，邀入金器，乃主毒藏皮革之中。子水克日本凶，却得辰戌土神在干支之上而为救援，故主败露，不成凶矣。

杨注：

此案为北宋仁宗庆历八年（公元 1048 年）岁次戊子八月十一丁丑日未时，该月初五辛未秋分，此为秋分后六日，故用辰将。

阴日昴星课，子鬼乘螣蛇发用，为冬蛇掩目格，主惊恐凶象，子加卯，卯为门户，子卯为无礼刑，又辰戌分别加临干支，主欺诈奸恶。由此推断敌使有欺诈阴谋而来。

月建酉为州府，酉上午乘白虎凶将。午为马，秋为囚气，故为马革之类，白虎为金为凶器，午又为败金，由此取象为"毒（器）藏皮革之中"。

对于敌使来说，午乘白虎虽加临州城酉上，但午火囚气并与白虎之金内战，自身力量已消耗，八月建酉乘旺气，午火囚气难克旺金，故称"火不自胜，灼烁无功"。

对于我方来说，州城对应的月建酉为旺气，又有子孙救神辰戌土分别加临干支之上，足以敌初传子水之克，故主敌使阴谋必将败露无疑，我方足以制敌，免除凶灾。

此案初传子乘螣蛇，月建酉州城上午乘白虎，蛇虎自冲，以凶破凶之象，敌使虽有阴谋怀凶恶而来，终必破败，不会对我方造成凶害，原案未涉及此义。

十一　郭御青占兵

崇祯丙子年七月癸丑日午将酉时，占兵。**郭氏占案**

```
阴  白  阴  白
未  戌  未  戌
戌  丑  戌  癸


    鬼  戌  白
    鬼  未  阴
    鬼  辰  蛇


寅  卯  辰  巳
丑          午
子          未
亥  戌  酉  申
```

郭御青曰：七月十一闻大兵入寨之信，得此课。官鬼满目，幸以凶制凶，蛇虎自冲，不为大害。申为游都乘月建旺相，主大兵势盛。至九月，申入墓则衰。

时有会稽陶湛生社丈，问八月科场移否，比时另占一课，不记。止记朱雀乘戌为九月，后大兵果于九月初三日东归。文场移于九月二十九。

杨注：

此案为崇祯九年（公元 1636 年）岁次丙子七月十一癸丑日酉时，该月二十一癸亥处暑，此为处暑前十日，故仍用午将。

课传戌未辰皆土鬼克日，故称"官鬼满目"，虽为大凶之象，但戌乘白虎，辰乘腾蛇，蛇虎自冲，以凶破凶，故不为大害。游都申为月建，主贼势盛，申加西北亥上，主贼兵从西北方来，至九月申金入墓，主贼遁去。寅为鲁都，为贼去路，寅加东南巳上，贼至九月遁入东南方位而去。

十二 郭御青占省城安危

崇祯辛巳年十二月十三甲寅日丑将午时，在阳武县占省城。**课经集**

```
玄 勾 玄 勾
辰 酉 辰 酉
酉 寅 酉 甲
```

```
鬼 酉 勾
财 辰 玄
父 亥 朱
```

```
子 丑 寅 卯
亥       辰
戌       巳
酉 申 未 午
```

郭御青曰：满盘自刑，酉以破碎作勾陈，全伤干支，又作发用，城池最忌，危至九分，幸生起末传育干支，危中有救。酉临艮地，东北受伤。

次日乙卯巳时，因雪再占。得子乙一课，即得白虎作墓发用，墓亦凿城掘坑之象也。亦赖末传亥水育干支，自墓传生，先迷后醒，亦危中有救。

二课游都皆空，交甲子旬俱实，亥水救神反空，所以预断贼二十三日至。占时贼在汴东百余里，余在河北阳武县，以占稿具禀各院台。彼时督师丁公圣林、抚台高公鹭机、按台任公汶水，急呼余进汴。余即于二十三日早入城，午后而贼至城下，即攻城东北角，二十余日昼夜不息，危至万分，后克保全。此丁公、同事所亲见者。

杨注：

此案为崇祯十四年（公元 1641 年）岁次辛巳十二月十三日（此时为公元 1642 年 1 月 13 日），距明朝灭亡仅两年零三个月。此时明末农民起义军已发展壮大起来，占领了许多地盘。郭御青当时在黄河北岸的阳武县，即今河南原阳县，以六壬式占省城汴梁安危。

查该月二十一日壬戌大寒，故十三日甲寅仍用丑将。

四课上神酉辰和三传酉辰亥皆为自刑，故称"满盘自刑"。刑为刑伤，当然不吉。酉为破碎又加临干支之上，并且酉金克甲干和寅支，酉又乘勾陈凶将发用，省城危险至极。

亥为末传。酉金生亥水，亥水生日干、日支，由此断为"危中有救"。酉加寅，寅为艮地，为东北方位，故断城池"东北受伤"。

次日乙卯日巳时再占，课传应为：

乙卯日巳时丑将

```
未 亥 申 子
亥 卯 子 乙

      财 未 白
      兄 卯 六
      父 亥 后

丑 寅 卯 辰
子          巳
亥          午
戌 酉 申 未
```

昼占子为贵人顺行，未乘白虎发用，未为墓神（日干乙木之墓），"墓亦凿城掘坑之象"，由此断城必受到攻击。因甲寅旬（甲寅、乙卯俱为甲寅旬），子丑空亡，甲日以丑为游都，乙日以子游都，故称"二课游都皆空"，贼不会即来。至二十三日交甲子旬，游都俱实，故断甲子日即本月二十三日贼至（游都为贼来路，即游都为贼）。贼来必"凿城掘坑"进行攻城，因墓神未乘白虎发用。但三传未卯亥自墓传生，主"先迷后醒，亦危中有救"。果然应验。

95

十三　郭御青占援兵退贼

崇祯壬午年正月初八戊寅日子将辰时，占援兵何日到，贼何日退。**课经集**

```
白  合  勾  贵
午  戌  酉  丑
戌  寅  丑  戌
```

```
      兄 戌 合
      父 午 白
      官 寅 后
```

```
丑  寅  卯  辰
子          巳
亥          午
戌  酉  申  未
```

郭御青曰：此课乃丁督师长公在汴城头上所占，督台命予断。予断三传喜火局生身，但嫌干上丑为合中犯煞，到十三癸未日，冲去丑字，则援兵到而贼退矣。果于十三日左兵有信，十五日贼移营去。

愚按：此课之所以贼退者，实因末克初传也，观十五是乙酉日，非明征乎？

杨注：

原案以为三传戌午寅为三合火局，生日干戊土，由此断为援兵定可到来，贼可退去。又因干上丑与中传午相害，为合中犯煞，待到癸未日，未冲丑，冲去干上之丑，则援兵可至，贼可退去。程氏认为，此案所占在于末传寅木克初传戌土，寅为鲁都，为贼兵去路，克去戌墓，贼破墓而退。程氏又称"观十五是乙酉日，非明征乎"，到底乙酉日与贼退去又什么关系，待考。

十四　郭御青占王觉斯回孟津

崇祯庚辰年十一月十五壬辰日丑将申时，占孟津。**课经集**

玄 勾 勾 后
寅 酉 酉 辰
酉 辰 辰 壬

子 寅 玄
鬼 未 朱
兄 子 白

戌 亥 子 丑
酉 　 　 寅
申 　 　 卯
未 午 巳 辰

　　郭御青曰：揆台王公觉斯自北都至怀庆，拟次日渡河，回原籍孟津。余占得此课。支加干、克干、墓干，卑凌尊，下犯上，为上门乱首，大凶之象。余痛止之。

　　王公云：二人在堂，急欲往省。余劝以迎至河北，王公尚犹豫。次早夫马并集署门。余投书又止之。公始听余言不行。迎其椿萱至覃怀。不十数日，而遭内艰。又春正念一日贼陷洛阳，危哉。设至公至家，即遇太夫人之变，将奈何也？

　　杨注：

　　此案为明王朝灭亡前夕，全国动乱，农民义军风起云涌，明王朝摇摇欲坠。王觉斯由北京至黄河北岸的怀庆府，欲渡过黄河回到黄河南岸的孟津县，郭御青为此事而起六行课，得到上门乱首课。

　　日支辰加临日干壬上，辰土克日干壬水，辰又为日干壬水之墓，卑贱凌辱尊长、下犯上之象，故定为大凶之卦。

第四章　终身前程

历代六壬占验选注

一　邵彦和为叶助教占前程

建炎己酉年五月戊寅日申将未时，叶助教戊寅生三十二岁占前程。**口鉴**
宋本邵案　方末占案　直指　捷要

<pre>
        六 朱 空 龙
        辰 卯 未 午
        卯 寅 午 戌

            兄 辰 合
            父 巳 勾
            父 午 青

    午 未 申 酉
    巳   戌
    辰   亥
    卯 寅 丑 子
</pre>

邵彦和曰：干支皆天罗、阳刃，四课发传，传归日上，主目下赴任。但
值罗刃，主不终任。来岁行年到地盘亥上见子即奏，今日之地网必阻父服，
三十七岁到寅上见卯，即是今日支辰。愚按：来岁是庚戌，行年三十三岁在
戌，不在亥。愚按：卯加支上为官星，故从此行年算起。郑云：午而监司在
末传，终于此职。愚按午作青龙，不但为天罗、阳刃且克太岁，必主降官
也。

卯六数，初辰五数，中巳四数，共十五数，自三十七岁后迤逦赴任，绵
绵不断，一气十五年合作监司之职。十五年后入午天罗阳刃，必降官闲住。
再八年，连前十五年共二十三年而阻。叶氏助教二甲二名高中，授抚州教
官，己酉年八月上任，庚戌年四月丁父忧，三十七岁得国学录，三十八岁召
试馆职高中，得除国子监丞，四十一岁除太常寺丞，四十四岁升工部侍郎，

四十六岁升尚书都官郎中，四十九岁除司农少卿，五十一岁淮西总领兼少卿，当年又兼淮西运使，五十二岁上支军粮交争，降三级停见任，自此闲居八年死。

愚按：五十二岁行年在巳，再见午火阳刃。

郑云：阳刃主兵凶，午为仓库，故因支军粮交争而罢官。

杨注：

此案于拙作《六壬断案详解》中已录，只是版本不同，与上文略有区别。此案文中增加了清人程爱函、郑稼云二位先生的按语提示，故再录下以供参考。

二　郭御青为张缙彦占功名

崇祯戊寅年卯建辛卯日亥将辰时，新乡张坦公缙彦占功名。**郭氏占案**

<pre>
空 勾 贵 后
巳 戌 子 巳
戌 卯 巳 辛
</pre>

<pre>
父 戌 勾
官 巳 后
子 子 空
</pre>

<pre>
子 丑 寅 卯
亥　　　　辰
戌　　　　巳
酉 申 未 午
</pre>

郭御青曰：本命上贵登天门，行年上青龙乘月将，断断乎青华一席矣。张公谦让不自信，后有民部之转，余细详课体，止嫌贵午旬空，然年上月将作青龙上吉，极难得之课，岂终空乎。至四月，闻有通选之命。余大喜曰：若至五月，午字填实，坦公翰院无疑。其后果应如响。奇哉！

余于壬数，习之已久，不意其神妙包藏至此。从来考选，无此旷典，方为真贵登天门，必至五月而成者，午字填实，方得天门有贵，不然其贵尚虚也。初传戌作天喜，带勾陈，即稽留迟滞之象，至午月与太岁寅字三合，乃成官星。余初断，亦不知如此神妙也。

愚按：三传回环，官星临干亦吉。不但贵登天门加命，月将乘青龙加年而已也。五月官星旺，故应。

杨注：

此案断语清晰明白。案中示明为崇祯戊寅年，其人本命在亥，行年在辰，似有误。如其人本命在亥，其行年必在巳，而不会在辰；如其人行年在辰，其本命必在子，而不可能在亥。郭氏原案中此处有误，而程氏未发觉此误，故其按语中未能涉及此误。

三　郭御青为高公占功名

崇祯戊寅年正月二十四戊子日亥将酉时，为高公占功名。**郭氏占案**

```
六  青  阴  贵
辰  寅  酉  未
寅  子  未  戌


      比 辰 六
      父 午 腾
      子 申 后


未  申  酉  戌
午          亥
巳          子
辰  卯  寅  丑
```

郭御青曰：课名登三天，嫌中末空陷，初传墓神。乃正月目下诸事不爽。未几，果有言，须属犬人冲之，到四五月方美。行年见白虎，必是台中，但恐考不能待，孰知其果至期也，乃五月午字填实，三天方可登，此番旷兴，乃真登三天也。与张坦公课俱奇中。见辛卯日干上巳。

杨注：

此案为崇祯十一年（公元1638年）岁次戊寅正月二十四戊子日，该月初七辛未日雨水，故用亥将。

占功名而遇登三天课，大吉之象。而中末传空陷（中传午为旬空，末传申加午陷空），又为三天不能登之象。此之转机，在于填实空陷。五月填实中传午字，末传申亦不陷空，此时方称真登三天，果然被任台中之官。

正月所以不能得官者，以卦象论，为中末传空陷，以事实论，是被以属犬人（戌冲辰）冲夺了。

四 《精蕴》为某占前程

四月丙戌日申将巳时，占前程。**精蕴**

```
白 阴 贵 六
辰 丑 亥 申
丑 戌 申 丙
```

```
财 申 合
官 亥 贵
父 寅 玄
```

```
申 酉 戌 亥
未         子
午         丑
巳 辰 卯 寅
```

断曰：申为相气，财乘六合为用，中传官鬼，登于天门，主以财纳官，考授京职。末传父母乘玄武，发财发身。三传递生，必有上人提挈。为子求官，亦不免用财取贵。支上丑为天喜，主要怀孕也。

杨注：

此案四月用申将，当为小满后，正是夏季，却称初传"申为相气"，是抄写有误，还是别有主张？"中传官鬼，登于天门"，显然是指中传亥为日干丙火之官鬼，亥为天门。他案有贵登天门之说，未见有官鬼登天门之说。末传寅为日干丙火之父母，寅乘玄武，玄武水生寅木，寅木生日干丙火，概由此断为"发财发身"。但日干丙火以金为财，玄武水与寅木却不见金财，概此语是连同日干上申金一起来说，待考。

五 王牧夫为泰州王州尊占前程

乾隆己巳年十二月辛巳日丑将寅时，泰州王州尊占前程。**牧夫占验**

```
合 朱 阴 玄
卯 辰 申 酉
辰 巳 酉 辛
```

```
财 卯 合
财 寅 勾
父 丑 青
```

```
辰 巳 午 未
卯       申
寅       酉
丑 子 亥 戌
```

王牧夫曰：当身之禄，不宜逢空，况冬月金寒，不复起矣。传见退茹，末归墓地，犹幸青龙赘坠，末得无事了结。墓者，止也；丑，扬州之分野也。其止于是乎？后数月竟卒于扬寅。

杨注：

此案为乾隆十四年（公元 1749 年）岁次己巳十二月初七辛巳日寅时，该月十三丁亥大寒，故仍用丑将。

日干为辛，辛禄在酉，酉加日干辛上，故称"当身之禄"。辛巳日为甲戌旬，酉为旬空，此为当身之禄空。若酉禄不加临辛干，不为当身之禄空亡。

三传卯寅丑为退连茹课，末传丑为日干辛金之墓，丑为扬州分野，此人数月后死于扬州。

六 《残篇》为吴公望占终身

丑岁五月初七丙寅日申将酉时。*残篇*

```
玄 常 空 龙
子 丑 卯 辰
丑 寅 辰 丙


鬼 子 玄
鬼 亥 阴
子 戌 后


辰 巳 午 未
卯    申
寅    酉
丑 子 亥 戌
```

黄断曰：初传旬仪，二十岁以前自在快活之场，有无边之乐事。干支上神虽系龙常，各载鬼墓，鬼亦官也。官星入墓，功名有不蹭蹬者乎？宜其十赴棘闱而悲于不遇耳。况甲科最要簾幙贵人得力。中传亥，幙贵也，兼是官星，乃又旬空，空则无力也。欲填寔，除是有亥年之恩科，则填补而可望。又或有巳年之恩科，冲寔亦可望。否则不能矣。末传子息又空，乃是天将后加后，妻也。妻空而尚能育子乎？故须觅一肖犬之妾，以填补之。邓攸之哭，吾知其可免矣。

杨注：

康熙二十四年（公元 1685 年）岁次乙丑五月初七丙寅日酉时，因该月二十己卯日夏至，故仍用申将。此案是取占问者出生年月日时演成六壬课而作出判断。

1.干支上分别为辰、丑，辰为日干丙火之鬼墓，丙火以水为鬼，水墓在辰，丑为日支寅木之鬼墓，寅木以金为鬼，金墓为丑，故称"干支上神虽系龙、常，各载鬼墓"。

2. 棘闱，指参加科举考试。

3. 恩科，科举考试每三年举行乡试及会试，称为正科（甲科），若遇新皇帝即位及皇室庆典要加科，称为恩科。

4. 邓攸之哭。邓攸（？-326）晋平阳襄陵（今山西襄汾）人，字伯道。永嘉末年为石勒所俘，后逃至江南，东晋元帝任为吴郡守，官至尚书右仆射。其南逃时，携一子一侄，途中不能两全，乃挥泪弃子全侄，被后世传为美谈。

5. "天将后加后，妻也。"末传戌为日干丙火之子，戌为旬空而乘天后，戌加亥，此以亥为天后本位，而称"后加后"。天后为妻，妻空不得生子，"故觅一肖犬之妾，以填充之"，即可生子，以免除无子之忧。

6. "初传旬仪，二十岁以前自在快活之场，有无边之乐事。"初传为初限，初传子加丑，子为九数，丑为八数，丑八数折半为四，九、八、四相加为二十一，故称二十岁以前的初限自在快活，可得到父母的荫护。

七 《残篇》为张垣龄占终身

张大人垣龄生于康熙辛酉年八月十三癸巳日巳时，问终身。于黄先生遂以其八字演课，以辰将加巳时得三传卯寅丑。**残篇**

辛酉 丁酉 癸巳 丁巳

```
    朱 蛇 空 龙
    卯 辰 亥 子
    辰 巳 子 癸
```

```
  子 卯 朱
  子 寅 六
  官 丑 勾
```

```
 辰 巳 午 未
 卯       申
 寅       酉
 丑 子 亥 戌
```

黄断曰：日上青龙官禄，支上太阳照宅，又二贵拱天喜，且初传又喜簾幕，定是乡榜。

张曰：既知乡榜，可知中在何科？黄鼓掌算之，遂决曰：中在辛卯科也。

人问其故，黄曰：虽由理推，亦要意会。盖癸巳日主也，乃在甲申旬，法当从地盘戌上起一岁，数至三十一岁行年在辰，上乘卯为朱雀，又系幕贵，下临辰为天喜，非其中之时而何？故知即在三十一岁辛卯科也。愚按：此以生日起行年，未知所本何书。又问有子否？黄曰：传中皆子星者，寅卯之木也。合观其八字，纯金局，一派合剋子星，况卯寅为四废休囚，恐佳子稀疏也。果官高无子。是六壬之独步也，故详记其占案，以广所学云。

杨注：

康熙二十年（公元 1681 年）岁次辛酉八月十三癸巳日，该月十一辛卯日秋分，十三日为秋分后二日，故用辰将。

此案是以出生年月时起六壬课，而推测终身大略情况。四柱会成金局，克去三传中子孙寅卯木，故断其无子。

案中以生日起行年之法，是据甲子旬生人，男一岁起丙寅，顺行，女一岁起壬申，逆行；甲戌旬生人，男一岁起丙子，顺行，女一岁起壬戌，逆行；甲申旬生人，男一岁起丙戌，顺行，女一岁起壬子，逆行，等等。此法载《阳宅十书》。其他命书亦载有此法。

八　张江村为毛丹占终身

乾隆甲寅年八月初八壬戌日巳将寅时，占终身。**说约**

<pre>
后 常 贵 玄
辰 丑 巳 寅
丑 戌 寅 壬
</pre>

<pre>
官 辰 后
官 未 雀
官 戌 龙
</pre>

<pre>
申 酉 戌 亥
未   子
午   丑
巳 辰 卯 寅
</pre>

张江村曰：六壬变幻不测，有为他人占而牵连及我者，间或有之，不可不察也。余家人毛丹占终身，得此课。余曰：干上寅为衙门，寅阴巳为月将，乘贵人，大贵人也。遁丁与干五合，汝一生只能在衙门中得贵人微财，不能别作营生，此本指也。

余又曰：寅巳集于干上，事在目下，汝系厮仆，安能骤进衙门见大贵人，此必余有馆，汝随进耳。余今日本欲占课，今汝得此可不必再占矣。果于次日得馆，初十甲子日毛丹跟进。此为他人占及我也。

杨注：

张江村本打算自己占能否得馆（任私塾教师），而其家人毛丹于此日求张占卦问终身事业。张氏即由此课兼看自己得馆事，并把二者之事结合起来看，指出此即为"有为他人占而牵连及我者"，奇妙！

第五章 流年月建

历代六壬占验选注

一 王牧夫为某妇人占流年

乾隆己巳年五月庚申日未将子时，女命丁丑生五十三岁占流年。^{牧夫占验}

```
合  常  合  常
戌  卯  戌  卯
卯  申  卯  庚


        父 戌 合
        鬼 巳 阴
        子 子 青

    子  丑  寅  卯
    亥          辰
    戌          巳
    酉  申  未  午
```

王牧夫曰：妇人占，用起鬼墓，不见官星，乃寡妇也。家本富厚有模范，因阴人用事，先业渐亏，今便改削，愈见衰落不振也。其人云：彼夫家夫凶后，尚有数万金，为此妇用费将尽矣。问流年者，看将来若何耳。余曰：末见青龙，子孙为月破，又为囚水，聊且度日而已。盖戌巳子亦铸印也。子去刑卯，卯为日财，乃先成后败之体，故铸印以巳戌卯三字为有成也。今得戌巳子，安能有兴象乎？故曰不振。干支同体而财无别，是人用我、我用人，俱不论也。我之财，为他人之财亦可也。外用内用，终日斧削，岂能不耗？庚与申，内外皆斧也。其象如此，能不衰乎？

杨注：

此案为乾隆十四年（公元 1749 年）岁次己巳五月十三庚申日子时，该月初七甲寅日夏至，故用未将。

114

　　日干庚为人，巳午火为官鬼为夫，初传戌为火墓，由此知其女之夫已死。此人已为寡妇。

　　干支上神皆为卯，卯为日干之财，主内外皆财，由此知其家本富厚。

　　三传戌巳子为铸印不成之象（三传巳戌卯为铸印），由此知其家道渐衰。末传子为月破，又为囚水，子孙爻亦为衰败之象，聊且度日而已。

　　此课三传戌巳子，末传子为旬空，由此知其铸印不成（原文中以三传巳戌卯为铸印有成，戌巳子为铸印不成，不以末传子空为不成）家业日衰。若取干支上卯木之财，被干支庚申之金内外斧削之象，难以作出家业渐衰的判断。

二　王牧夫为庚午命人占流年

乾隆己巳年午建壬寅日申将辰时，庚午命六十岁占流年。**牧夫占验**

```
白 六 勾 贵
戌 午 未 卯
午 寅 卯 壬
```

```
 鬼 未 勾
 比 亥 常
 子 卯 贵
```

```
酉 戌 亥 子
申       丑
未       寅
午 巳 辰 卯
```

王牧夫曰：此课主多子，木局子孙旺故也。凡三合之局，气聚最好，但以年命推测，又有不好处在。行年在巳，巳上酉，用木局而年见从革，与用相冲，卯酉主门户，恐有乖乱事也，须慎之。支为家宅，旺火脱用传之气，恐有狂惑之人在宅生乱也。七月可畏，申上子乃刑卯之月也。后果于七月门中有杀伤事。因此课式中，方知年命为要耳。若以干支三传视之，木火相生旺相，安能知之。凡占流年，当以年为紧切也，存此以俟高明。

愚按：此断语甚多牵强附会，而未得要领。六十岁行年在丑，丑上见巳，吉凶当从巳推测，何得以巳上之酉言其卯酉相冲，主门户乖乱事也。支上旺火脱用传之气，与宅何干，何得言有狂惑之人在宅生乱也？七月可畏，亦是事后之言。子刑卯与宅又何干也？据余看此课，人宅皆死，便为不祥，何况支上午火乘旺气而脱支之气，阴神更见白虎死气作鬼，安得不凶乎？辰时未发用，皆克日为天网课，亦主刑伤。卯木虽能破网，无奈卯巳休囚，而辰未皆相气也。此余一得之愚，俟高明裁定。

杨注：

此案为乾隆十四年（公元 1749 年）岁次己巳四月二十五壬寅日辰时，该月二十二己亥日芒种，此为芒种后三日。芒种为五月节气，故案中称午建。

案中指出，凡占流年，当以年为紧切也。此年字有二义：一是流年太岁，如巳年要看太岁巳；二是行年，如六十岁行年在丑。程氏所加评语，忽视了前者，只注重后者，是不全面的。如程氏指出，六十岁行年在丑，丑上见巳，吉凶当以巳推测，何得以巳上之酉言其卯酉相冲，主门户乖乱事也。无巧不成书，案例中六十岁午命人，其行年在丑，课中丑上为巳，而己巳年太岁亦为巳，太岁巳上为酉，占问全年（即流年）之事，当然要看太岁上所加之神。太岁上是酉，日干上是卯，卯酉相冲，卯酉为门户，逢冲克故主门户内有乖乱不宁之事。程氏其他见解亦甚得当，只是忽略了流年太岁。

程爱函在《壬学琐记》一书中，对王牧夫有评述如下：

距呈坎县五里，曰杨干，有王牧夫先生者，六壬尤精。先生名谦，号师孝，又号种道道人，久客维扬，求占等户外之屦常满所。有《六壬占验存略》两册，断法专重取象，与吴稼云先生见解相同。其贵人起例，壬癸日昼用卯、夜用巳，余日与诸本相同。其论行年，间有取行年上神之上神者，令人不解。如六十岁行年在丑，丑上见巳，不以巳论吉凶，而以巳上之酉断吉凶也。

此处所述王牧夫取行年上神之上神者，即上为庚午命人占流年例。王牧夫非是取行年上神之上神，而是取流年太岁之上神，程氏疏忽了，今特于此指出。

三　王牧夫为未命人占流年

乾隆甲戌年十月壬子日卯将申时，未命人占流年。**牧夫占验**

```
滕  常  雀  武
寅  未  丑  午
未  子  午  壬
```

```
财 午 武
官 丑 朱
印 申 白
```

```
子  丑  寅  卯
亥          辰
戌          巳
酉  申  未  午
```

王牧夫曰：此课干支上神虽作合，然大象颇有事故，心甚不宁，恐有私情口舌也。初传午为财，被夹克，玄武逼迫，论财有失而无得，况财与鬼穿害乎。长生又作虎，本源受伤，年境何能得佳？以支辰论，子冲干上午，午为心，受支冲克，而本命又立支上穿害，自又午未作合，午为妻，主妻宫口舌不安，牵连父母亦不安也。且子见于行年，而未又是本命，玄武为用，毕竟由己不正惹起事端，以致如此。后知其私乳妇，为妻撞遇，归母家，同岳母来作吵。比时余谓彼当出门，以避口舌为吉。后因出门始免。行动免者，以马在寅，能制丑上朱雀也。

杨注：

此案为乾隆十九年（公元1754年）岁次甲戌十月初七壬子日申时，该月初九甲寅日小雪，此为小雪前二日，故仍用卯将。

初传午财乘玄武加亥，下有亥水，上有玄武水，午火受上下夹克，"主财有失而无得"。又，中传丑土克日干为鬼，初传午火生中传丑土，此为财爻化鬼，此财不得为己使用。

中传丑乘朱雀口舌之将，午火生丑土，主因妻财而生口舌是非。

末传申为父母，乘白虎主道路往来不安。此由妻财口舌而牵连父母不得安宁。

案中称"且子见于行年，而未又是本命，玄武为用，毕竟由己不正惹起事端"，当视为行年在巳，巳上为子，未为本命。而由此得出自己不正为事端之起源，则过于曲折。一般以干为自己，初传午乘玄武不正之神由干上发用，当视为事端起源。（案中壬日申时以卯为天乙贵人，与他书不同，若以巳为天乙贵人，则初传午乘天后，中传丑乘勾陈，末传申乘玄武，待考。）

作者指出当事人趋避方法为外出可免口舌是非，是因为驿马在寅，寅木克制中传丑土（丑乘朱雀口舌之神将）之故。此未免有牵强附会之嫌。

四　王牧夫为程桐江占月建

乾隆戊辰年九月戊辰日卯将寅时，程桐江甲申命四十五岁占月建休咎。

牧夫占验

```
蛇 朱 贵 蛇
午 巳 未 午
巳 辰 午 戊
```

```
    鬼 寅 青
    父 午 蛇
    父 午 蛇
```

```
午 未 申 酉
巳       戊
辰       亥
卯 寅 丑 子
```

王牧夫曰：此课平看，不过鬼克不利而已，然关系甚大。何以见之？今兹九月火潜之时，安得此一派炎炎之气？午为阳刃、罗网，缠身叠见，必有大缠绕事来累身。彼云：目下无甚事，那得至此？曰：本月内要见，然终无碍，先凶后吉。彼云：祸应主何人？曰：发用别责，青龙作鬼，乃由别事而起，青龙为官位，木为舟车之官，必因此而起事也。不数日，果为借河饷事波累及身，数月因审寔无事。次年春月复占月建，犹未吉，嘱慎防。后复为漕督所奏，几付部狱，伸赖恩旨半路赦回。

此课事关重大者，以太岁干支为日辰故也。火虽炎上，而火虚诞，中末相并不足，又兼生干，故有始无终，不须虑耳。凡螣蛇太旺，则主惊疑，此以阳刃、罗网为利害也。

杨注：

此案为乾隆十三年（公元1748年）岁次戊辰九月十七戊辰日寅时。该月初二癸丑日霜降，故用卯将。

四课上巳午未皆南方火神，初传寅为火长生之宫，故称课传"一派炎炎之气"。午为羊刃、罗网（皆以日干戊论）乘螣蛇凶将临干，又为中传和末传，故称"缠身叠见，必有大缠绕事来累身"。

螣蛇既主缠绕，又主惊恐。

四课之中只有三课，无克，又无遥克，故为别责课。

五　王牧夫为辛卯命人占流年

癸酉年正月甲戌日亥将寅时，辛卯命人四十三岁占流年。**牧夫占验**

```
六  贵  后  常
辰  未  申  亥
未  戌  亥  甲
```

```
    鬼 申 后
    子 巳 朱
    兄 寅 青
```

```
寅  卯  辰  巳
丑          午
子          未
亥  戌  酉  申
```

王牧夫曰：此数宜出外，不利家居，宅多蔽塞，不利妻妾，多主丧亡也。盖干人支宅，干动支静，干男支女，干外支内，此两仪之定体也。今干乘旺而支衰否，是人吉宅凶，利动不利静，宜男不宜女，宜外不宜内。故曰宜出外不利家居也。且马乘天后相生，动之顺者也。干见太阳长生，末见青龙德禄，由动得吉者如此。宅逢纯土，未贵墓干，又未戌为闭口，妻位当之，卑幼之位当之，岂不兆丧亡者乎。况命年俱逢刑，久恋于家必受其害。后出外果清吉，家中妻死子亡，口舌频频，妾自缢，家破人宅分离，其验如此。

愚按：未贵墓干，未戌闭口，何致如此之凶？盖干支全逢丧吊，而三四课纯土，克尽干上亥水长生也。

杨注：

此案为乾隆十八年（公元1753年）岁次癸酉正月十八甲戌日寅时。该月十六壬申日雨水，故用亥将。

辛卯年生人四十三岁，其本命在卯，卯上子，子卯相刑。其行年在申，申上巳，巳刑申，故称"命年俱逢刑"。其他判断之辞，原案文和程爱函所加按语已解释清楚，不必再赘。

六　王牧夫为乙未命人占月建

乾隆辛巳年八月甲戌日巳将辰时，乙未命人四十七岁，占月建。**牧夫占验**

```
        后  阴  六  朱
        子  亥  辰  卯
        亥  戌  卯  甲

            财  辰  合
            子  巳  勾
            子  午  青

    午  未  申  酉
    巳          戌
    辰          亥
    卯  寅  丑  子
```

王牧夫曰：干上卯木乘朱雀，与支之戌交车合，正时发用，冲破支辰，主因尊长之财而破财，事虽有始无终，然要费口舌破财，八月甚平常耳。

盖支仪为尊长，卯乘朱雀与之合，是因尊长口舌也。支为财，初传与正时为财，是因财而破财也。年上丑贵又与支相刑，戌支又坐酉月上，故主重重破财。若不忍耐顺受，恐致官非。喜三传辰巳午皆火，有始无终耳。果其人本月内因其父昔日借有银两来索，不婉转而使气，债至欲到官也。验甚。

杨注：

此案为乾隆二十六年（公元 1761 年）岁次辛巳八月初八甲戌日辰时，该月二十五辛卯日秋分，故仍用巳将。

甲戌旬戌为支仪，以仪神戌为尊长。戌为财，初传辰又为财，辰戌相冲，由此断为因尊长之财而破财。又因日上卯与日支戌为交车合，卯乘朱雀主口舌，由此断因尊长之财而产生口舌是非。

　　乙未命人四十七岁，行年在子，子上丑为天乙贵人，丑与日支戌相刑，戌加月建酉上，酉金脱泄戌土，由此断为重重破财。

　　三传辰巳午顺连茹一气皆火，由此断为有始无终。

　　此案断法曲折离奇，难以效法。

第六章　家　宅

历代六壬占验选注

一　苗叔芳为孙池信占家宅

淮西安丰军霍邱孙池信仕于钱唐，久不得归。一日往苗太监侄孙苗叔芳处问宅。壬辰日亥将丑时。**张本占案有月将　一针见血无月将正时**

```
六 蛇 常 空
子 寅 未 酉
寅 辰 酉 壬

      子 寅 蛇
      兄 子 合
      鬼 戌 青

卯 辰 巳 午
寅       未
丑       申
子 亥 戌 酉
```

苗叔芳曰：此宅团转水绕。盖壬辰水日，四课又见子水也。寅为火之长生，克宅为用，又乘螣蛇，主两三回火发于宅，幸得水多有救。但中末传龙虎回环艮方，愚按：此旬又当是用巳贵。主有雷伤坟墓，及惊损老者，宅眷却无恙。旦夕必有信至。半月后果有一仆自安丰来，诘问仔细，竟如叔芳所言。张本作惊蛰后此信至。

愚按：龙虎回环艮方，何以主雷，况龙虎实不回环艮方乎？鄙见必是寅为雷公杀，乘螣蛇加宅克宅，阴神又见六合，故主雷惊。辰为日之墓库，凡四季土皆为老人，故曰雷伤坟墓及惊损老者也。

杨注：

安徽霍丘县人孙池信在钱塘做官，请苗叔芳为其占家宅安否。苗叔芳认为，日干壬为水，日支辰为水库，故称"壬辰水日"。以日支辰为宅，宅阴为子，即第四课上神为子水，由此得出"此宅团转水绕"，即宅有水环绕。初传寅加临宅上，克宅（寅木克辰土），寅为火长生之地，又乘腾蛇火神，故主"两三回火发于宅"。寅属木为三数，火为二数，由此定两三次火发。辰（宅）为水库，其阴神为子水，此为水多，可以制火，不致造成灾害，故称"幸得水多有救"。

　　案文中"中末传龙虎回环艮方"之说，似不确切。程氏按语亦不认可此说。但程氏对雷伤坟墓及惊损老者之解，也太曲折，可作参考。

二 刘日新为戊子命人占家宅

元祐六年辛未九月辛卯日，角音人戊子生四十四岁，占家宅。得寅时。

一针见血 玉连环末卷

```
六  白  常  贵
亥  未  午  寅
未  卯  寅  辛
```

```
    父 未 白
    子 亥 六
    财 卯 后
```

```
酉  戌  亥  子
申          丑
未          寅
午  巳  辰  卯
```

刘日新曰：君家修造宅舍，不依方所，误用日时，不知禁忌，故怪异骈集，频有丧服哭泣之事，留滞月日。占人曰：实有此灾怪丧病久矣，愿求禳治之法。刘曰：必犯六神黑道，今已日月滋久，不须禳谢，只是君家井厕相近，又厕畔有桃树，叶落厕中，故有此灾怪，君当去此桃树，移厕远井，则灾怪自消矣。

议曰：未加卯为用，上得白虎，其卯是久居之宅，又卯为门户，兼角音之宅神在卯。中传有丁神乘六合，加太岁之上。行年上又是丑乘螣蛇，故云宅中有怪异。末传天后乘卯加亥，亥为双鱼宫，即为阴怪，九月飞魂丧魄，同居未上乘白虎，故有丧病哭泣之事。九月以寅为月厌，以戌为天目，寅临戌上，乃是月厌加于天目也。所以怪异留滞月日，法以亥为厕，未为井，今相加为近。寅为桃，卯为树，课得曲直属木，木至秋则叶落，又六合加井厕上，故云桃叶落在井厕中也。

杨注：

此案为北宋哲宗元祐六年（公元 1091 年）岁次辛未九月辛卯日，查该年九月丙戌朔，初六为辛卯日。该月初二丁亥日霜降，辛卯日应用卯将。课中卯加辛，当是卯将亥时，而案中称寅时，可能有误。

案文中说，占者是因家中修造房屋，不讲修选方位，不择日时，犯了禁忌，故家中屡有怪异灾害。案文通俗明白，不必再析。

三 刘日新为某人占家宅

乙巳日占家宅。**一针见血**

```
蛇  朱  朱  合
未  午  午  巳
午  巳  巳  乙
```

```
财 未 蛇
鬼 申 贵
鬼 酉 后
```

```
午  未  申  酉
巳         戌
辰         亥
卯  寅  丑  子
```

刘日新曰：四课纯是火神，三四课且乘蛇朱，不免火灾怪异，及出口眼有疾之人。巳支临日而作六合，主进外口分食及过房不定，小口逃亡之事。未蛇加午，小口落井，蛇为怪异，阴神见申贵，是神佛为灾。未财化鬼，主损妻。酉作天后，主以婢为妻，并刑及死，出寡妇人也。

原本句法多颠倒，愚略为润色之，文理较顺。

杨注：

此案可解者：1.四课巳午午未皆南方火神，三课四课上神分别乘朱雀、腾蛇，又皆属火，由此断为主火灾怪异（腾蛇主怪异）。此案占家宅，日支巳为宅，故着重三、四课。2.初传未为妻财，初传未土生中传申金和末传酉为婢，上乘天后，主以婢为妻，酉为自刑，酉金克日干乙木，主克夫，由此断为"并刑及死，出寡妇人也"。其余不可解。

四　陈天民为某太尉占重修府门房廊

杭州学桥水涨，太尉重起府门及造赁屋房廊，请陈相干天民占问。己未日戌将申时，辛亥命。**一针见血　张本作邵彦和占**

```
            螣  合  螣  合
            亥  酉  亥  酉
            酉  未  酉  己

               子  酉  合
               子  酉  合
               子  酉  合

      未  申  酉  戌
      午         亥
      巳         子
      辰  卯  寅  丑
```

陈天民曰：独足课，即亥酉未辛命得三个酉，是三重天禄，三重帝旺，主富贵两全，官至一品。依朝廷之威势，起造无昌盛，尚有三十年大发。太尉大喜。

天民退而告人曰：此独足课，课既不足，传又不行，终无百年久远，将来太尉殁后，命既不存，禄旺何在？恐其子孙不肖犯法，此屋没入于官矣。果然。

杨注：

此为八专课独足格，三传皆为酉，顾名思义，独足为用一条腿或一只脚走路，不得前进之象，引申为不长久之象。

太尉（官名）为辛亥命人，辛禄在酉，即天干辛之禄在酉，故称天禄，辛金帝旺亦在酉，故称"三重天禄，三重帝旺"，并由此得出"富贵两全，官至一品"的判断。并由三重酉推出"尚有三十年大发"的判断。

八专只有两课无克，独足格三传一体，传不前行，得此课传，总体不完备，难以久远。太尉死后，子孙犯法，此府第被官方没收。此结局与课传不完备相应。

此案占问者本命辛亥，即辛亥年生人，即以天干辛作出判断，未涉及亥。此为看本命的又一方法，值得注意。

134

五　刘日新为邓某占选客店

四月辛丑日卯将申时，邓姓人占市侧造客店。**一针见血**

```
玄 朱 空 后
卯 申 子 巳
申 丑 巳 辛
```

```
财 卯 玄
父 戌 勾
官 巳 后
```

```
子 丑 寅 卯
亥       辰
戌       巳
酉 申 未 午
```

刘日新曰：尔欲市侧具造店屋，奈此处有祖墓，如何造得？不上一年，必致具讼吃棒坐狱，出狱而死。

盖支为居业，丑为辛金之墓。巳亦店业，而加戌墓之上，故知此处有祖墓也。支上白虎作朱雀，中传勾陈，故知兴讼。财作玄武，必主破财。白虎作朱雀加于丑墓，中传戌作勾陈，戌为牢狱，故必坐狱。戌能生日，故不死于狱中。末传巳火克干，四月正旺，故知出狱而死。

邓某不听，后果遭讼被押，押久致病，保出而卒。

杨注：

日干辛上巳为店业，巳加戌上，戌为巳火之墓，为店业加临墓上。巳为日干长生，故知巳加祖墓之上。此为事件的起因。干上巳与支上申既刑又合，申乘朱雀主口舌是非，巳为店业加戌墓之上，主因造店而起口舌是非。初传卯乘玄武，卯为财，玄武主耗失，主破财。中传戌乘勾陈，主词讼。戌为牢狱，主坐牢。戌土生日干辛金，从牢狱中可出。末传巳火克干为鬼，四月巳火鬼旺，巳又为日干长生，长生化鬼，死亡之象，故主出狱而死。

六　《方本占案》为人占宅中景象

正月己巳日子将酉时，占宅中景象。**方本占案**

```
滕 勾 后 朱
亥 申 丑 戌
申 巳 戌 己
```

```
    子 申 勾
    财 亥 滕
    官 寅 阴
```

```
申 酉 戌 亥
未       子
午       丑
巳 辰 卯 寅
```

断曰：主家中有妇人损了牙齿，近又新修厨灶，地上用新砖铺砌。盖申加巳发用，巳为双女，申为骨牙，乘勾陈主损折，且又传破也。巳为炉灶，乘旺相主新修。果其人有乃妹缺口齿，而灶新修。

杨注：

日支为宅。初传申加巳宅之上，巳为双女座，申为骨牙，申乘天将勾陈，勾陈主损折，由此推出宅中有女人损了牙齿。巳又为炉灶，正月巳火乘相气，旺相为新，由此知炉灶为新修。

三传申亥寅为玄胎课，玄胎主新，大概由此推出"地上用新砖铺砌"。

案中所称"传破"，是指中传亥与末传寅相破又相合，是破中有合，或称合中有破，似与原文之意相符。申为骨牙之说待考。

七 王牧夫为人占家宅

甲戌年亥月庚戌日卯将寅时，占家宅。**牧夫占验**

```
白 常 玄 阴
子 亥 戌 酉
亥 戌 酉 庚
```

```
    子 亥 常
    子 子 白
    父 丑 空
```

```
午 未 申 酉
巳         戌
辰         亥
卯 寅 丑 子
```

王牧夫曰：干支皆乘罗网，人宅俱晦，传见脱气，不见昼神，全无发旺之气，越居越寂寞也。况末归丑土，墓人刑宅乎？宜速迁移为要。此课金寒水泠，日就萧条，不至凶咎，以子孙能制鬼耳。

杨注：

庚上酉为庚前一位，戌上亥为戌前一位，故称"干支皆乘罗网"。三传亥子丑为北方三合水神，盗脱日干庚金之气。四课上神和三传皆为夜神（酉戌亥子丑寅为夜神）。又时令为亥月，占时为寅时（寅时亦为夜间），故称日干庚和三传亥子丑为"金寒水冷"。

案中称此宅"日就萧条"、"越居越寂寞"，但不至有大的凶咎，是因为三传为子孙，能克制官鬼，使官鬼不致为害。

此案三传亥子丑水局，于亥月乘旺气，支戌为宅，戌上亥也是旺气，但案中却断此宅"全无发旺之气"，这是因为三传水局盗脱日干庚金之故，是从另外一个角度来定旺衰的。

八　邵提刑为人占起宅

六合朱科院在西南社坛废址白站起宅第，斯人富豪权势，竟往县中请佃，盖欲阻当，彼处有人妒其所为者，往邵提刑卜课，问其起宅吉凶。

```
白 空 玄 常
未 午 酉 申
午 巳 申 己
```

```
  子 申 常
  子 申 常
  父 午 空
```

```
午 未 申 酉
巳       戌
辰       亥
卯 寅 丑 子
```

邵提刑曰：课得昂星，三传申申午，犯重沓金神白虎，旧址上神祇往来之处，又值火旺，本人辛亥生。火克金，犯初传，又犯本命，又犯岁君，然西南方有佛地，亦被他害，屋宇未十分完备。不及一年，伤害宅母并中子，本人因南首有火发，飞火近燎于本宅，新屋片瓦不存，本人惊后得患，半月后亦死矣。一针见血

愚按：此课不载月将正时，未可执一。

杨注：

六合县朱科院（科院为官职名称）在县城西南方位社坛旧址建宅第，有人嫉妒朱科院的这一做法，请邵提刑（提刑为官职名称）占六壬课，问其起宅吉凶。

此案为柔日昂星课，三传甲申午。末传午火旺，克初传申金，又克此人

139

本命辛亥（辛亥纳音为金），又克太岁（案中未能显示太岁干支），西南方有佛地，也被克害。案文中称"犯重沓金神白虎，旧址上神祇往来之处"，当为凶课。

果然建成屋宇不满一年，宅母和中子死去，宅中又失火，屋宇焚烧一空，朱科院本人也因此惊恐患病而死。

九 《一针见血》占宅

辛卯年正月癸酉日亥将巳时，占宅。**一针见血**

```
勾 阴 常 朱
酉 卯 丑 未
卯 酉 未 癸
```

```
 子 卯 阴
 卯 酉 勾
 子 卯 阴
```

```
亥 子 丑 寅
戌       卯
酉       辰
申 未 午 巳
```

断曰：课得返吟，主门户内有私财，外人欲来争夺。盖酉是宅为门，太阴为私财，则水日逢丁，兼下克上，亦为财也。勾陈主争，卯私门入太阴，主私暗隐藏之财，未作雀加癸为官鬼，未是兄弟，丑年曾争论，今年再论，丑刑未故也。小刑大，为逆乱之刑也。

杨注：

此案癸酉日为甲子旬，初传卯遁干为丁，故称"水日逢丁"。《毕法赋》云："水日逢丁财动之。"故主争财。

卦体为返吟有克，三传卯酉卯，卯酉为门户，卯乘太阴主阴私，卯遁干丁为财，酉乘勾陈主争夺，故主门户内争夺私财。未乘朱雀（朱雀主口舌是非）加临日干癸上，癸干寄宫在丑，未刑丑(原案中说"丑刑未"，当为"朱刑丑"之误)，未与丑为同类兄弟，未为小吉，丑为大吉，故称"小刑大"，为逆乱之刑，是弟来与兄争门户内私藏之财。

第七章　风　水

历代六壬占验选注

一　刘日新为人占风水

四月丙午日申将午时，占风水。**张本占案**

蛇　六　朱　勾
戌　申　酉　未
申　午　未　丙

　　财　申　六
　　子　戌　蛇
　　鬼　子　后

未　申　酉　戌
午　　　　　亥
巳　　　　　子
辰　卯　寅　丑

刘日新曰：干为龙，干上未是来龙偏斜不正；支为穴，支上申是穴居高地。朱雀临酉作夜贵，前砂圆正；青龙临午加辰，左砂尖利有余；白虎临辰加寅，泄气受克，为不足于右砂也。未旺作丁未向，若戌则为火墓不可用。三传为涉三渊，初主买卖破财，兼伤小口；中蛇乘墓主丧妻；末居子加戌，又因妇人败家，损害家长。

杨注：

此案风水之占，先论干龙支穴，次论前朱雀、左砂青龙、右砂白虎，不知何故独缺后之玄武。再次论三传得失。

初传申乘六合吉将，申为日干丙火之财。初财发用，为何称"买卖破财"，大概是因龙涉三渊之故。申金克六合木，六合主小儿，故称"兼伤小口"。

中传之戌为日干丙火之墓，又乘螣蛇凶将，主凶。何人入墓呢？原案称主丧妻，是因戌带遁干庚，庚为丙干之妻，由此得出丧妻的结论。

末传子鬼伤克日干丙火主凶，又乘天后，天后为妇人，由此得出因妇人败家的结论。

此案所断该地风水，惟穴居高地，案砂圆正为吉，其余如来龙偏斜不正，左砂尖利有余，右砂泄气不足，三传龙涉三渊等皆为不吉。

二 邵彦和为徐承务占生地

建炎己酉年九月癸亥日卯将亥时，徐承务丁未生六十三岁占生地。**一针见血**

```
陈 贵 空 朱
未 卯 酉 巳
卯 亥 巳 癸

    印 酉 空
    鬼 丑 阴
    财 巳 朱

酉 戌 亥 子
申       丑
未       寅
午 巳 辰 卯
```

邵彦和曰：前后左右皆有空坟穴，主山侧又是一阴人坟，若不去此坟，如何得葬？

徐曰：此地若何？

先生曰：甚好。以干支上皆贵人也，且金局又生日干，有何不利？但丑为墓田，空亡则是虚墓，兼有天空，亦是虚坟。必须去此，然后可以论生而葬，日后必出贵人。最好是水路合星辰文笔双峰，出人清秀也。

徐问汪家买山。汪家兄弟三份，只卖出二份。其长兄一份，故将空棺葬于内。其先亦有三个虚塚，皆葬不着。徐乃倍价向汪家长兄买之。庚戌年七月葬妻，壬子年徐宅三房媳妇，两房得二男，至五六岁聪明，日读百余字，十岁五经读尽，十六岁入试场，十九岁发科举，二十二岁兄又发举，二十六岁及第。想此地应矣。

　　盖巳加癸作朱雀，巳主双，故有文笔双峰高起，支上又见贵人，癸见卯不可谓之脱气，乃子孙秀贵也。申酉为今日水母，故水来去皆合星辰，巳为双，故出双贵也。

杨注：

此案为南宋高宗建炎三年（公元 1129 年）岁次己酉九月十八癸亥日亥时，该月初一丙午日霜降，故用卯将。

此风水之占，案文以课传神将详述风水星辰之义，令读者一目了然。

三　王牧夫占程家坟风水

乾隆戊辰年闰七月乙丑日巳将巳时，占风水。**牧夫占验**

蛇　蛇　勾　勾
丑　丑　辰　辰
丑　丑　辰　乙

财　辰　勾
财　丑　蛇
财　戌　阴

巳　午　未　申
辰　　　　　酉
卯　　　　　戌
寅　丑　子　亥

王牧夫曰：庸寁七兄为以宁侄于容溪隐汰看风水，已定向封固，命余占是何向，以觇数学精粗。余以前人看来龙山向法，用干支上神合者断之，曰：祖龙从西南坤上来，落脉在巽上，立乙山辛向加卯酉。以宁侄拆封阅之，果符所定。七兄曰：龙脉山向如见，此地可扦葬否？

余曰：勾陈居辰为山，山高峻，穴却在中平处，以蛇居中传丑，为平土故也。此课虽伏吟静象，却不可葬，以太阴在末冲干刑支，戌中又怀暗鬼耳。穴乘丁虽有情活泼，惟此处亦曾葬有人来，不然丑乃鬼墓，垒垒在支上何故。

以宁侄曰：此地名程家坟。——果符所占，遂共叹服。

杨注：

干上辰三合为申子辰，申为西南坤位，故称"祖龙从西南坤上来"。支上丑三合为巳酉丑，巳为东南巽位，故称"落脉在巽上"。坤纳甲为乙，巽纳甲为辛，故称"立乙山辛向"，乙禄在卯，辛禄在酉，故又称"乙山辛向加卯酉"。

初传辰乘勾陈为山，辰为天罡主山高峻，中传丑乘蛇为穴，丑为平地，故称"山高峻，穴却在中平处"。

末传戌乘太阴，戌与日干辰（乙）相冲，与日支丑相刑（丑刑戌），又戌中有辛金为暗鬼克日干乙木，由此断此地不可葬，葬则有凶。

中传丑乘蛇为穴，丑时旬遁丁，故称"穴乘丁"。"穴乘丁虽有情活泼"，但是丑加丑，丑为金墓，日干乙以金为鬼（克我者为官鬼），丑加支（丑）上，即"鬼墓垒垒在支上"（指支二课），过去已有人葬在此地，不宜再葬。

四 王牧夫为人占风水

乾隆己巳年三月乙丑日酉将午时，某占风水。**牧夫占验**

```
       螣 勾 阴 螣
       未 辰 戌 未
       辰 丑 未 乙
```

```
        财 未 螣
        财 戌 阴
        财 丑 白
```

```
   申  酉  戌  亥
   未          子
   午          丑
   巳  辰  卯  寅
```

王牧夫曰：此地无风水，纯是粗石，不可买也。凡占风水，以支辰为主。今支上戴墓，干上又戴墓，是前此已有坟墓，皆在平田处，因气不足，今皆衰替。此占乃未葬而占风水，已在穴处，故以蛇论之。未乘蛇坐辰上，辰为恶山，辰戌重见为石，未又不备，何能求全，若必扦葬，人亦衰败，安可买耶？

后其人不信，买之，开穴数处皆石，始弃之。

杨注：

案中说："凡占风水，以支为主"，支丑上为辰，辰为丑土之墓，日干乙上为未，未为乙之墓。此为干支上俱戴墓，由此断为此地过去已有坟墓，丑为平田。因墓覆干支，故称"因气不足，今皆衰替"。

巳为穴（《六壬捷录》以蛇为穴，概因蛇为穴居之物），巳为螣蛇本位，螣蛇加初传未，未加辰上，辰为恶山，中传为戌，辰戌重见为石，主穴处纯是粗石。

第一课为未加乙，第四课为未加辰，实为一课，即支二课中只有一课，此为不备（即四课不完备），"何能求全"，故不以吉断。

此案值得注意的问题是，乙丑日午时以申为昼贵，与邵彦和、陈公献案不同。

五　王牧夫甲戌年占风水

甲戌年十月丙辰日寅将巳时，占风水。**牧夫占验**

后　雀　贵　合
戌　丑　亥　寅
丑　辰　寅　丙

鬼　亥　贵
财　申　玄
兄　巳　空

寅	卯	辰	巳
丑			午
子			未
亥	戌	酉	申

　　王牧夫曰：此地当有桥梁庵观，但地形不周正耳，亦可用也。夫占风水，以支为地，干为人，干乘长生、六合，支见纯土，风水不碍纯土，故可用。况三传初贵末空夹财，不见刑伤，其平稳之地可知也。但其间暗中要得财，始能成交耳。盖丑乘朱雀，桥也；寅合亥，庵观楼台之象也；丑见戌相刑，主其地不周正也；暗中有人欲得财者，天空带丁，寅亥闭口也。末为归结，故言其象如此。

　　杨注：

　　此案为乾隆十九年（公元 1754 年）岁次甲戌十月十一丙辰日巳时，该月初九甲寅日小雪，故用寅将。

　　干为人，支为地（风水），日干丙上寅乘六合吉将，寅又为日干丙火长生之地，故为吉象。支上丑乘朱雀，丑为纯土，朱雀火生丑土，将生神，亦为吉象，故断此地可用（可以安葬）。

三传亥申巳，初传亥乘天乙贵人，末传巳乘天空，中传申为日干丙火之财。原断辞称"三传初贵末空夹财，不见刑伤，其平稳之地可知也"，不确。亥与申相害，巳刑申，三传中有刑和害，怎能说是不见刑伤呢？又说其地有桥梁（丑乘朱雀）、庵观（寅合亥），丑刑戌（支阳丑、支阴戌）地形不周正。平稳之地与地形不周正又似相互矛盾。占风水以日支为地，支乘丑土称为纯土，但丑为旬空，原断辞对此未提及。

第八章　婚　姻

历代六壬占验选注

一 苗公达为一妇人占再婚

五月甲戌日未将得卯时，三十五岁妇人占亲事。**玉连环末卷 一针见血**

白 后 六 白
午 寅 戌 午
寅 戌 午 甲

兄 寅 后
子 午 白
财 戌 合

酉 戌 亥 子
申　　　丑
未　　　寅
午 巳 辰 卯

苗公达曰：尔有二夫，正夫不告而去，偏夫已入群贼中，音信不通。尔今年求别嫁，有邻家一仆作媒，必有新喜。但请成之。

议曰：阴不备是妇人不贞之兆，此一句拿定主宰。法以青龙为夫，乘申金克日，又属空亡，主逃窜，是不告而去也。青龙之阴神为偏夫，见子水乘蛇，主阴私蔽匿，再传子上是辰乘玄武是入贼党。课得炎上，夏旺则为新，三合六合则为喜。法以纳音为媒人，甲戌是阳火，取午为媒位，午上见河魁为奴仆，今日支干在传为邻近，故云邻仆。妇人行年在戌，上见功曹，夏寅木休囚，课传属火，夏为正旺，故有再嫁之说。初传天后，与日辰相生，而气和必成之理也。果然。

杨注：

四课中只有三课，第四课午加寅与第一课相同，日支的阴神已先做了日干的阳神，此为不备课，是日支的阴神不完备。三课之中二阳一阴，故主此妇有二夫。案中以青龙乘申金为正夫，申为旬空，故主正夫不告而去。青龙之阴神子为偏夫，子乘螣蛇凶将，子之阴神为辰乘天将玄武，由此知其偏夫已加入贼党（申子辰为三合，故主贼党）。

三十五岁行年在戌，戌上为寅，与月建午为寅午戌三合，夏为正旺，故有再嫁之意。天后、六合俱入课传，《毕法》"后合占婚不用媒"，不仅其再嫁目标明确，并且已经私通了，案中未及此义。

案中称甲戌日以纳音山头火为媒，甲戌是阳火，故取午为媒位，午上戌为奴仆，今日干支入三传为近，故云邻仆为媒。以日干支纳音为媒，未见他书有此论述。

二　陈天民为人占婚后如何

湖州城西沈尚书宅娘子与本郡赵府结姻，沈女丑生人，赵氏未生人，求陈天民占成后夫妇如何。**一针见血**

$$
\begin{array}{cccc}
白 & 空 & 常 & 白 \\
子 & 亥 & 丑 & 子 \\
亥 & 戌 & 子 & 壬 \\
\end{array}
$$

$$
\begin{array}{cc}
比 & 亥 & 空 \\
比 & 子 & 白 \\
鬼 & 丑 & 常 \\
\end{array}
$$

$$
\begin{array}{cccc}
午 & 未 & 申 & 酉 \\
巳 & & & 戌 \\
辰 & & & 亥 \\
卯 & 寅 & 丑 & 子 \\
\end{array}
$$

陈天民曰：壬戌日占得亥子丑连茹课，但只上门乱首，何况夫妇本命丑未相刑，他日主不到头，虽有德容，性欠尊重，其后夫妇果不和，公姑不睦，其女忽生喘疾，抑郁半年而终。

杨注：

日干壬加支戌上，亥受戌土克制，此为干临支被支克，为自取乱首，故不为吉课。夫妇二人本命丑未相冲刑，夫妇不得白头偕老。

三 《直指》占婚姻（一）

十月戊寅日寅将巳时，占婚姻。**直指**

```
后 常 常 青
申 亥 亥 寅
亥 寅 寅 戊
```

```
官 寅 青
财 亥 常
子 申 后
```

```
寅 卯 辰 巳
丑       午
子       未
亥 戌 酉 申
```

断曰：四课虽是互合，却不喜末传之申，作天后来克日上寅。寅为官，夫星也。青龙亦为夫，受天后之克，夫妻必不睦，且阳不备，必然克夫。

杨注：

四课互合是指日干戊（巳）与申合，日支寅与亥合。以三传而论，末传申乘天后（天后为妻）克初传寅，寅木克日干戊土为夫，此为妻克夫之象。四课只有三课，为不备课。日支的阳神巳先做了日干的阴神，此为支阳不备，亦为夫被克之象。

四 《直指》占婚姻（二）

十月戊寅日寅将巳时，占婚姻。**直指**

```
后 常 常 青
申 亥 亥 寅
亥 寅 寅 戊
```

```
官 寅 青
财 亥 常
子 申 后
```

```
寅 卯 辰 巳
丑       午
子       未
亥 戌 酉 申
```

断曰：四课虽是互合，却不喜末传之申，作天后来克日上寅。寅为官，夫星也。青龙亦为夫，受天后之克，夫妻必不睦，且阳不备，必然克夫。

杨注：

四课互合是指日干戊（巳）与日支阴神申合，日支寅与日干阴神亥合。四课中互合为婚姻成合之象。但案中说此婚成合之后必然克夫：一是因为日支阳不备（第三课日支阳神亥巳先做了日干阴神，故称日支阳不备）；二是因为末传申金乘天后克日上寅木（寅木乘青龙克日干戊土为夫星）。

以上案中断法值得商榷。此课干支互合（指巳与申合，寅与亥合）而不是日干与支上神相合、日干与干上神相合，而是日干与支阴相合、日支与干阴相合，此为另一意义的交互相合，他书未见有此交互相合之说。一般以干为夫、支为妇论婚。此课支寅加日干戊上，寅木克戊土，为上门乱首。"上门"之义已表明婚姻可成，寅木克戊土，即为"克夫"。案中取末传申乘天后克夫星寅，而忽视了戊寅日甲戌旬，申为旬空，又十月寅木为相气，申金为休气，申怎能克寅？故原案中断辞有失。

五　《壬归》占婚姻

辛亥日□将□时，占婚姻。_{壬归}

愚按：此课不载月将正时，未知《壬归》所引何书。

```
  六 后 勾 贵
  卯 未 寅 午
  未 亥 午 辛
```

```
  父 未 后
  财 卯 六
  子 亥 白
```

```
  丑 寅 卯 辰
  子       巳
  亥       午
  戌 酉 申 未
```

断曰：姻事必成，但嫌不旺夫家，偏旺母家，八年之后，定当改嫁，非吉象也。

盖干支之上午未作合，故主必成。凡天后发用，而三传自合成局者，谓三阴自旺，得天后临支，支系母家，故主偏旺母家。后之所乘，明生暗鬼，而三传木局，又生起干上之鬼以克干，故不旺夫家。未数八，故八年之后。丁动而中空桥断，卯即辛之妻星，故主改嫁。其象若此，尚可成乎？婚姻之占，关系甚大，其可忽乎？

杨注：

干上午与支上未为六合，故姻事必成。天后乘初传未，未生日干辛金，但未带遁干丁火（甲辰旬未为丁未），故称"后之所乘，明生暗鬼"。

三传未卯亥，中传卯为旬空，末传亥落空，不仅是中空断桥，而是中末俱空。中传卯为妻星，卯为旬空，原断语以此为妻改嫁之象。

六 王牧夫为人占婚 (一)

乾隆丙子年十月甲申日寅将辰时占婚，因路遇疑即此女，故占之。**牧夫**
占验

<pre>
　六　龙　玄　后
　辰　午　戌　子
　午　申　子　甲

　　　子　午　龙
　　　财　辰　六
　　　兄　寅　蛇

卯　辰　巳　午
寅　　　　　未
丑　　　　　申
子　亥　戌　酉
</pre>

王牧夫曰：所遇之人在道路上，以子午辰戌干支并见也。书云：子午为
道路，辰戌乃仓卒急遽之见也。午乘青龙，其女修长，肤融赤而整齐，诚美
妇耳。彼有夫，乃归母家，所遇非是所定之女。然所定之女亦美而贤，以冬
占天后加子水，色白又旺故美，生干故贤。后娶归，果非所遇者。

何以知所遇之女有夫？午坐日之官鬼上耳。何以知其回母家？课得顾
祖，自内传外，末之寅即干之身也。干支互成三合，故因遇此妇而后成此
婚，此妇乃引入桃源之仙客也。支上午为遇，申为道路，午加申为疑惑，以
支神测之，亦如是也。

杨注：

子午为道路，干上子支上午，原案以支上午（乘青龙）为道路上所遇之
女，以干上子（乘天后）为未婚妻，为何如此分区，却未作说明。可能是以

支为内为家，道路上所遇之女乃归母家；干为外，所定之妻未娶，则未有家。

七 王牧夫为人占婚（二）

戊辰年正月丁未日亥将酉时，占婚姻。**牧夫占验**

```
阴 贵 阴 贵
亥 酉 亥 酉
酉 未 酉 丁
```

```
        财 酉 贵
        鬼 亥 阴
        子 丑 常
```

```
未 申 酉 戌
午       亥
巳       子
辰 卯 寅 丑
```

王牧夫曰：此婚主男克二妻，女克二夫，鳏寡相配，先私后娶，不日即合卺也。盖丁日以酉为妻，酉带自刑加身，阴见亥水官鬼，主克夫再醮。丁以酉为妻，何酉之多也，故亦主克妻再娶。丁主动，为新喜。支未中亦有丁火，男女之位皆逢，岂非合卺在即乎。八专为课，干支不别，帷簿不修，男女往来，非止一次，盖干即支，支即干，仰首即见，何用媒为！验甚，验甚。

杨注：

四课中只有两课，干支一体（相同）为八专课。此例为八专有克课，取克神为用。

丁未日，酉为丁之事，丁为酉之夫。干支上二酉，干支二丁，此非一夫一妻，故由此推出男克二妻，女克二夫。

八 王牧夫为人占婚 (三)

乾隆丙子年十二月癸丑日丑时申时，占婚姻。男辛卯生四十六岁，女壬子生二十五岁。**牧夫占验**

```
勾 玄 勾 玄
亥 午 亥 午
午 丑 午 癸
```

```
财 午 玄
兄 亥 勾
鬼 辰 后
```

```
戌 亥 子 丑
酉         寅
申         卯
未 午 巳 辰
```

王牧夫曰：此婚必成，成后有老阴人不能安静。然财临绝地，不能齐眉，亦主贫穷，五年之内，一梦醒矣。

老阴人者，天后作墓鬼也。五年者，辰数五，癸干亦五数也。

婚成后岳母随女住于婿家，年老琐碎，吵闹无时，三年而卒。妻怀孕得病分娩，至次年卒。一梦醒矣。五年之内，拮据异常，亦主妻家穷极。

杨注：

此案重要断语为"财临绝地，不能齐眉"。初传午为妻财，午加丑，非绝地（午火绝于亥），不知此绝地具体所指。

九　徐次宾为人占婚（一）

四月壬申日申将辰时，占来意。**玉连环**

```
后 白 朱 阴
辰 子 未 卯
子 申 卯 壬

   鬼 未 雀
   兄 亥 阴
   子 卯 空

酉 戌 亥 子
申       丑
未       寅
午 巳 辰 卯
```

徐次宾曰：来意主家中不和，其妻姓王，性甚刚暴，常口舌争斗，因此休弃，后因生子而复还合也。何知内事不和？盖日辰三合带鬼，天后为妻，乘天罡下临子，故知姓王。天罡主欺诈凶恶，故知性暴。因口舌相争休弃者，以卯酉为门户，朱雀从卯上发用，主口舌。占时用传皆克日，日既落空亡，不能相争故也。卦得曲直，为子孙爻，占时与日支合，用传与日干合，内外俱合之象，向之所谓占时用传俱鬼，今得子孙制之，是因生子而复还合也。

杨注：

三传未亥卯三合木局，初传未土为日干壬水之鬼，故称"三合带鬼"，并由此推出夫妇不和。初传未乘朱雀，朱雀主口舌，由此知常有口舌争斗。未乘朱雀从门户卯上发用，其阴神为亥，亥为旬空，亥又为日干寄宫，日干空亡，夫妇离弃之象。

167

　　三传未亥卯三合木局为日干壬水之子孙，木克用时辰土、初传未土，子孙克制官鬼，又用时辰与日支申为半三合，初传未与日干壬（亥）为半三合，由此得出因生子而复合。

　　辰乘天后加临子上，天后为妻，辰为土，子水为一数，土加一为王，由此知其妻为王姓。

　　此案三传三合带鬼，合而离，三传为子孙爻制鬼，又得出因子而复合，断辞细腻曲折，非高手莫为。

十 徐次宾为人占婚 (二)

六月辛未日午将亥时，占来意。**玉连环**

```
龙 贵 雀 武
酉 寅 子 巳
寅 未 巳 辛

    兄 酉 龙
    父 辰 阴
    子 亥 合

子 丑 寅 卯
亥       辰
戌       巳
酉 申 未 午
```

徐次宾曰：来意主酒筵间，有姓刘人做媒说亲，一席便成。其新妇必是亥生也。

盖时上见太常，主筵会，值事门见六合，为和合，又为日干子孙，酉为酒发用，子孙上见六合，岂不是酒筵上与子孙说亲也。发用从魁，为今日等辈，酉为金刀，故言姓刘，上见青龙吉将，主婚姻礼仪之庆。时为日劫煞主紧急。又中传天罡为天马，故言一席便成。其新妇亥生者，以末传登明为子孙，故知为亥生也。

杨注：

此案要点有三：

1.初传酉为金刀，由此知刘姓人做媒（卯、金、刀组成繁体刘字。只取金刀亦称刘姓）；

2.用时亥为劫煞（原案中所述如此），劫煞主速；

3.末传亥为子孙爻，由此断新妇为亥年生人。

诸书规定三合墓前一位为劫煞。此案辛未日，当以申为劫煞，但原案中却以亥为劫煞，显然为误。

第九章 胎 产

历代六壬占验选注

一　范蠡占郑妃六甲

四月辛巳日申将子时，越王召范蠡占郑妃六甲。**心镜注引越覆经**

青　蛇　贵　常
酉　丑　寅　午
丑　巳　午　辛

官　午　常
财　寅　贵
父　戌　陈

丑　寅　卯　辰
子　　　　　巳
亥　　　　　午
戌　酉　申　未

范蠡对曰：今课上胜光克下，产男矣。后郑妃果产男也。

愚按：《越覆经》久已遗佚，今《课经集》载丁丑日申将子时，巳加酉为用，上是旺火克下死金，上强下弱，故决生男。如秋占火囚气，课皆阴，则未然也。予不知御青先生所集出于何书，至《袖中金》所引日辰月将正时与《心镜》注同，至以巳加酉为用，则又错也。予不敢以之为据，而附载之于此。

杨注：

《课经集》是指郭御青所编《六壬大全》中的《课经》，所载此案为四月丁丑日子时申将占，巳加酉为用，显然与《心镜》注引《越覆经》所述不同，故此案日时待考。

二 楚衍奉诏占陈贵妃六甲

皇祐三年辛卯岁三月丙午日，仁宗皇帝宣楚衍立夏日占课。衍依课奏对罢，帝又占陈贵妃六甲，年二十二岁，妊身十月未产，得未时，以月将从魁加未。**一针见血 玉连环末卷**

<pre>
    蛇 六 朱 勾
    戌 申 酉 未
    申 午 未 丙

      财 申 六
      子 戌 蛇
      鬼 子 后

  未 申 酉 戌
  午   亥
  巳   子
  辰 卯 寅 丑
</pre>

楚衍奏曰：此课占产，臣不敢言。帝曰：但寔言课意。衍奏云：于今月二十三庚戌日辰时，降生一公主，必失左目，生后五日恐有不测，虽产危而元损，宜预备之。上云：有禳法否？衍云：无法禳之，臣当万死。上当日渐有怒色。且出外听音，即时差人监守楚衍。至二十三日庚戌辰时，降生一公主，贵妃产生时苦艰难，至当日晚公主忽发搐搦，遂损左目，至二十七日，公主死。即时赐楚衍酒香药，次日引见。乞恩谢罪。上云：应验如神。

议曰：母行年立亥上，见丑加之，丑与子合，庚戌日辰时生。午火旺申金死，下胜于上故生女。申金乘六合内战，外伤六合之木，木属眼，申属阳，阳主左，故损左目。生后五日见寅，寅是金绝之地，以日干为子，则庚戌自绝于寅，寅上又天罡白虎，故五日后子死无疑。变入乱首，故母有产厄，支本属母，午火四月正旺，建上有天医乘青龙吉神，故母产后无恙。

杨注：

此案传抄有误。查宋仁宗皇祐三年（1501年）岁次辛卯三月朔日壬子，该月无丙午日。该月十九庚午日立夏。案中又说"得未时，以月将从魁加未"，与课传不符。又说"午火四月正旺，建上有天医乘青龙"等，俱与课传不符，并且相互矛盾。此案年月日时待考。

三 刘日新为人占胎产

三月壬寅日酉将戌时，卜生产。**一针见血**

玄	阴	空	白
子	丑	酉	戌
丑	寅	戌	壬

兄 子 玄
兄 亥 常
鬼 戌 白

辰	巳	午	未
卯			申
寅			酉
丑	子	亥	戌

刘日新曰：日辰皆阳，壬属水，用玄武水，传入三渊皆水，子是女宿，主生女。**愚按**：下克上亦是女。支为母，不受克，母平安。干为儿，受戌克。玄武加子发用，为武入三渊，末传仍归戌虎克干，儿不吉。故生女而弃水死。河魁加日，主迅速，故当日生。

杨注：

三传子亥戌连成水局，案中称此为"三渊皆水"。日干为儿，日支为母，支不受克，故主母平安。干受上神戌土克，故儿不保。

案中称初传子是女宿，故主生女。程爱函按语中说初传为下克上发用，也主生女。皆可作参考，但不为定论。

四　祝泌奉诏占某女或病或孕

淳祐七年丁未七月十二戊戌日，奉御笔占丙子女命月事不行，将及三月，或疾或胎明白具奏，得子时。**一针见血**

蛇　常　常　六
申　卯　卯　戌
卯　戌　戌　戌

子　申　蛇
比　丑　空
印　午　后

戊　亥　子　丑
酉　　　　　寅
申　　　　　卯
未　午　巳　辰

祝泌奏曰：臣谨以此课今秋月属金，金胎在卯，亦于卯上发用，申字有胞胎之象，此主孕有胎之课。课中无鬼杀，行年见青龙为喜，终传午乘天后，七月之生气也，此胎可育。第阴数耳。惟三传申午，行年上子皆阳神，可变为阳胎，道家有此术，不可为虚无，诞在正、二月。

杨注：

此案述明为淳祐七年（公元 1247 年）岁次丁未七月十二戊戌日。查该月壬子朔，十二日为癸亥日，该月中无戊戌日。案中又标明为巳将子时，该月十三甲子日处暑，应用巳将（八月十四甲午秋分后应用午将），就是说在应用巳将的范围内无戊戌日，因此可知此案时间有误，或课传有误。

又，丙子女命应为 32 岁，其本命在子，行年在丑，而案中称"行年上见青龙、行年上子"，是以未为行年，亦当有误。

　　详考此案当为南宋理宗淳祐元年（公元1241年）岁次辛丑，其年七月朔日为丁亥，十二日正是戊戌日。该月初六壬辰日处暑，故十二日戊戌用巳将。其年为辛丑年，丙子女命当为26岁，其行年在未，未上子乘青龙，与案文完全相符。

五 祝泌奉旨占生皇子

淳祐七年八月初一丙辰日，奉旨再占前月十二戊戌日事，具奏。巳将子时。**一针见血**

```
青 贵 空 蛇
寅 酉 卯 戌
酉 辰 戌 丙
```

```
印 寅 青
子 未 阴
鬼 子 六
```

```
戊 亥 子 丑
酉       寅
申       卯
未 午 巳 辰
```

祝泌奏曰：子为今日六丙之胎，六合主小儿，为阳生之胎，此在行年之上，若不入课，犹未为奇。今在末传，此课之收藏也。主国本胚胎，况发用青龙，主喜庆，非寻常。寅加酉亦有喜事，又值月建之位，仰惟陛下亲质卜筮，其课得此，是诚为宗社之福。

杨注：

此案紧接前案，当是南宋理宗淳祐元年（公元1241年）岁次辛丑八月初一丙辰日，该月初八癸亥日秋分，此为秋分前七日，故仍用巳将，案中淳祐七年为误，当为淳祐元年。

此案要点有二：一是子为日干胎神，子为末传乘六合为小儿（六合为小儿）主阳胎，子又加临孕妇行年（女26岁，行年在未，见前案）二是初传寅乘青龙喜庆之将，寅加月建酉上，有力。

因是皇子出生，故称为宗社之福。

六 祝泌奉诏再占丙子女孕

淳祐丁未年九月壬子日卯将戌时，奉御笔再占丙子女命怀孕，或是或非，或男或女，具奏。**一针见血 先是七月戊戌日占，遇见戊戌日干上戌。**

```
    青 阴 空 后
    戌 巳 酉 辰
    巳 子 辰 壬

      财 巳 阴
      鬼 戌 青
      子 卯 贵

  戌 亥 子 丑
  酉       寅
  申       卯
  未 午 巳 辰
```

祝泌奏曰：此课三传巳戌卯皆有合，巳加子，巳中有戊，子中有癸，戊与癸合。中传戌加巳，戌中有辛，巳中有丙，丙与辛合。末传卯加戌，卯与戌合。臣故曰三传皆有合。此课名铸印乘轩，真吉课也。但三传阴神稍多，中传戌与阴恰见，为诸臣之主照，自是阳胎，未可必。

杨注：

此课三传巳戌卯，二阴一阳，以一阳为主，故由此判定为阳胎。其余之解甚为明了，不必再述。

此案仍传抄有误，亦当为南宋理宗淳祐元年（公元1241年）岁次辛丑。该年九月丙戌朔，初八癸巳日霜降，二十七壬子日占故用卯将。

七　郭御青占产男女

乙亥年四月壬寅日申将卯时，占产男女。**郭氏占案**

```
虎 朱 陈 后
子 未 酉 辰
未 寅 辰 壬
```

```
兄 子 虎
财 巳 贵
鬼 戌 龙
```

```
戌 亥 子 丑
酉         寅
申         卯
未 午 巳 辰
```

郭御青曰：子字发用，即取为男，不必别求。虽中末空，至二十五日甲辰旬，则不空矣。课名三奇，与壬申年己丑日辰己一课占得子，亦名三奇相合。但嫌人宅乘墓，谁知后课又相应也。

杨注：

此案为崇祯八年（公元 1635 年）岁次乙亥四月二十三壬寅日。壬寅日为甲午旬，辰、巳旬空。中传巳为旬空，末传戌加巳落空，故为中末空亡。该月二十五为甲辰日，中末传俱不空亡。

甲午旬（壬寅日为甲午旬）子为旬奇作初传，为三奇课。

子为旬奇发用作初传，生男儿。此为判断生男生女的又一方法。

八 郭御青再占产期

崇祯乙亥年四月壬寅日申将午时，再占产期。**先得卯时占过，见干上辰。郭氏占案**

```
蛇 后 贵 常
辰 寅 卯 丑
寅 子 丑 壬
```

```
官 辰 蛇
财 午 合
父 申 龙
```

```
未 申 酉 戌
午       亥
巳       子
辰 卯 寅 丑
```

郭御青曰：前嫌人宅乘墓，此即自墓传生，两课相解，前课初寔中末空，此课初中空末寔，至甲辰旬俱不空矣。当在丙午日生。以月将临午作六合，小儿之象，又壬水胎处也。先乙巳日饮于同袍亲姻张贞明家，余预达明日过，余贺生子，张贞明犹骇异不信。至第二日丙午寅时，果得男。凡产育、行人，期候最难，亦有决不准者。此其验之奇中者耳。

杨注：

三传自墓传生，主产育顺利。初中俱空，惟余末传申乘六合，六合为小儿，申加午，午为壬之胎神，故主丙午日生。此案之解，并无曲折，易于明白。

181

九 郭御青自占癸酉年得子否

壬申年十月己丑日寅将巳时，自占明年得子否。**郭氏占案**

```
虎 阴 蛇 陈
未 戌 丑 辰
戌 丑 辰 己
```

```
财 子 贵
比 辰 陈
比 戌 阴
```

```
寅 卯 辰 巳
丑         午
子         未
亥 戌 酉 申
```

郭御青曰：壬申余因伤子，偶动意占明年得子否。意中不论课休吉凶，但传出子字即取为子。果传出子字，乘贵人且发用，三奇旺相，后果于癸酉年甲子月戊戌日庚申时生子，八字甲戊庚三奇与课同，何其神符也。

愚按：子贵发用，众土伤之，此应生而不育之兆。观丁丑年十月戊申日子时占梦一课，而知此子之不育也。郭君虽不论课体吉凶，但六壬神应，无微不到，吉凶何尝不豫报耶。

杨注：

此案与后案李望川所占案是同一件事，皆是郭氏癸酉年能生子否。此课甲申旬子作初传发用为三奇课，此子生于癸酉年甲子月戊戌日庚申时，月日时透出甲戊庚三奇，故称"八字甲戊庚三奇与课同"。

程氏特加按语指出，子乘贵人发用，课传中辰戌丑未众土克一子水，故主此子生而不育之象。由郭氏自占梦一案知此子仍夭折。

182

　　又，三传子辰戌，中传辰落空，辰又加临日干，干上空，俱是不吉之兆。虽然课体为三奇吉课，此儿八字透出甲戊庚三奇，皆未能抵挡空克之凶。

十 李望川为郭御青占子息

壬申年□月丁酉日□将□时，占子息。**郭氏占案**

```
空  常  勾  空
巳  未  卯  巳
未  酉  巳  丁
```

```
    子  丑  朱
    比  巳  空
    比  巳  空
```

```
卯  辰  巳  午
寅          未
丑          申
子  亥  戌  酉
```

郭御青曰：壬申年束鹿李望川者，为余占子息。是年余伤子，即己巳所生者。李断此课巳空，即主所伤之子；天上日寄未临酉，土金相生，又遁干丁、己，火土相生，乃真父子相见。酉年必得子。果于癸酉年十一月得一子。李断亦奇妙矣，附此。且课名别责，亦弃先而别图后望之意。

愚按：中末空亡，生子不能长大，此前人所未发。余屡因试验知之，故特附记于此。

杨注：

此为别责课，占子息"亦弃先而别图后望之意"，不为吉象。三传丑巳巳，中传和末传巳为旬空，又乘天空，"空空如也事莫追"，不为吉象。程爱函按语云："中末空亡，生子不能长大，此前人所未发，余屡因试验知之。"诚为确论。郭氏于壬申年伤子，于次年即癸酉年又生子，此子后又夭亡，故程氏方有"中末空亡，此子不能长大"之论。

十一 郭御青占妻产期

癸酉年十月丁亥日寅将未时，占产期。**郭氏占验**

朱　白　阴　六
丑　午　酉　寅
午　亥　寅　丁

兄　午　白
子　丑　朱
财　申　玄

子　丑　寅　卯
亥　　　　　辰
戌　　　　　巳
酉　申　未　午

郭御青曰：干上寅支上午，必戌日生。寅为干之长生，六合小儿之象，后果于戊戌日申时生子，应末传之申字也。

杨注：

干上寅、支上午，戌日凑成寅午戌三合，故戌日生子。此为虚一待用格局。

三传午丑申，初传午为旬空，中传子孙爻丑落空，此子不能长大之象。

十二　郭御青再占妻产期

崇祯癸酉年十一月戊戌日寅将午时，占产期。**郭氏占案**

```
后 白 勾 贵
寅 午 酉 丑
午 戌 丑 戌
```

```
    鬼 寅 后
    兄 戌 合
    父 午 白
```

```
丑 寅 卯 辰
子       巳
亥       午
戌 酉 申 未
```

郭御青曰：前为产期，丁亥日寅丁一课，知在戌日矣。至戊戌日占果是日生否？此课贵人临干，丑为腹神落空，必产而后腹空也。又午为戊之胎神，作白虎，速产之象。又临戌，必是日生也。前寅丁一课，寅午虚邀戌字，今即三传寅戌午。又壬申年己丑日辰己一课发用，子作贵人，今干上丑作贵人，三课呼应如一课，奇矣。

杨注：

郭氏两占癸酉年能生子否，又两次占产期，除李望川为其所占一课外，其自占三课呼应如一，奇妙！

十三　郭御青为凌九弟占生子

丙子年十一月丙辰日寅将辰时，占生产。**郭氏占案**

```
蛇  六  朱  勾
子  寅  丑  卯
寅  辰  卯  丙
```

```
   子  丑  朱
   鬼  亥  贵
   财  酉  阴
```

```
卯  辰  巳  午
寅          未
丑          申
子  亥  戌  酉
```

郭御青曰：余为凌九弟占生产，据常法干上不比，三传俱阴，似女。岂知太阳照宅上乘六合，小儿之象。又干上卯、初传丑夹月将于中，下临本辰，丑为腹神，腹空速产之象。若非本日必戊日，何也？天上丙寄申，下临戊戌，丙火生戌土，乃真父子相见。果于本日丙辰戊戌时生男。

杨注：

丙辰日配五鼠遁，子时为戊子时，则丙临申，故称"天上丙寄申"。申加戌，戌为戊戌（时），由此引出申"下临戊戌，丙火生戌土，乃真父子相见"之语。

此案太阳照宅（寅加辰），寅乘类神六合，故生男。

十四 《一针见血》占胎产（一）

乙亥日□将□时，占生产。一针见血

后 后 勾 勾
亥 亥 辰 辰
亥 亥 辰 乙

财 辰 陈
父 亥 后
子 巳 龙

巳 午 未 申
辰 　 　 酉
卯 　 　 戌
寅 丑 子 亥

断曰：占产凶，生不下，子母俱死。盖伏吟课阴阳各伏其家，万物未萌，滞而不通，故生不下，且日辰相刑，刑又发用，乘勾陈土，其凶可见，即龙后不能救助也。

杨注：

伏吟课为伏俯不动之象，母子皆伏而不动，生不出孩子。

干上辰为自刑，支上亥为自刑，初传辰又为自刑。初传辰又乘勾陈凶将，故断母子俱死。

十五 《一针见血》占胎产（二）

六月癸酉日午将卯时，占生产。**一针见血**

```
阴 白 朱 后
卯 子 未 辰
子 酉 辰 癸
```

```
官 辰 后
鬼 未 朱
官 戌 青
```

```
申 酉 戌 亥
未       子
午       丑
巳 辰 卯 寅
```

断曰：腹中必有双儿，然恐子母当日死。因天罡为鬼为墓覆干，魁罡又是刑祸，三传皆土克干，又伤破支上神。经曰：罡作天后临日上，主伤胎。子作白虎临宅，又是母位有破，日辰尽伤故也。

杨注：

原案述课传所以凶者，在于墓鬼加临日干（辰加癸），三传辰未戌皆土克日干，支上子乘白虎破日支酉（子酉相破），日辰皆伤，故断母子当日皆死。

第四课上神卯木与支上子相刑，并且卯木可克三传之土，可取"众鬼虽彰全不畏"之义，又似不当以凶断。

原案中对上述之义皆未涉及。因此，对原案断法应作进一步探讨。

十六　王牧夫为人占胎产（一）

甲戌年九月辛巳日辰将卯时，占胎产。**牧夫占验**

```
    青 勾 阴 武
    未 午 子 亥
    午 巳 亥 辛

      官 午 勾
      父 未 青
      兄 申 空

  午 未 申 酉
  巳       戌
  辰       亥
  卯 寅 丑 子
```

王牧夫曰：此数合当产过，喜信在途，己日可到。此父占子息之胎，干上仰首见子孙之神，而子边亥已成孩也。初传午火克辛金，支乃母位，午与亥绝，乃胎已出腹之象，皆兆已产。三传午为马，未为青龙，皆主文书，申为传送，天空亦主音信，申为道路，故主音信在路也。己日到者，末传甲申，遁合当在己丑日耳。数得连茹，不止一信，当是女，喜两阳夹，又支干不比也。此数又主本身有遗精白浊之疾，兼吐衄也。盖一金而生二水，亥乘玄武，是以应之。午为鬼，比旺克干，兼子亥水泄气，故亦有吐衄之症也。

凡占病用蛇司内，虎司外，在于干支者，现于肢体。此论不视白虎，非正见，乃旁通附见耳。

杨注：

此案为乾隆十九年（公元 1754 年）岁次甲戌九月初五辛巳日卯时。该月初八甲申日霜降，此为霜降前三日，故仍用辰将。原案要点有三：

1.日干为辛，辛上为亥，辛金生亥水，亥在子边（亥与子为邻）为孩，胎变为孩，小孩已出生之象。

2.初传午为马，中传未乘青龙主文书喜信，末传申为道路，故主喜信正在传递途中。末传申为旬空，出旬为甲申，甲与己合，故主己丑日信息可到达。

3.三传午未申，二阳夹一阴，组成离卦，离为女，故主所生为女孩。

又，以日支巳为母位，亥为孩，亥水绝在巳，孩已出母腹之象。原案中说："支乃母位，午与亥绝，乃胎已出腹之象。"是指支上午火绝在亥，为胎已出母腹，不甚确切。

十七　王牧夫为人占胎产（二）

戊辰年闰七月己卯日巳将酉时，占胎产。**牧夫占验**

```
后  六  六  白
未  亥  亥  卯
亥  卯  卯  己

       兄 未 后
       鬼 卯 白
       财 亥 六

丑  寅  卯  辰
子          巳
亥          午
戌  酉  申  未
```

　　王牧夫曰：占产虽易，但生难存，母却无碍。盖此课秋占木局为鬼克日，此凶征也。己日未乃其身，由身传鬼自克，故先产后凶。母能保者，传比日支也，支辰又乘亥水长生，故母无恙，产亦易也。后为初传，又属厌黩，木衰而朽，主女而不吉也。

　　仪征吴兄占产，其母年带死气、白虎，生后当不保，果厄于产。程秀田兄夫人当产期，腹痛已有欲下意，来占。余曰：尚未，旬日后方是产期。初不信，至夜痛止，果隔旬日而生。日时俱不差，其课遗失，秀兄每叹其异验也。

　　仪征朱礼山兄，浯村人，其先乃吾族后，故亦以宗绪相称。曾于扬州娶侧室，七年不孕，欲遣之，问数于余。余为占之曰：此数来年二月必怀孕，去此不过三个月耳。如数不验，再遣何如？礼曰：吾已带来扬矣。余谓之曰：七年可待，三个月反不能待耶？礼笑而允之。至次年二月果怀孕，十一月生男。腊月至余寓谢，谓余曰：君何数神如此？其课遗失，附记于此。

杨注：

此案为乾隆十三年（公元 1748 年）岁次戊辰闰七月二十七己卯日酉时。八月初一癸未日秋分，此为秋分前四日，故用巳将。

己卯日干己寄未宫，故以未为日干自身。初传未，未上卯为中传，卯木克日干己土，故称"由身传鬼"。日干己（未）为自身，占产又以日支卯为母，故卯木克未土称之为"自克"。因自身未作初传发用，故易产，又因卯木为鬼克未土，故"先产后凶"，子不可保。又因日支卯为木，三传未卯亥木局与日支卯木比和不克，卯木又乘亥水，亥水为卯木长生，故母可保全。

闰七月秋占，三传之木乘死气，故称"木衰而朽"，由此断为所生为女，并且不吉（不可保全）。

原案之解概如上述。原案也提到"盖此课秋占木局为鬼克日，此凶征也"，也就是说，此案之凶在于三传未卯亥木局为鬼克日干己土。而秋占金旺木死，朽木难以施威，不当以凶论。又，日干己土既受三传木局之克，当以凶论，而日干为人为本身，怎能由此就断为母存子死呢？案中未提供其本命和行年，似最后结论缺乏依据。

十八　王牧夫为人占胎产（三）

庚辰年九月庚戌日辰将辰时，占六甲。丁酉命四十四岁。**牧夫占验**

```
玄 玄 白 白
戌 戌 申 申
戌 戌 申 庚
```

```
比 申 白
财 寅 蛇
鬼 巳 勾
```

```
巳 午 未 申
辰         酉
卯         戌
寅 丑 子 亥
```

王牧夫曰：此课甚奇，乃是双胎。然母子俱不能保何也？年月日时月将俱是罗网魁罡，何由得出此难？况三传刑尽妻财，夫占更为不吉。何以知是双胎？月建重叠故也。女命丁酉，酉是庚日之网，重重凶征，故于次年二月先生一女，腹仍未消，子母俱不能保也。

杨注：

六壬式中以辰戌为魁罡，又为罗网。此课年月日时月将俱为辰戌，故为大凶之征。三传申寅巳为三刑，中传寅为妻财爻，故称三传刑尽妻财，此又为妻财有凶。日支戌与月建重，日支阴阳俱为戌，月建重叠，故为双胎。

此为大凶之课（罗网重重，三传三刑），母子俱不能保。

十九　王牧夫为人占胎产（四）

辛巳年五月庚戌日申将午时，占胎产。男己卯生六十三岁，女丙戌生五十六岁。**牧夫占验**

```
蛇 后 后 玄
寅 子 子 戌
子 戌 戌 庚

  子 子 后
  财 寅 蛇
  父 辰 合

未 申 酉 戌
午     亥
巳     子
辰 卯 寅 丑
```

王牧夫曰：占胎当以支位之胎神为类用。六十三岁人，血气已衰，不当以干之胎神论也。今正时即支之胎神，发用天后冲破，中见蛇又逢空，末见六合子息之神，又为日破，此似胎而非胎也。午于五月为月厌杀，天后为血，寅木为肝。肝乃藏血之脏，带蛇，主不足，此主气旺血不足，似胎而非胎，不能产也。后竟不产而腹自消。又初传子冲时，中传寅冲日，末传辰冲支，其气散矣。

杨注：

占胎产当看日干之胎神。此案因占问者六十三岁人血气已衰，故不取日干之胎神，而是取日支之胎神，此为王牧夫的创见，或仅此个案而已。

正时午为日支胎神，被初传子冲；中传寅为旬空；末传辰乘六合（六合为小儿），辰为日破（日支为戌，辰冲戌为日破）。又论初传子冲正时，中传

195

寅冲日干申（庚寄申），末传辰冲日支戌。由此推出似胎非胎，其气终可被冲散，不能生产。

此案三传子寅辰，庚戌日为甲辰旬，中传寅旬空，末传辰落空，仅余初传子，子为子孙爻，与日支胎神午相冲，子又为月破（五月），胎神被冲散，亦主气散不产。由此可知取日支胎神为确。凡占胎产，俱当以日支（女）论胎神？待考。

二十 王牧夫为人占胎产（五）

己卯年七月甲寅日巳将寅时，占胎产。男命辛亥二十九岁，女命戊午二十二岁。**牧夫占验**

```
龙 常 龙 常
申 巳 申 巳
巳 寅 巳 甲
```

```
鬼 申 龙
父 亥 朱
兄 寅 后
```

```
申 酉 戌 亥
未     子
午     丑
巳 辰 卯 寅
```

王牧夫曰：占胎而得闭口，又系八专，胎神作鬼，此私胎也。凡芜淫之课，多主淫乱，因干支不分，内外无别耳。况行年男交女命，女交男命，此岂夫妇之道乎？况明日七夕，日近巧期，卯酉私门往来无忌，幸见老阴人救解耳。后知为苟合之胎，辛亥命，非其夫也。神不可欺如此。

杨注：

旬首寅加旬尾亥上，为闭口卦。闭口不言之象，课体又系八专课，干两课与支两课相同，干支不分，内外无别，淫乱之象，又日干胎神酉克干为鬼，由此知为私胎。

二十一　王牧夫为人占胎产（六）

乾隆戊辰年丑建庚寅日子将丑时，占胎产，母丁未生二十二岁。**牧夫占**

验

```
白  空  螣  贵
子  丑  午  未
丑  寅  未  庚

    子  子  白
    子  亥  常
    父  戌  玄

辰  巳  午  未
卯          申
寅          酉
丑  子  亥  戌
```

　　王牧夫曰：占胎产，主易生，母无恙，子难保也。凡占孕，与产不同。孕忌蛇虎，产喜蛇虎，以其为血神也。干位为子，支位为母，定体也。今干支俱乘墓，互相制，是怀此孕，即当有病，母子皆不安宁。产易生者，蛇虎在干支之阴，为其辅也。母无恙者，支寅木，春占得旺气也。子难保者，传归夜时，而遁出丙丁，皆克干之鬼也。生女者何？干支上神相比皆阴，而正时又下克上也。推而言之，戌为蛇足加于亥，亥为天头，足上头下，亦易产也。传退亦易生也。三奇亦无恙也。干空子不利也。母位之丑，乃庚日之墓，又带丁克干，子亦不利。干上之未虽墓母位之支，然带癸水生神，母亦无恙也。子午道路也，蛇虎血神也，故产一女而后不育也。后果一一俱验。

杨注：

1．"孕忌蛇虎，产喜蛇虎"，因为螣蛇白虎为血神，孕见血神主损胎，产见血神主产速。此案干阴午乘蛇，支阴子乘虎，故占产易生。

2．"干位为子，支位为母"，此为一定之位。支寅木，春占乘旺气，故母无恙。此案为乾隆十三年（公元1748年）岁次戊辰十二月初十庚寅日，该月十六丙申日立春，此为立春前六日，可能是已经接近立春之故，称春占寅木乘旺气。干为庚金，中末传亥戌分别带遁干丁丙火，为克干之鬼，干受克，故主儿凶。

3．中末传亥戌，其遁干丁丙，是取日旬之遁干。支上丑所带之丁，是时旬之遁干。可见前人取遁干之法不拘一格。

二十二　王牧夫为人占子息

丁卯年五月甲辰日未将丑时，甲戌命五十四岁占子息。**牧夫占验**

```
玄 六 白 蛇
辰 戌 寅 申
戌 辰 申 甲
```

```
    兄 寅 白
    鬼 申 蛇
    兄 寅 白
```

```
亥 子 丑 寅
戌         卯
酉         辰
申 未 午 巳
```

王牧夫曰：此课占子息，主有子不育，直到五十六岁，偏胎之一子可许也。

此课三传无子，惟遁出丙火子孙，又为日鬼克绝，木受金伤，则子孙何所托以为体？丙受克，则子孙何处以为生？此三传之现在者，不得有所存也。支乘六合，六合乃子孙类神，居于冲墓之地，不得为旺。然五月火司其正，戌乃火墓，子息临库旺乡，尚有一子可许。若非五月火有气，则支上之重土，乃邱坟重垒，主孤寡也。己巳之岁，胎见长生，又与命上生气作合，酉为妾，卯为长子，故主是年偏胎生一子也。后果验。

杨注：

初传寅时遁为丙，丙火为日干甲木之子孙，中传申金克寅木，申金又绝在寅，故称"遁出丙火子孙，又为日鬼克绝"。寅木受金克，丙火子孙依托寅木之上，因此，子孙无所依附，则为不能生存之象。

此案三传寅申寅俱空，亦为有子不育之象。至于判断为五十六岁妾当生子等，则为牵强附会。

二十三　徐次宾为某妇人占胎产

十月庚子日卯将未时，甲子命妇人占来意。**一字诀　玉连环**

<pre>
玄　龙　蛇　玄
辰　申　子　辰
申　子　辰　庚
</pre>

<pre>
子　子　蛇
兄　申　龙
父　辰　玄
</pre>

<pre>
丑　寅　卯　辰
子　　　　　巳
亥　　　　　午
戌　酉　申　未
</pre>

徐次宾曰：来意主三月胎气不安，而有惊恐，至十一月见喜生男，主子母俱庆。

盖时与支害，主内忧；发用神后，为今日子孙，上见螣蛇为日干之鬼，下临辰为三月，故言三月胎气不安，而有惊恐之象。至十一月见喜生男者，中传传送为嗣部，上得青龙吉将，下临子为十一月。又言生男者，天罡所系与日比阳，又三传俱阳故也。母子俱庆者，三传与日辰为三合，虽有螣蛇克日，卦得润下属水，又日上有玄武水，其四水乘旺相气而为救神，其螣蛇不能为害也。

杨注：

此案要点：

1. 取占时未与支子为六害，主内忧，由此推出来意占内事。

2. 初传子孙子乘螣蛇惊恐之将，子加辰，辰为三月，推出七个月之前的辰月（三月）胎气不安，故有惊恐。

3.初传子乘螣蛇凶将，螣蛇克日干庚为鬼，但三传为三合水，干支之上神又为半三合水，水克螣蛇火，故螣蛇虽凶，不得为害，故知母子俱平安。

庚子日为甲午旬，末传为旬空，初传子落空，亦主螣蛇不能为害。原案对此未能涉及。

第十章　疾　病

历代六壬占验选注

一 范蠡占吴王病

三月甲子日酉时，范蠡占吴王病。**直指引吴越春秋**

虎 虎 龙 龙
子 子 寅 寅
子 子 寅 甲

兄 寅 龙
子 巳 朱
官 申 后

巳 午 未 申
辰　　　　酉
卯　　　　戌
寅 丑 子 亥

范蠡曰：德禄在寅，病在巳，绝在申，春木旺金囚无伤也，己巳日有瘳，壬申日全愈。

程圣一曰：德化百凶，禄主百祥，德旺居旺发用，固无凶也。秋占则凶矣。

愚按：白虎生日主病愈。子属水，故断壬日全愈。己巳日有瘳者，巳火制申金鬼也。然查《吴越春秋》无日时，不知《直指》何所据。

杨注：

1. 子乘白虎加临支上，子水生日干甲木，由此得出"白虎生日主病愈"。

2. 初传寅为日德，又为日禄，三月寅木旺，为德禄旺发用，可逢凶化吉。

二 苗叔芳为印宗师占求医

杭州灵芝寺住持印宗师，一日害背疽甚重，臭秽至见骨，往求苗叔芳卜医生。甲子日三传午卯子。**一针见血**

```
青 常 白 阴
午 酉 申 亥
酉 子 亥 甲

  子 午 青
  兄 卯 朱
  父 子 后

寅 卯 辰 巳
丑     午
子     未
亥 戌 酉 申
```

苗叔芳曰：无妨可救，宜向南方求医。初传青龙胜光，须用火针，一开即愈。后果得南方医者，用针一开之后，却不溃脓，乃子卯相刑之故。再加一针，脓方出尽，用凉药敷贴，旬日全愈。此是天医之验，加于三传，病必可治。

愚按：此课不载月将正时，若据午为天医制鬼而言，则七月占，或十一月占也。若三月占，则不用昼贵矣。天医有两种：一是正月起子，顺行四仲；一是正月起辰，顺行十二支。

杨注：

此案以初传午为天医，又乘青龙吉将，午为南方，故断往南方求医可愈。

《六壬神煞赋》："占病须寻天地医，课传有救瘥疗时，天医寅月辰官

207

顺，正戌前行属地医。"

天医正月起辰，顺行十二支；天医对冲为地医。

《六壬捷录》：天医正月起子，顺行四仲；地医正月起子，顺行十二官。

三 楚衍奉旨占公主病

皇祐元年，有李都尉公主年三十三岁，忽于五月初间染患不安，至下旬病危，医官拟议不敢下药，于当月二十三日奉旨遣楚衍至李宅占课，立等回奏。当日乙卯得亥时，月将小吉加亥。一针见血

后 六 贵 勾
未 亥 申 子
亥 卯 子 乙

财 未 后
比 卯 白
印 亥 六

丑 寅 卯 辰
子　　　巳
亥　　　午
戌 酉 申 未

衍具奏云：公主所患，因食冷物，被白兽动至惊风，透入经络，日中则发搐搦，入夜则稍定。此病肝胆之下隐伏不见，当于今夜子时有神医入梦，觉即吐逆，至晚脉息应至，自后即安。乞令医官预备调和之药。果于当晚三更四点，公主梦一紫衣和尚，手执杨柳带水洒身，惊觉汗流而吐，便觉渐安。上知甚悦，遂遣中使至李宅，令供病因依左奏答。

公主云：重午日申时以来，与都尉饮酒，吃冷粽子之间，有本宅白狮猫跳上桌子，触倒酒器，即时便不快。上一见回奏因依，便令宣衍至便殿诊询昨日之课，何故应验如此，勅令敷奏。

议曰：昨日乙卯得亥时，月将小吉加亥就作发用，上得天后，中传太冲加未白虎，终传登明加卯六合，此课正元首之课。白虎凶神不来克日，则占

209

病无忧，发用未是木墓，加于亥上，亥是阴极之位，重于冷，又未中有丁，乙以丁为食神，故言曾食冷物。中传太冲加未得白虎，乘卯木，来制初传未土，故有白兽惊恐。法以丑未为经络，巳亥为气管，故惊风透入经络，课变曲直，木乘则风，发用月将为太阳，所以日中搐搦。又木属肝胆，未为木墓，一为隐藏，故病在肝胆之下，隐伏不见。五月天医在申，今加子上，行年是子，今得传送乘之，申是木绝之地，法谓木绝则魂贵天游，行年之阴上得天罡为梦神，所以感梦。申是今日贵人，有天医乘之，故有神医入梦。日上有勾陈入水，本主吐逆，臣供是寔，谨奏。

杨注：

此案为北宋仁宗皇祐元年（公元1049年）岁次己丑五月二十四乙卯日，该月十四乙巳夏至，故用未将。原文称为二十三日为乙卯日，与《三千五百年历日天象》稍异，可能出于历书版本不同之故，但不影响课传意义。

案中以天医为申，与《六壬大全》异，但与《神煞赋》同。可见对于天医、地医不同的起法可以并存。

原解析具有传奇色彩。

四 邵彦和为人占泻痢

六月甲子日午将申时，占病。*张本占案。此课出于通神集，然非邵案。*

<pre>
财　戌　玄
官　壬申　虎
子　庚午　龙

虎　玄　玄　后
申　戌　戌　子
戌　子　子　甲

朱　合　勾　龙
卯　辰　巳　午
腾　寅　　　未　空
贵　丑　　　申　虎
　　子　亥　戌　酉
　　后　阴　玄　常
</pre>

邵彦和曰：四课不足，脉息短小，发用戌土乘玄武，主脾病泻痢。中传申鬼并白虎，主沉重，然得末传午火作青龙，克制吊鬼，久而安。药宜辛温及升阳耳。

杨注：

此课先看课式，由四课不足断出脉息短小，此为大象也。但是此课的判断重点依然归到三传上，由发用戌土乘玄武直接定病的位置及病症，由申鬼及白虎定病症的轻重，末传制鬼而安。此课的判断似于常规不同。看病，有几个重点，鬼、良医、生气、死气、天医、地医等。鬼在中传空亡，末传为制鬼之位的良医，且六月火气正足，克鬼有力，仅此两点，已无虞。

另外，由入手之后，可再进一步观之，支加干，财乘玄武，更重要的是，干上带桃花乘天后，美色与毒药岂不一体两面，纵是有补，不致严重，要是脱气，性质就严重了。

断辞说"久而自安"是大致说期限，"药宜辛温及升阳耳"，针对午火的性质而言。

五 郭御青占阴人病

甲戌年元旦戊子日子将卯时，占阴人病。**郭氏占案**

```
青 常 阴 螣
午 酉 亥 寅
酉 子 寅 戌
```

```
    官 寅 螣
    财 亥 阴
    子 申 虎
```

```
寅 卯 辰 巳
丑       午
子       未
亥 戌 酉 申
```

郭御青曰：余况占阴人病，此病已至危急无望。今课得干上寅鬼，三传自下递生克干，支上酉乃旬乙，末传申乃旬甲，纯木克土，诚为难当。然病危不死。《毕法》云："鬼贼当时无畏忌。"至初八日立春，木旺贪荣，上生枝叶下不克土，渐有生意。果至初八日渐愈。凡占遇死囚鬼反可畏，若鬼得时反不伤人，不足畏矣。虽然，惟木则如此，凡木性克土，全在秋冬，若金水火土旺愈伤人，不可以一例而论。

愚按：此课之所以病愈者，实赖申酉二金克寅木之鬼也。初八日后申酉二金值日，自当渐愈。予不知郭公何故不引"制鬼之位乃良医"之句耶？

杨注：

此案为崇祯七年（公元 1634 年）岁次甲戌正月初一戊子日卯时。该月初八乙未日立春。

日干上寅木克日干戊土为鬼，初传寅又为日干戊土之鬼。末传申金生中

213

传亥水，中传亥水生初传寅木，自末递生初传，此更增加初传寅木克日干戊土的力量。占病逢此，故得出"此病已至危急无望"的结论。

然病危有救者，在于中传之亥为地医，支上之酉为天医，天地医俱在课传之中，并且天医酉金又为日干戊土之子孙，克寅木之鬼，"众鬼虽彰全不畏"、"制鬼之位乃良医"，病虽危而有救。

此案在立春节之前七日，仍当以上年丑月论，故取天医为酉，地医为亥。

郭氏、程氏二家所论似皆有理，不知何故皆未取天医和地医。笔者认为，智者千虑，必有一失，此可见其一斑。

又，不知为什么郭氏未提供患者的年命？

六　张江村为人占病

乾隆乙卯年正月己酉日子将丑时，戌命人占病。**说约**

```
白  常  青  空
未  申  巳  午
申  酉  午  己
```

```
   兄 戌 阴
   父 午 空
   子 申 常
```

```
辰  巳  午  未
卯          申
寅          酉
丑  子  亥  戌
```

张江村曰：冬蛇掩目，占病不起。然午加干，虽是死气，却作日禄生干。酉加命虽值四废，却作干之长生。因断此时少延，至三月辰日卯时必死，以辰上见卯，卯冲酉破午也，后果然。

大凡占病，色色皆凶，尚有一点生意者，视此一点生意，有力者可救，无力者，视此一点生意尽于何时，以决死期。此课可为隅反。

杨注：

案中称酉为日干己土之长生，是以戊土生在寅，己土长生在酉论。六壬典籍中只论五行土长生在申，并不以戊土和己土分阴阳。张江村取土长生在寅，并且以戊土长生在寅，己土长生在酉，不符合六壬典籍规定。

七　张江村自占妻病

甲寅年七月壬子日午将酉时，占妻病。说约

<pre>
后 常 贵 玄
午 酉 巳 申
酉 子 申 壬
</pre>

<pre>
   财 午 后
   子 卯 朱
   兄 子 青
</pre>

<pre>
寅 卯 辰 巳
丑   午
子   未
亥 戌 酉 申
</pre>

张江村曰：占此现彼，往往有之。余甲寅年四月初一丁巳日酉将申时因占幕馆，而知妻有病。见丁巳日干上申。及七月间，妻果患痢甚重，为占死生得此课。

午为妻发用，乘天后外战，幸午为太阳，病虽重无妨。又看干为我，申作长生临干，主有人作荐，巳作贵人临申，六合，余亦有馆矣。果然。

杨注：

此案为乾隆五十九年（公元1794年）岁次甲寅七月二十七日壬子日酉时，该月二十八癸丑日处暑，此为处暑前一日，故仍用午将。

占妻病，而初传午为妻财发用，午乘天后，天后水克午火，故为神将外战，由于午为月将太阳，不畏天后水，故妻病无妨，此为原案所断。

此课占妻病，若以日干壬为妻财，受上神申生，初传午为天医和地医，亦主病无妨。

原案以占此现彼立意，因是张江村自占，故以日干壬为自己，申加临干上，申为长生学堂，其阴神为天乙贵人巳，主有贵人举荐，可以得馆（指任教的学校或私塾）。

八 《方本》占某男病

二月庚辰日亥将辰时，某占男人病。**方本占案**

白 朱 六 阴
午 亥 戌 卯
亥 辰 卯 庚

鬼 午 白
父 丑 贵
兄 申 青

子 丑 寅 卯
亥　　　辰
戌　　　巳
酉 申 未 午

断曰：四课俱下贼上，纯阴之象，白虎乘午作鬼，男病至三日内死。何也？无阳气也，既不宜灸，又不宜服药，此是血病。盖午为心，心主血也。宅中有阴人死得不明，*稼云曰：午加亥之故也。*作鬼为祸，若要阴鬼退，须门前社庙作福。*稼云曰：用支上亥制午鬼。*午是阴人乘虎作鬼故也。又午是天之真火，主灸神，乘虎克日则不宜灸，又是天医，故不宜服药。涉害深者为用，主久病且火加水上，主寒热往来克日，乃痨瘵也。

杨注：

此案四课俱是下贼上，为绝嗣课，占病主死，占子病死更验（参见《六壬大全》）。

此案作者据绝嗣卦体和初传午鬼乘白虎发用，肯定病者"至三日内死"，是辰日至午日为三日内，即午日必死。接着，又分析其宅中有死鬼为祸和病状。

"宅中有阴人死得不明，作鬼为祸，若要阴鬼退，须门前社庙作福。"此既指出其宅中有阴鬼为祸，还指出退鬼之法。从吴稼云所作夹注中可知，"午加亥之故"为宅中有女人死得不明。显然这是以亥为宅，由午鬼乘白虎加亥发用而得出的结论。

六壬式中一般以日支为宅。此案亥为日支阳神，午为日支阴神，取日支阴神午作宅中阴人，午乘白虎死丧凶神又为日干之鬼，断为宅中阴人死得不明（冤屈而死）而作鬼为祸。为何以午为阴人呢？午为离卦，离卦为中女，故断午为阴（女）人。因午是阴人乘虎作鬼，故禳除之法是以支上亥水来克制午火之鬼。怎样用亥水来克制午火之鬼呢？亥加辰，辰居卯前一位，卯为门，亥为庙，由此知其门前有社庙（土地神庙）。可到其社庙内祭拜祷告即可禳除宅内阴鬼之祸。

古代禳除灾祸之法，也是取五行相胜之法，如同中医治病一样，以寒胜热，以热胜寒，寒病用热药，热病用寒药。但具体运作起来，消灾驱祸更为神秘、复杂。

九 《方本》占某子病

十一月己丑日丑将辰时，某占儿病。**方本占案**

```
        后 雀 龙 常
        未 戌 丑 辰
        戌 丑 辰 己


          财 子 勾
          比 辰 常
          比 戌 雀

    寅  卯  辰  巳
    丑          午
    子          未
    亥  戌  酉  申
```

断曰：昴星课阴掩其阳，是无阳气也，辰作常覆日，阴神丑来破之，末传戌加丑被丑相刑是阴气，阳气将尽，病人当气促而喘死，外应虚热烦躁，又主热渴。其人果先热渴而后喘死。

杨注：

此案占病有如下特点：

1.昴星课为阴掩其阳，即阴盛阳衰，未见他书有此论述。昴星取酉上神或酉下神为用，酉为西方阴位，以此为阴盛阳衰，则顺理成章。

2.辰乘太常覆日干上，阴神丑与辰相破，末传戌加丑，又被丑刑（丑刑戌），由此断此患者阴气极盛，阳气将绝。

3.十二地支中的刑、冲、破、害，其中刑、冲、害诸案多有论及，很少用破，本案用破作出判断，值得重视。

十 王牧夫占某女因狂荡致病

乾隆乙卯年子月甲子日丑将巳时，某占辛亥女病，二十九岁。**牧夫占验**

```
玄  青  白  合
辰  申  午  戌
申  子  戌  甲
```

```
财 戌 合
子 午 白
比 寅 后
```

```
丑  寅  卯  辰
子          巳
亥          午
戌  酉  申  未
```

王牧夫曰：占病得寅午戌炎上之局，天后在下，上生午火，戌墓盖之，火不能出。炎上为狂荡，病由高兴太过所致，无碍，久而自痊。

此数细看，支上申作青龙为夫星，而天后即乘寅，本命上未作天空，申阴神又作华盖，此与僧人有私，狂荡太过，有所伤而致病耳。不然，何故局得炎上，支得申子相生，子乃妇人，行年上与申会合，种种可疑。后有人道其事，始知数不妄发耳。

愚按：此课正是芜淫，所以有奸淫之事也。

杨注：

此案为乾隆六十年（公元 1795 年）岁次乙卯十一月十七甲子日巳时，该月十二日己未冬至，故用丑将。

此课干支交车相克，是芜淫课，主有奸私之情。又三传戌午寅为三合火局为炎上课，六合、天后分别乘初、末传，皆为阴私之神，亦主有奸私之事。

末传寅木乘天后生中传午火，中传午火生初传戌土，戌乘六合为旬空，为此女不得与情夫相见而致病（案中称为高兴太过而致病）。

此女本命辛亥，二十九岁，行年在辰，上乘子水，子水克制三传炎上之火，故此病不久即愈。

十一 王牧夫为徐棣存占母病

己卯年八月乙未日辰将子时，徐棣存先生占母病，己丑生五十一岁。牧夫占验

```
虎  合  陈  贵
卯  亥  子  申
亥  未  申  乙
```

```
父  亥  合
兄  卯  虎
财  未  后
```

```
酉  戌  亥  子
申        丑
未        寅
午  巳  辰  卯
```

王牧夫曰：此数若占男子，病可医可治；女人病，则难医难治，而终于凶也。

盖女人以支位为主。未为日墓，三传亥卯未木局克制支辰，此其本体已弱矣。其得病受病之由，则风疾夹湿为多，肝经受病为的。以曲直生风，亥水为痰，木侵淫为湿，白虎居卯带癸，日禄作闭口，不能饮食矣。虎在中，病在中焦。命乘马作玄武，魂已出游，木主瘦弱，未为风伯，又为日墓，风藏于内不得出。其病日深一日，医药所不能治也。仪神入墓，救之无缘，且命年巳戌合中传卯，已成铸印，死形已见。况太岁作虎为支之鬼乎？病深重矣。己亥之日，其难过乎？后果于己亥日卒。亥日凶者，冲命上巳也，巳破而铸印坏矣，安能久乎。

若占男，则支上之亥乃长生，又木局自生，故不死也。

杨注：

案中指出男以日干为主，女以日支为主。日支未为日干乙木之墓，三传木局克支，此为其人本体已衰弱。三传木局主风（木局为巽卦，巽为风），初传亥水为痰，风痰夹湿为患。中传卯乘白虎遁癸，卯为闭口又为日禄，由此断其不能饮食。白虎加卯为中传，病在中焦。末传未为风伯，又为日墓，为风被墓覆之象，亦为风藏于内而不得出之象。

其人本命在丑，丑上巳；行年在午，午上戌。命上、年上、中传合为巳戌卯为铸印乘轩课，又巳为驿马，为魂已出游之象，故称死形已见。又更太岁为卯乘白虎死丧凶将克支为鬼，故知必死。

其人亥日死者，亥冲命上巳，巳戌卯铸印乘轩被破坏，主死期。

铸印乘轩（三传巳戌卯）占病主死，而巳戌卯被冲破又主死期，此二义似相互矛盾，待考。

十二　王牧夫为程东起占父病

丁卯年午月戊戌日申将卯时，程东起翁占父病。乙丑命六十三岁。**牧夫**
占验

```
贵  阴  阴  六
申  卯  卯  戌
卯  戌  戌  戌

      子  申  青
      兄  丑  贵
      印  午  虎

戊  亥  子  丑
酉          寅
申          卯
未  午  巳  辰
```

王牧夫曰：此课占病极凶，主心伤体弱，手足浮肿，十月不保。以课体
言，支加干位，成不备。戌主足，故病在足；不备则气血亏败，故主浮肿；
命上午乃戊日阳刃乘虎，虎乃病之主杀。午为心，心持刃，故曰心伤。十月
不保者，命阴见亥水绝神也。以三传而论，初亦主病症，申为金，金制木，
今卯木不足，是肝衰也。肝藏血，肝衰不能养血，则血气安行？故主浮肿。
中传丑土乃本命，自墓长生，病由己身不慎所致。末午又归本命，上神作
虎，穿害本命，是心事丛杂，自添其病。午阴终归亥绝，亥乃十月之建，故
主十月可畏。目今无碍者，申乃戊之长生，在初传也。覆视大象，丑乃本
命，不应往墓申金，致申克卯，卯去克戌，戌畏卯克往投于干，一路皆自本
命逼到身上，以成不治之体，其咎在己自取也。长生乃父母之乡，丑墓压
之，亦主墓所致。以行年本命而言，命乘旺午，若阴神不见亥水作雀亦无

妨，而亥上乘朱，重重见绝，何可当也。行年在辰，而勾陈加之，酉乃戊日败气，辰乃戊日墓乡，又逢空位，六十三岁日已就老又逢败支归于墓止之地，岂能久乎。况亥上又乘辰，十月之建恰当其下，寿数由此止矣。后果验于十月。

杨注：

1. 本命乙丑，丑上午，午上亥，称命阴见亥水绝神，是指命上午火绝在亥。

2. 命上午为羊刃，又乘白虎，午为心，心持刃而受伤，由此推出心伤体弱。

3. 初传申金克卯木，肝属木被克，故亦主肝衰。由肝衰而推出手足浮肿。

4. "中传丑土乃本命，自墓传生"，似指中传丑土为初传申金之墓，丑加申上，申为日干戊土（或本命丑上）之长生，如此，则太曲折了。

其余原解亦清楚明白。

十三　王牧夫为某占子病

辛未年卯月壬寅日戌将寅时，某占甲子生八岁子病。**牧夫占验**

```
后 白 朱 阴
午 戌 卯 未
戌 寅 未 壬
```

```
鬼 戌 白
财 午 后
子 寅 合
```

```
丑 寅 卯 辰
子       巳
亥       午
戌 酉 申 未
```

王牧夫曰：戌为白虎，又是火局，内有积滞，关隔不通，火无力以化之，恐不能保。凡炎上得后合厌罴之神附之，主炎上不畅，后临午又相冲，火既受冲，其局散矣。况八岁行年见巳，末传寅、命上申合成三刑，长生绝矣。七月上辰冲破炎上戌土，此病不得过也。此病甚凶极验。

杨注：

此案三传自末传寅递生初传戌土，戌乘白虎凶将克日干壬水，干上未土和支上戌土俱克干为鬼，年命上无救神，故此子难保。本命上申为日干长生，年上巳刑申，末传寅冲申，申受刑冲，故申月有凶。

原断有难解之处。三传戌午寅炎上火局既为"炎上不畅"的病症，取天后子冲中传午，其火局则散，应为病愈之象。又七月申上辰冲破炎上戌土，亦应是病愈之象。但原案对上述皆作凶断，难以理解。

十四 王牧夫占子出天花

乾隆戊辰年戌月甲寅日卯将辰时，占天花。**牧夫占验**

```
          后 贵  后 贵
          子 丑  子 丑
          丑 寅  丑 甲

            父 子 后
            父 亥 阴
            财 戌 玄

      辰  巳  午  未
      卯            申
      寅            酉
      丑  子  亥  戌
```

王牧夫曰：此课占子出痘无碍，课无鬼克，而子孙又立向明之方，天喜亦临生地，三传生干，贵后会合于干支之上，又甲禄在寅，父问子，支为卑幼，支旺亦无伤也。贵丑在前，戌支在后，夹住子亥克子孙者，皆吉象也。三传退入夜，先水末土，带玄武、血厌之神，已结靥矣。后果验。

凡占痘，不宜太阳过旺，兼有刑克。痘乃先天火湿，故畏之。

杨注：

1.三传子亥戌连成水局（亥子丑同），水生日干甲木，故称三传生干。

2.干上丑贵，阴神子乘天后，支上亦是丑贵，阴神子乘天后，故称贵后会合于干支之上。

3.巳午为子孙，天盘巳加午、午加未，故称子孙立向明之方。

4.支上丑土，九月丑土为旺，案中称支旺是指支上丑土旺。

5.太阳是指月将。秋季卯木死气。

十五　王牧夫为汪昆自代占婴儿病

甲戌年亥月戊申日卯将子时，汪昆自兄代占婴儿病。**牧夫占验**

```
白 勾 勾 螣
寅 亥 亥 申
亥 申 申 戌
```

```
官 寅 虎
父 巳 阴
子 申 螣
```

```
申 酉 戌 亥
未       子
午       丑
巳 辰 卯 寅
```

王牧夫曰：此风搐之症，虎乘寅为虎踞山林，故主风搐也。七日之内即为婴鬼矣。盖小儿占不宜见刑，用见刑者，百无一存也。此乃三刑，刑尽长生本元既绝，虽有些小吉象，亦无益耳。常占以虎头蛇尾，先重后轻，余独谓是小棺具之象也，何也？巳乃日德，居于蛇虎之中，成了三刑，安能望其生乎？果验。

余又占得一九岁儿病，乃是癸丑日伏吟，丑乘勾陈。断曰：此乱坟堆耳，不能治也。后果然。

杨注：

三传寅巳申为玄胎课，另为投胎之象，又三传三刑，占小儿病亦主死。

七日即死者，初传寅鬼乘虎空而填实，故主七日死。

初传寅乘白虎，云从龙风从虎，故断此婴为风搐之症。

癸丑日伏吟课式如下：

鬼 丑 勾
鬼 戌 虎
鬼 未 阴

丑 丑 丑 丑
丑 丑 丑 癸

巳 午 未 申
辰   酉
卯   戌
寅 丑 子 亥

三传丑戌未为三刑，又皆为土克干为鬼，初传丑乘勾陈土，故称之为乱坟堆，占病必死无疑。

十六　王牧夫为人占病

戊辰年戌月戊申日辰将寅时，占病。**牧夫占验**

```
后 武 常 空
子 戌 酉 未
戌 申 未 戌
```

```
    财 子 后
    官 寅 蛇
    兄 辰 合
```

```
未 申 酉 戌
午       亥
巳       子
辰 卯 寅 丑
```

王牧夫曰：此病其患在背，迟迟而愈，无碍也。何以知病患在背？书曰三壬：天后临子遁壬一也。愚按：此句有错误字，当云：三壬为背。天后属壬，一也；甲辰旬是壬子，二也；戊日五子元遁得壬子，三也。又寅属艮，艮为背，是以知之。但官鬼带蛇，不能即好，末见墓合，又是仪神，既合且墓，能收口也。仪神月将皆吉神，故能化凶为吉也。

又丙子日为人占得戌酉申三传，余断其病在舌，盖心属火，舌根于心，发用火墓，申酉金主声，为墓所闭，必病哑也。果验。善推于理，确然必中。

杨注：

六壬诸书皆以天后为子，玄武为亥。《金口诀》以天后为亥，玄武为子。有前人辩曰：午为朱雀，朱雀与玄武相对，应以子为玄武，不应以亥为玄武。此论似是有理。案中以天后属壬，壬为亥，正与此论相符。

三传子寅辰，甲辰旬中传寅为旬空，末传辰加寅落空，鬼空无力为害，墓空新病渐愈之象，亦可断迟愈无碍。

三传戌酉申，断其人病哑，非高手莫能如此确断。

十七　王牧夫占友人病

己巳年三月庚戌日戌将申时，占友人病。**牧夫占验**

```
蛇　后　后　玄
寅　子　子　戌
子　戌　戌　庚
```

```
　子　子　后
财　寅　蛇
父　辰　合
```

```
未　申　酉　戌
午　　　　　亥
巳　　　　　子
辰　卯　寅　丑
```

王牧夫曰：此毒疮生于下部，由不正而起。将未必出头，血脓行过，方得全好。其疮当在左足腿叉，与肾相关处，喜是顺症可治，不致丧命。所病之处果丝毫不差，一一如占。

盖支加干，戌为足，玄武为不正，用见天后，故必要出头见脓血也。庚乃戌之左，子临戌上，故断以左足腿叉近肾也。子为血污，寅乘蛇，知其必出头耳。末辰带六合，尚得收口，寅数七，至有七十余日痛楚也。后果然。

杨注：

日上戌乘玄武，戌为毒，玄武主不正，初传子乘天后，天后为女主阴私，故断其病为毒疮，是由阴私淫乱引起。

戌为足，日干庚在戌之左（庚寄于申，申酉戌方位为西，故申在戌左边），初传子水为肾，由此推出左腿叉近肾处。

初传子为血污，中传寅乘螣蛇，由此推出其毒疮必出头，放出血脓。末

233

传辰乘吉将六合，故毒疮能收口为愈。

此案地医为寅，天医为午。寅入课传，主病愈。天医午为五月，故主五月病愈，与案中所述病愈时间相符。

十八　王牧夫为余思五占仆病

戊辰年寅月癸丑日亥将辰时，余思五兄占仆病吉凶。**牧夫占验**

```
贵 虎 贵 虎
卯 申 卯 申
申 丑 申 癸


    子 卯 贵
    官 戌 青
    财 巳 阴


子 丑 寅 卯
亥       辰
戌       巳
酉 申 未 午
```

王牧夫曰：此课占仆病，大凶不治，必死。来日寅冲去支上长生，是其期耳。盖主占仆，干支乘金，克卯木为棺椁、为铸印、为炼尸，而戌为仆之类神，巳在棺椁之内，安能望其生乎？至死日果死。

占病五十以上，亦不宜得顾祖课。余首为程姑母占，断以必不能起。盖顾祖乃返本杀也。后为人得此屡验，附记于此。

杨注：

卯木为六合板，正为棺象。初传卯木受干支上申金之克，为棺椁之象，故主死。

寅冲去干支上申（申为日干癸水长生之地），长生被寅冲去，为人死之期。

十九　王牧夫为某人占子病

乾隆己巳年未月辛未日未将午时，某占子病。**牧夫占验**

```
        虎 空 阴 玄
        酉 申 子 亥
        申 未 亥 辛
```

```
          兄 申 空
          子 亥 玄
          兄 申 空
```

```
      午 未 申 酉
      巳       戌
      辰       亥
      卯 寅 丑 子
```

王牧夫曰：主腹中有冷病，或上或下，乃痫症也。曰：然，可得愈否？曰：此病婴之于身，终难愈矣。夫以一辛金而生二水，亥上乘元，脱尽辛干之气，支上申酉，重金坚固不化，金寒水冷，何能望愈？发用申乘天空，亥武居中，申为传送，空无所阻，而痰得以上下往来，中见亥为痰母，故时好时发，医无益也，逢金之岁，命难保矣。后果验。

杨注：

此案解占之语有如下特点：

1.日干辛金生二水，是指干上亥水和阴神子水，亥又乘玄武水将，共三水脱尽辛干之气。此处兼干上阳神和阴神而论。支上申酉，亦是兼支上阴阳神而论。由此推出重金坚固不化和金寒水冷的断语。

2.三传申亥申，上下往来之象，初末之申乘天空，故断"空无所阻"（指痰上下往来无所阻）。

3. "逢金之岁，命难保矣。"日干为辛金，为何逢金之岁有凶？这是作者断其病之根为坚金不化、金寒水冷，故断逢金之岁有凶。

二十 徐次宾为人占惊恐病

正月甲子日子将寅时，占来意。**玉连环**

<pre>
财 戌 玄
官 壬申 虎
子 庚午 龙

虎 玄 玄 后
申 戌 戌 子
戌 子 子 甲

朱   合   勾   龙
卯   辰   巳   午
腾 寅   未 空
贵 丑   申 虎
   子 亥 戌 酉
   后 阴 玄 常
</pre>

徐次宾曰：来意因失陷官钱，勾唤入官，而得惊恐，以致患脾虚下脏之疾。见祟持刃相惊，可移病人于南方，设绯幕，至第九日，南方有属马巫医，以萨火为姓名，下赤药，艾灸，书朱符，其祟自除也。

何以知失陷官钱而得惊恐？盖发用天魁为财，上得玄武，为失财之象。时为日德、日禄，主动，上见腾蛇主惊恐。何以知脾虚下脏之疾？盖发用天魁，主脾，春土无气，又为甲木所克，故主脾虚，上得玄武水与天魁内战，故知下脏病。

又言有祟者，《经》云："传见天魁为有祟。"又中传申金为鬼，上得白虎为刀兵，故言见祟持刀相惊。

移于南方设绯幕者，南方及绯幕皆火象，火能制金祟矣。末传胜光火为救神，胜光九数，故云九日。胜光为马，为灸，为赤，为巫，故云巫医也。《经》云："土丸、木散、水汤、火灸、金针。"今申金为鬼，若针则病加，灸则病减也。金为日鬼，火为救神，故宜书朱符以镇之。春月木旺火相，金无气矣。救神乘相气，病当瘥也。

杨注：

时为寅，为日支之马，此与失财之象一体两面，一个为玄武，强调被偷，一个强调自身丢财的性质。

由发用天魁转移视点，投射到人身体上，因春土无气，又为甲木所克两个因素，故主脾虚。

崇是古代的一个词，即今天见鬼、撞邪之类的东西，对其进行类象，申为为鬼，此为鬼之着眼点，带白虎凶神联想到刀兵，形状刻画完毕。

本段找到病因之后，采取针对措施，"南方及绯幕，皆火象，火能制金崇矣"，由此条可以看出，徐次宾的取象为卦、位、干支集成式的定点，午火、离火、南方火位无有模糊，同时绯幕取象亦有趣，即满足了私密性有效取象。

徐次宾之所以采取行动的一个原因是看到了"末传胜光为救神"这一传上重点，由传直接解决，当然无药可治的情况是多方面因素导致的，所谓"制鬼之位乃良医"，顺便将良医的性质、身份确定，我们亦可以由此来将医生的容貌描述出来，更加有利于病人寻医。

徐次宾之所以采取行动的第二个原因是看到了"春月木旺火相，金无气矣，救神乘相气，病当瘥也"这一有利因素，试想，在深秋会如何？

我们可以再仔细看课式，干上子水虽为沐浴但乘生气，虽然不知年命，只要年命不是凶到极点的话，就没什么大事。

徐次宾此占以发用为最初着眼点，判断出求占者的状态，并由此点立论确定之后，层层展开，入手、上卦，就是指此种状态，有过六壬判断经验的人，都有体会，只要上传了，顺着传讲，一般不会出大格，信息链会很完整。徐次宾先生紧扣三传，由何事得病延伸到病因直至解决办法，全以三传为主线。

二十一 徐次宾为人占小儿病

七月乙巳日亥将巳时，辛酉人占来意。**一字诀 玉连环**

```
玄 六 常 朱
巳 亥 辰 戌
亥 巳 戌 乙
```

```
  子 巳 玄
父 亥 合
  子 巳 玄
```

```
亥 子 丑 寅
戌       卯
酉       辰
申 未 午 巳
```

徐次宾曰：来意家内属鸡小儿病，心腹疼痛，血痢频并，脉气相反，病症反复，身体羸困。只得脾胃气壮，而善进饮食，至九月节病势反增，至甲子日脾胃困，不能饮食，不可救也。

何知家内属鸡小儿病？盖时为日支，冲克主内动，又用起子孙爻，乘死气临绝地，故主小儿病，因白虎临酉，故知家内属鸡小儿病也。何知心腹疼痛，血痢频并？以巳为心胞络，上得玄武，水克于火，故知心腹疼痛也。巳主血，应赤色，水主黑色，水火相杂，故为血痢。末传又得巳，故知血痢频并。脉气相反者，秋用起火，故脉气相反也。病症反复者，卦得返吟也。身体羸困者，以值事门与中传是亥，亥为幼子，上见六合为棺椁，又用起死气，故知羸困也。得脾胃气壮而进饮食者，缘日上戌土，上得朱雀火，火生土，土生脾胃，故壮而进饮食也。何知九月病势复增，缘中传亥，八月为解神，九月则非解神故也。甲子日脾胃困，不能饮食者，缘日上戌土主脾胃，甲子旬空亡，则脾败而无力也。言不可救者，所赖者解神与胃气，今既无解神，又脾胃气落空亡，故云不可救也。

杨注：

此案有几点应加以讨论：

1.初传巳为子孙爻，巳加亥，巳火绝于亥，但七月死气在子，原案称巳"乘死气临绝地"不确。

2."白虎临酉"故知其家中属鸡小儿病，此为乙日巳时占，若用"乙巳鼠猴乡"口诀，则非白虎临酉，显然这是用"乙贵申子是"口诀，与邵彦和、陈公献起贵人法不同。

3."秋用起火，故脉气相反"，大概是初传巳火克秋令旺金之故，但课传中无金，似指患儿本命为酉之故，未免有牵强之嫌。

4.《神煞赋》以八月解神在寅，而此案中称八月亥为解神，不知依据何在。

5.案中称患儿于九月甲子日（或甲子旬）病危不救，并指出是因甲子旬日上戌为空亡之故。九月戌为月建，不当以空亡论。徐氏断辞多为牵强附会。

二十二 徐次宾为某老人占病

六月癸丑日巳将亥时，壬辰老人占。**一字诀 玉连环**

```
雀 常 雀 常
丑 未 丑 未
未 丑 未 癸
```

```
鬼 未 常
鬼 丑 雀
鬼 未 常
```

```
亥 子 丑 寅
戌       卯
酉       辰
申 未 午 巳
```

徐次宾曰：此人因酒食过多，伤脾下痢，后小肠不通，添心腹胀满，用药不效，饮食不进，旦暮即死也。

盖日上小吉，主羊酒，太常主筵宴，土主脾胃，各乘休气，故言酒食伤于脾胃也。癸水受未土制，故下痢。三传皆土，癸水不能流行，故小肠不通，心腹胀满，癸水不得外行也。小吉为药，太常为饮食，既为日鬼，故主药不效，饮食不进矣。且时为日马，卦得返吟、游子，未遁丁神，老病得之，岂能出人？当是阳魂乘天马、驭六丁、游于天涯地角之外，其病身一虚壳耳。又命上丧魄，三传俱鬼，以四鬼守虚壳，岂不旦暮而死乎。

杨注：

癸丑日以亥为驿马，故称正时亥为日马；癸丑日为甲辰旬，未为旬丁；三传未丑未皆土又未乘丁为游子课。由此推出"当是阳魂乘天马、驭六丁，游于天涯地角之处"，指人的灵魂已离开身躯，是人死之象。

此案原解详细明白。惟案中称未土、太常土以及脾胃土，各乘休气，似于所标六月不符。六月正是土旺之月，不是乘休气。细审所用月将为巳将，当为七月或八月，疑六月为误。

第十一章 词 讼

历代六壬占验选注

一　苗公达为人占讼事

天圣六年戊辰五月丙寅日申将丑时，丁卯人六十二岁占讼。**一针见血　五连环末卷**

白贵阴六
辰酉未子
酉寅子丙

　鬼子六
　子未阴
　卯寅龙

子丑寅卯
亥　　辰
戌　　巳
酉申未午

苗公达曰：主门户不宁，卑幼为尊长所欺，反有词讼，须坐狱两旬，必有贵人释罪，来日丁卯，便见官入狱也。果是兄讼其弟，得大尹劝和。

论曰：魁罡乘蛇虎立卯酉，故知门户不宁。三上克下为幼度厄，故主尊凌卑。神后加丙为用，水在五月为囚气，丙火正旺，不受上神所制，则反起争讼。年上见戌，戌为日墓，故主坐狱。发用神后为甲子旬首，年上河魁为甲戌旬首，应以两旬为期，传中合、阴、龙俱是吉神，又是比用课，故主和允。酉作贵人临日支顺行，与用神金水相生，故得贵人释罪。卯上见戌，戌为火墓，故在丁卯日见官入狱也。

杨注：

此案第一、二、三课皆为上克下，名为幼度厄课，主卑幼被尊长所欺。原断语要点有七：

1.魁罡（戌辰）不临干支，不入三传，仍以戌辰加临卯酉门户，并乘腾蛇、白虎，因为魁罡为打斗凶暴之神，蛇虎为凶恶之将，故由此断为门户不宁；

2.初传子水加临日干丙火，子水为日干丙火之鬼（子水克丙火），因时令为五月，正值丙火旺，子水囚气，旺火不畏子水之克，故由此推定双方必起争讼；

3.丁卯人六十二岁，年命上见戌，戌为日干丙火之墓，由此断定讼必坐狱（墓为狱）；

4.初传子为本旬（丙寅日为甲子旬）旬首，年命上戌为甲戌旬首，故以两旬（甲子旬和甲戌旬）为期限；

5.课体为比用课，比和的意思，三传乘六合、太阴、青龙俱为吉将，故主词讼最终和允解决；

6.值事贵人酉加临日支，顺行，又与初传子水相生，故主贵人调解而息讼；

7.戌为日干丙火之墓，戌加卯，卯为年命，故主丁卯日入狱。

原断辞思路清晰，层次分明，并且全面而细致。读者可作样板研究。

二 邵提刑为钱阴阳占出狱

扬州钱阴阳，一日与堂叔争分家私，因殴死其叔，受陷于囹圄，已及二载。一日邻人携其子，往邵提刑占问六壬，犯罪者甲辰生。

子 申 常
子 申 常
父 午 空

白 空 玄 常
未 午 酉 申
午 巳 申 己

午 未 申 酉
巳　　　戌
辰　　　亥
卯 寅 丑 子

邵公曰：己巳日得申申午昴星，云虎视眈眈，此课险恶，且喜天乙乘天马，合起皇恩，天将又吉。然末传火反克用神之金，火生人，旺于午，合寅午戌。寅上日德朱雀，末又救神值天后，愚按：此句有讹。他日朝廷必有恩赦。至期人恐被喝，而出狱无罪。半月后果有赦至，乃高宗晏驾，孝宗登极，此赦书轻重罪囚释放得脱。一针见血。

愚按：此课亦不载月将正时，然玩此断语，当是绍兴壬午年四月申将未时占。

杨注：

此案为柔日昴星课、冬蛇掩目格。昴星课一般以刚日为虎视转蓬，以柔日为冬蛇掩目。但是，六壬典籍中还有另一说：春虎视、夏转蓬、秋昴星、冬蛇掩目。即以春夏为虎视转蓬，秋冬为冬蛇掩目。此案为四月占，故称

"虎视眈眈"，也是有依据的。

四月以子为天马，己日昼贵为子，故称"天乙乘天马"；四月以丑为皇恩，子与丑合，故称"合起皇恩"；子乘太常吉将，又作初传发用，由此得出"他日朝廷有恩赦"的判断。

此犯人甲辰年生人，纳音为火，火旺于午，日干己德在寅，寅午戌为三合火局，生起日干己土，故主午月得赦。果然半个月后遇朝廷大赦，得以出狱。

末传午火乘天空，日德为寅，日德寅与末传午半三合（寅午戌三合缺戌，故称半合）为火局，火旺于午，主午月遇赦免罪。这样解也可以。

程氏称此案未载用时、月将，当为南宋高宗绍兴三十二年岁次壬午四月申将未时占。

原案文中有"半月后果有赦（书）至，乃高宗晏驾，孝宗登极，此赦书轻重罪囚释放得脱"的话，由此知此案当在孝宗登极（即位）前后，朝廷发布大赦诏书之前。今考证，孝宗即位在绍兴三十二年（公元1162年）岁次壬午六月十一日丙子，大赦在该月十三日戊寅。邵提刑为其占卦在己巳日，当为该月初三日，此与"半月后果有赦（书）至"相符。己巳日于时令节气（该月初三小暑）都在六月之内，似与寅午戌火旺之月相符。

另外，南宋高宗赵构是禅位于太子赵昚（孝宗）的，并非"高宗晏驾，孝宗即位"。高宗赵构直至孝宗淳熙十四年（公元1187年）才"晏驾"，原文对此叙述有误。

三 某人占讼（一）

辛丑日□将□时，占讼。

```
      白 空 阴 玄
      亥 子 申 酉
      子 丑 酉 辛
```

```
        子 子 空
        子 亥 白
        卯 戌 常
```

```
   辰 巳 午 未
   卯          申
   寅          酉
   丑 子 亥 戌
```

断曰：辛丑日，子加丑为用，上见天空，即戌也。子为丑之财，上下夹克，为争财之象也。三传传归于辛，辛上见酉，辛禄所居所以得财。辛以火为鬼，子亥解之。丑所畏木，日上有酉金解之。三传日辰相就而传退，所以言得财而息也。

杨注：

天空本位在戌。初传子加日支丑上，子水为日支丑土之财，子上乘天空土，为子财受夹克之象。

三传子亥戌，末传戌为日干辛的本位，故称"传归于辛"。

日干辛金以火为鬼，传中子、亥皆水可以制火鬼；日支丑土以木为鬼，干上酉金可以克木。课传之中既可以制干之鬼，也可以制支之鬼，干支皆无所畏惧。三传子亥戌为退连茹，由支上而退至日干，故称"三传日辰相就而传退"，此象为得财而息讼。

四　某人占讼（二）

庚午日午将未时，某占讼事。

```
六  勾  青  空
辰  巳  午  未
巳  午  未  庚
```

```
官 午 青
官 巳 勾
父 辰 合
```

```
辰  巳  午  未
卯          申
寅          酉
丑  子  亥  戌
```

断曰：午作青龙，吉合在后，奈午是今日支辰，又是今日之刑，而德神遭刑之克。中传巳加午，又刑申，下又见午刑也。末传辰加巳，又刑也。此之谓助刑伐德，事虽小而必大。三者来攻。天上德又临在酉，作白虎，以此占讼，深为不利。即家国平安，亦防寇盗也。

杨注：

日干庚为人，日支午为事。庚德在申，支上巳刑申，日德受刑；初传午火克日德申；中传巳刑日德申；末传辰加巳，巳又刑日德申。此为日德之申重重受刑克，故称"此谓助刑伐德"，亦为德不胜刑，占讼主凶。

天盘申又临地盘酉，酉为旬尾闭口，有理亦不得申辩之象，申又乘白虎凶将，深为不利，主讼遭刑枷之象。

五 《捷录》为李抚臣占讼

康熙乙巳年二月十二己巳日戌将申时，高邮王周士都司不说某事，代占友人，壬子生五十四岁。**捷录**

```
六  青  蛇  六
酉  未  亥  酉
未  巳  酉  己

      财 亥 蛇
      兄 丑 后
      鬼 卯 玄

未  申  酉  戌
午          亥
巳          子
辰  卯  寅  丑
```

断曰：日上乘官符，支上亦是官符，是占此人之讼也。讼因奸诡蔽匿，事干朝廷。鬼乘玄武，已入宅也，当破家荡产，死中复生。

盖四下生上为源消根断，且破败临身，岁破发用，支神死气，用起返魂也。讼累多官，三传初中遁乙，末又鬼也，必须坐狱，法司械击。初旬空，中关神，命又乘寅鬼，奸吏为祸，故李抚臣起讼端，然始凶终救，必得恩赦，宥死发配。盖酉加己为配，且日上年上乘皇恩，命上见月德也。后方知贾象因李抚臣诈赃事，因盗窝以致朝廷罪谴。况午加辰为朱雀入勾陈，午加病符，是旧事复发。

杨注：

此案为康熙四年（公元1665年）岁次乙巳二月十二己巳日申时，该月初四辛酉日春分，故用戌将。

官符主官非勾连。官符有二：一是月中官符，取月建三合前辰（前一位）；二是岁中官符，取岁建三合前辰（前一位）。本案为二月（卯月），故支上未为官符（以月建论，则未为官符）；以乙巳年论，则日上酉为官符。故案中称"日上乘官符，支上亦是官符"，并由此推知此占为官讼案。

"三传初中遁乙"，是指己巳日为甲子旬，中传丑遁干为乙，己日起甲子时，故初传亥为乙亥，其遁干为乙。

午为朱雀本位，辰为勾陈本位，天盘午加临地盘辰，为朱雀入勾陈。但值得注意的是，午加辰不入四课三传，案中仍以午加辰进行判断。

案中称"日上、年上乘皇恩"，二月皇恩为酉，今日干上酉为皇恩。其人五十四岁，行年在未，未上酉，为行年上酉为皇恩。此处年上是指行年上神，非太岁（乙巳年）上神。

因日干上神和行年上神皆为皇恩星，由此知事干朝廷。

六 《一针见血》占官讼

甲辰日寅将申时，占官讼。一针见血

玄 六 后 青
辰 戌 寅 申
戌 辰 申 甲

比 寅 后
鬼 申 青
比 寅 后

亥 子 丑 寅
戌 　 　 卯
酉 　 　 辰
申 未 午 巳

断曰：凡寅申入传，多应旧事发动，虽有凶，结末小也。如秋冬占之，在正月方入。若春夏占之，在七月方出。其凶解者，德神在寅，乘天后也。凡见德神，更行年有气，空亡在传，主无害矣。

杨注：

初传寅为日干甲之德神，又乘天后恩赐之将，又三传俱空，正应德神在传或三传中有空亡，主讼事可解。

七 《一针见血》占因产致讼

甲申日□将□时，占官讼。一针见血

```
后 玄 青 六
子 戌 午 辰
戌 申 辰 甲
```

```
    财 辰 六
    子 午 青
    鬼 申 白
```

```
未 申 酉 戌
午       亥
巳       子
辰 卯 寅 丑
```

断曰：此课因争产致讼，今又合而不解也。谓辰为日之财产，上见六合夹克，必是同类争竞。又传见午火青龙，以制末传申金白虎之日鬼，其事虽可了，奈申上戌作玄武，为午火所畏，而白虎复旺，其事必又发矣。戌乃寅之亲，主亲戚为害，其寅加子，课传有寅午戌、申子辰，一火一水，争斗不已，其实三合非全，故不能解也。

杨注：

日干甲（寅），六合本位卯，寅卯为同类。中传午火克制末传申金和白虎，不得为害，但申上戌乘玄武水将又制午火，故称"白虎复旺"，主事反复。

戌乘玄武，日干甲（寅）与戌为半三合，故称"戌乃寅之亲，主亲戚为害"。课传之中有寅午戌三合火，又有申子辰三合火。一水一火斗争不已；但三合主和合，课传中的三合皆非全局，故争讼不能平息。

　　此案以课传支神、天将及其三合关系和三合不全等，对应人事关系，有其独到之处，值得重视。

八 《一针见血》戊寅日占官讼

戊寅日□将□时，占官讼。一针见血

玄 朱 贵 青
辰 酉 未 子
酉 寅 子 戊

　　财 子 青
　　兄 未 贵
　　鬼 寅 虎

子 丑 寅 卯
亥　　　　辰
戌　　　　巳
酉 申 未 午

　　断曰：子加戊为用，子作青龙，未作贵人，乃子未六害，为贵人怒而加罪。戊日所畏者寅木，虽云白虎金能解，殊不知是鼠头虎尾。况青龙虽吉，见未则入墓，反以青龙为害也。此课因遗漏事占之，后果断徒。

　　杨注：

　　干上子乘喜庆之将青龙而发用作初传，中传未乘天乙贵人，但初传子与中传未相害，由此知为"贵人怒而加罪"。末传寅木克日干戊土，为日干之鬼，故称"戊日所畏者寅木"。寅乘天将白虎，白虎金克寅木为外战，寅木自受白虎之克，当无力克日干戊土，对日干戊土（此处当以日干为人）来说，当然有利。三传子未寅，子为鼠，寅为虎，由此定为鼠头（开始灾轻）虎尾（最终灾重）。又初传虽乘青龙，但中传未为青龙（青龙属木）之墓，青龙被墓，喜庆已消，故主最终有灾。

　　此案断法曲折，不易理解。

九 《中黄经》为乙巳命人占讼

戊申年十一月辛酉日丑将申时，乙巳命人六十四岁占讼。**中黄经**

<pre>
 螣 常 朱 玄
 未 寅 申 卯
 寅 酉 卯 辛
</pre>

<pre>
 父 未 螣
 子 子 空
 官 巳 后
</pre>

<pre>
戌 亥 子 丑
酉   寅
申   卯
未 午 巳 辰
</pre>

断曰：初传未中有丁鬼，且作螣蛇，末传又是巳鬼，此鬼得党助为凶，所以必起官讼。未为眷属、阴人，蛇为小口惊恐，此讼多因阴人、小口不足而起。戌作勾陈压命，必主囚系，巳鬼坐空，不遭刑责。今年六月起讼，明年正月必了结，乃解神未临寅上故也。春木既旺，勾陈与戌之临命上者，均受其制。戌墓开，而巳命之火光晖矣，主官断明晰而释放也。

杨注：

初传未中有丁，丁火克日干辛金为鬼，末传巳火又克日干为鬼，丁鬼与巳鬼为党，故称"此鬼得党助为凶"。初传未乘螣蛇，未为眷属、女人，螣蛇为小儿，又主惊恐，讼由女人、小儿而起。

本命在巳，巳上戌为牢狱之神，戌乘勾陈捕神，主囚系。

十一月未为解神，未加寅，寅为正月，明春正月必结案。

案中称"春木既旺，勾陈与戌之临命上者，均受其制。戌墓开，而巳命之火光晖矣，主官断明晰而释放也"，可作参考。一般认为，墓逢冲则开则散，今不以冲而以克则开则散，与他书不同，故仅作参考，不为定论。

十 《中黄经》为甲申命人占讼

十一月乙卯日丑将巳时，甲申命人占讼。**中黄经**

```
白  后  常  贵
未  亥  申  子
亥  卯  子  乙
```

```
      财 未 白
      兄 卯 合
      父 亥 后
```

```
丑  寅  卯  辰
子          巳
亥          午
戌  酉  申  未
```

断曰：初传用起支阴未乘白虎，似乎虎墓为用，可畏。喜三传会木局助日，又未乃十一月解神，虎虽乘之而临亥，主爪牙无用，不足畏也。更申命上虽是辰作勾陈，乙干自能制之，此辰即日干本位，辰遁建者庚，乙从化于庚，有妻从夫之义，夫恋妻之仁，成仁义之风，此合之至笃者，不相贼而相成，所以为善。况三合木局行传，乙得其助，勾陈受制，白虎失势，自墓传归长生，岂不美哉。

杨注：

日干乙木的墓神未乘白虎发用，主凶；三传未卯亥为三合木局，与日干乙同为木，此为日干得助；白虎乘未加亥水上，主沉溺，爪牙无所用，即白虎不得逞凶；初传未又为十一月解神，凶祸可解。

其人本命在申，申上为辰，辰遁干（案中称遁建）为庚。乙卯日用"乙庚丙作初"口诀，辰为庚辰，故辰遁庚。日干乙与庚为仁义合。"此合之至笃者，不相贼而相成，所以为善。"此处用建干（遁干），并取日干与之化合之义，此为他案所无，值得重视。

十一　《中黄经》未年占讼

未年五月庚寅日未将亥时，占讼。**中黄经**

```
后 六 青 玄
午 戌 子 辰
戌 寅 辰 庚
```

```
父 戌 六
官 午 后
财 寅 虎
```

```
丑 寅 卯 辰
子       巳
亥       午
戌 酉 申 未
```

断曰：戌作初传，遁得丙火克日，最凶。上乘六合，是因和合上起口舌，却喜为五月解神。中传午乘天后，末传寅乘白虎，主同类阴谋。已定死罪。幸三传虽是火局，合来克日，却是递生日干。又贵人未土生干，太岁未土亦生干，初传戌土又生干，主减凶刑作配也。

杨注：

三传火局克日干庚金为鬼，凶课。初传戌土遁干丙火（甲申旬为丙戌）又克日干庚金，更凶。初传戌乘六合，由此知因和合上起口舌是非。

三传戌午寅为三合，初传乘六合，开始和合；中传午乘天后，主阴私阴谋；末传寅乘白虎，主凶残死丧。故可推定为因和合起事端，同类相谋，而生出凶残死丧事。

初传戌为五月解神（据《六壬大全》），可解凶祸，初传戌土生日干庚金，三传又自末传递生日干，贵人、太岁和干上辰土皆生日干庚金，故可减死罪为发配边远地方，其凶可化解。

262

十二 《中黄经》为壬子命人占讼

十一月乙亥日丑将巳时，壬子命人占讼。中黄经

```
六  白  常  贵
卯  未  申  子
未  亥  子  乙
```

```
      财  未  白
      兄  卯  六
      父  亥  后
```

```
丑  寅  卯  辰
子          巳
亥          午
戌  酉  申  未
```

断曰：未乘白虎，本宜有凶，幸遁得癸水生干，自是救解，且贵人遁得丙子，来日上生日，更为救神。末传又喜亥为长生，是以来往有喜。纵白虎落壬，亦免责矣。

愚按：《中黄经》用遁干自成一家之言，厥后《银河棹》宗之，张星源、金竹江咸用之、重之、注之，朱氏恒则谓断来情当用遁干变化参论，若断休咎不必用变求奇，此诚确论。即如是课，贵作恩星，初墓末生，即无责罚，不必尽因癸丙两干也。

杨注：

初传未乘白虎凶将，占讼为遭责罚凶象。而甲戌旬未遁干为癸，癸水生日干乙木，日干乙木受生，又可化解。日干乙上为子乘天乙贵人，子遁干为丙，子水生日干乙木，丙火为日干乙木的子孙，可制鬼作救神，克去白虎金神之凶。末传亥为日干长生，乘天后福佑之神，故可免受责罚。

　　此案重视遁干的作用。程氏按语中指出，此案天乙贵人乘子水生日干乙木，此即"贵作恩星"，初传为日干之墓，末传为日干长生，即可断定无责罚之灾，不必用癸、丙两遁干，亦可作出判断。

十三 《一针见血》为某吏占出狱

庚寅年十一月戊子日丑将寅时，一吏犯事占此。**一针见血**

```
玄 阴 朱 六
戌 亥 卯 辰
亥 子 辰 戌
```

```
兄 戌 玄
子 酉 常
子 申 白
```

```
辰 巳 午 未
卯       申
寅       酉
丑 子 亥 戌
```

断曰：此事带众难了，出一狱入一狱。初传戌加亥，戌是天狱。戊子日纳音属火，戌是火墓；中传酉作太常，加戌六害；末传申作白虎，加酉旺地，连茹传阴，阴主杀，申酉金临金主伤。本主狱死，以戊子火克申酉金，故出一狱入一狱，带众难了，况又见辰戌两墓乎。后至壬辰年正月配在本州。

杨注：

此案戊子日，日干戊上辰，辰为戊土之墓，此为墓神覆日。初传戌为火墓，戊子纳音为火，戌为戊子纳音之墓。故称课传见辰戌二墓。

三传戌酉申为逆连茹课，又为金局，由此断为事带众难了。

三传戌酉申二阳一阴，以一阴为主，故称"连茹传阴"。

戊子纳音火克三传金，终得减罪不死。

此案中取用日干支纳音进行判断，独具一格，值得探讨。

十四　王牧夫为程载翁占讼

己卯年戌月丁未日辰将丑时，程载翁己卯生六十一岁占讼。**牧夫占验**

```
常 后 常 后
丑 戌 丑 戌
戌 未 戌 丁
```

```
      鬼 亥 阴
      子 戌 后
      子 戌 后
```

```
申 酉 戌 亥
未       子
午       丑
巳 辰 卯 寅
```

王牧夫曰：官讼渐息，身心渐安宁矣。但文书此次受驳，再递到十月，方可决绝了释。后果受驳，至十月始准详结。

盖丁乃柔火，动荡不常，今丁日戴戌墓，是火有所藏，则不乱动。况深秋火亦休息，故曰官讼渐息，身心安宁。其文书初受驳者，酉贵为今日之财坐午上，乃贵人坐堂上持权，本命乘天空相冲，正时又冲支辰，兼动身位，故须再递也。十月上寅本文书与官作合，亥为十月建，又丁火绝于亥，故主十月方能决绝了释也。验甚。

此数若以戌墓为凶，则当入狱，然官司已拖三年，不当以此论。断法当知权变，若新讼夏占，又当以凶论也。

杨注：

旬丁为日干，丁为动摇之象，当主身心不得安宁，而丁干上为戌，戌为丁火之墓，丁干戴墓，动摇不定之丁火有所收藏，不得乱动，又九月为深秋，火处休囚状态，由此推出官讼渐息，身心渐安定。此为巧断。占讼日干戴墓为入狱之凶象，今以日干戴墓为讼息身安之吉象，这里凭借三个条件：一是日干为旬丁；二是秋冬火处于休囚状态；三是久拖不决的旧案。作者最后指出：断法当知变通，灵活掌握，若火旺相又是新案，日干戴墓，又当以凶论。

十五　王牧夫为某因田地占讼

乾隆丁卯年辰月丁亥日戌将辰时，占讼。**牧夫占验**

```
贵  空  勾  阴
亥  巳  未  丑
巳  亥  丑  丁
```

```
      兄  巳  空
      鬼  亥  贵
      兄  巳  空
```

```
亥  子  丑  寅
戌          卯
酉          辰
申  未  午  巳
```

王牧夫曰：讼田地乎？曰：然，何以知之？曰：丁动逢丑未，是以知之，以丑未为田园故也，其讼有四年矣。以巳亥反覆皆四数也。曰：何时得结？曰：四月其归结之月乎？始于巳而终于巳也。

何以知其归结？鬼临旬尾，官灾不起，是火知之。果结于四月。

杨注：

丁神逢丑未，指日干丁上加丑，其阴神为未，丑未为田园，故知其因田地而起讼。返吟课三传巳亥巳，返复往来皆四数（巳亥皆为四数），故知其讼已拖延四年。亥加巳，亥水克日干为鬼，甲申旬巳为旬尾，故知其巳月当结案。

十六 王牧夫为人占因母死致讼

乾隆己卯年巳月辛未日酉将申时，占己酉命人官讼，三十一岁。**牧夫占验**

```
虎 空 阴 玄
酉 申 子 亥
申 未 亥 辛


       兄 申 空
       子 亥 玄
       兄 申 空


午  未  申  酉
巳          戌
辰          亥
卯  寅  丑  子
```

王牧夫曰：此代占也，其友人之母已经改嫁，常来取索，一日先服毒药而来，其家恰门闭未开，坐移时吐黑水而死。友人代占其吉凶。

余曰：冬蛇掩目，主有凶事，上申下申，中见自刑之水，主毒在中，或上或下，其象如此。其友人命在酉，上见戌而空，而年立岁破，**原作太岁讹。**幸不至受刑落狱也。贵人坐丑冲支，其事可释。后果验。然事有权宜，生母非他人可比，千求万乞，不宜拒绝，当顾养身，始为合理。今年立申酉顽金坚固之乡，而戌酉又在不明之地，亦为子者不善处耳，致有此不幸之事也。呜呼，能如范文正公者，有几人耶！

杨注：

此案为乾隆二十四年（公元1759年）四月二十一辛未日申时，该月二十五乙亥日小满，此为小满前四日，故仍用酉将。

柔日昴星课为冬蛇掩目（一说柔日昴星课初传乘螣蛇为冬蛇掩目），主有凶事。

三传申亥申，上申下申，中传亥为自刑，故称"中见自刑之水，主毒在中，或上或下，其象如此"。王牧夫先生具备上乘功夫，不然，难取此象。

己酉命人本命在酉，酉上戌，戌为旬空，行年三十一岁在申，申上酉为岁破（己卯年酉为岁破），由此断为不致受刑落狱。

天乙贵人寅加丑，丑冲日支未，由此断为其讼事可解。此为辛日申时，以寅为值班贵人，当是取"六辛逢虎马"口诀。王牧夫取用天乙贵人与邵彦和、陈公献有所不同。

作者最后指出，其年命立申酉顽金坚固之乡，其上神戌和酉又为阴暗不明之地，也说明此人未能很好地处理与其外嫁之母的关系，才导致其母服毒致死的凶事发生。作者慨叹说，如北宋范文正公（范仲淹）能够善待其外嫁之母的人是不太多的。

十七　王牧夫辛巳年为人占讼

乾隆辛巳年酉月戊寅日巳将巳时，占讼。**牧夫占验**

```
蛇 蛇 勾 勾
寅 寅 巳 巳
寅 寅 巳 戊
```

```
印 巳 勾
子 申 虎
鬼 寅 蛇
```

```
巳 午 未 申
辰       酉
卯       戌
寅 丑 子 亥
```

王牧夫曰：此官司受累已久，沉搁反无事，若挑动恐为不利圊反致厌气，托人亦无益，文书不可递，久自消释，监务官事动，为吏人牵制，不得清。此课伏吟刑尽三传蛇官鬼比吏弊也。寅与亥合，亥乃日财，事清则无财可取，寅能制干，如此安有不呻吟者乎？喜中传空不能成三刑，寅虽刑巳，无申可渡，故宜沉搁，不宜挑动。伏吟主静，亦其礼也。且巳乃太岁生日，太岁作德禄为勾陈，勾陈主留滞，留滞久自得恩星化释也。余言其象，占者叹服。

余记昔年寓缺口白衣庵，程桐江姊丈寓东隐庵，相隔一街，午后至余寓谈叙。偶占文书事，因临淮口岸盐价为本县所详，督批运司朱公，桐兄请引例，致朱公回详受督驳，既而朱公忽升贵州巡道，代受系满洲舒公，到既交印，桐兄闷极无聊，至余寓占此。余曰：此事旧官结案。桐兄云：印已交，旧官无印，那能行文书？余曰：数象如此，尚有证，若验即依我行之如何？

桐兄问何证。余曰：今日有人送鱼与汝食。如无，数不验，不必行。桐兄拉余同回，以证此验。才至巷门，家人出回禀，载南老爷送鲥鱼。桐兄大笑。即依数将原稿恳求朱公。朱公云：是我手内事，印虽交，余用墨详去，督批饬县结案。此数惜失日时，尚能记其大概。盖彼行年上，旧太阳作恩星，今日始换将，旧太阳未遂。故曰旧官结案。送鱼者，支上见亥乘六合也，亥为鱼，存此以见数理之不妄也。

杨注：

此案卦体伏吟，三传巳申寅为三刑，故称"此课伏吟，刑尽三传"。但细析课传，中传申为旬空，末传寅虽然刑初传巳，中传申旬空为断桥，故三传构不成三刑，由此断为事可沉搁，等待转机。伏吟亦主伏俯不动之象。若挑动事态，反而被害。

另外，王牧夫先生所述为程桐江所占课，其行年上为旧月将作恩星，由此断为旧官结案。此断法亦奇巧。

原案文中有错简。

十八 徐次宾自占讼事

壬寅年六月庚午日午将午时，占讼。**一字诀　王连环**

```
龙 龙 虎 虎
午 午 申 申
午 午 申 庚
```

```
兄 申 虎
财 寅 蛇
兄 申 虎
```

```
巳 午 未 申
辰     酉
卯     戌
寅 丑 子 亥
```

　　徐次宾曰：六庚日伏吟者，古法以申寅巳为三传，一书以申寅申为三传。余尝谓刑始于寅，终于申。甲戊丙日当尽三刑，庚日先刑而后冲也。壬寅秋七月，余以陇西公事，匿村落中，父即求课于元公，得庚午日午将午时，三传申寅申，将虎蛇虎。至壬申日勾唤余妻到官，以中传寅为妻爻，为用申所克也。余于是日避难赴官出头，盖传送白虎，俱为道路，故壬申日动也。此日余妻回家，余仍下村去，至戊寅日唤余至州，盖应中传寅字，为庚日之天马也。至已卯日闻陇西公承服，余复下村去，至壬午日断讫。

　　盖庚日课中，正是畏其螣蛇也。至壬午日制之矣。又发用申与白虎，俱是七数，二七一十四数。彼以已巳日入州，壬午日事毕，恰是十四日也。戊申日余始归，盖末传申为归计，申乃庚之本位也，故申日至家矣。先锋门为日破，主破财。又中传寅为财爻，被初末二申制之也。传送主姓张人，先锋门午，亦姓张人，案吏姓张，住正南胜光也。占亲人请客亦姓张，往西南传送也。破财二七之数，同前数也。余父经两个月对问，应余命上大吉，为父母爻见天乙，主动官也。所居村去州七里，连高阜，盖中传寅为东北，为七里，建得戊字，寅配艮为山，得戊寅，即阜也。村名黄村，戊土黄也。申数亦七，而止言七里者，伏吟主近故也。

杨注：

六壬式以用时为先锋门，此案用午时，午为先锋门。案中称"先锋门为日破，主破财"，庚午日当以子为日破，不是午为日破。

此案断语曲折复杂，所取伏吟三传与《六壬大全》不同，可作参考。

第十二章 行 人

历代六壬占验选注

一　苗公达占行人

天圣二年，岁在甲子四月庚子日申将子时，丁卯年生命五十八岁来占丙申命二十九岁行人。**玉连环末卷　一针见血**

```
玄 蛇 青 玄
辰 申 子 辰
申 子 辰 庚

    子 子 青
  比 申 蛇
  印 辰 玄

丑 寅 卯 辰
子       巳
亥       午
戌 酉 申 未
```

苗公达曰：子去万里，音信不通，资财大获，出门迎归。其人云某有一子，于天禧元年正月间因言语不足，将些财物往岐路兴贩，一去八年，不知音信，何能望见之。苗曰：当于乙巳日早晨可出北门外候之，有行李笼具数担，后有二人骑马，尔子衣白骑青马，随一妇人衣紫骑赤马，得意而归。本人云：八年音信不通，安能便归？时有同来人云：苗公之术如神，可至是日往伺之。果于是日出城外三里，见笼具十余担远来，先一人着白衣乘青马，一见之便下马泣拜，乃是其子自陕西得利而归。

议曰：课属斩关，发用神后水，是今日庚金之子孙，加辰为空亡，以下贼上为用，将得青龙，飞腾万里。又传入玄武乘空亡，主失信。故云子去万里音信不知。行人年上乘寅木，是今日之财，加在旺方，故云资财大获。课值日辰相加，其见必速而近。又庚德自处加子上，申本数七，当囚死，法以折半求之，本人五十八岁，行年在亥临卯，卯为门，将勾陈，家在戊辰，辰为门外之路，发用水神，水旺于北方，故云出北门三里之外候之。行年有天驿二马乘寅，寅木青色，将得白虎金白色，故主白衣乘青马，天上行年午加戊作天后，戊是火墓，天后水乘午火，水黑火赤，相合而成紫色，天后妇人，故言妇人紫衣乘赤马。课变润下，水之象见，巳为绝，绝为至之兆。又行年临戊，以午为至期，午上见寅，寅中有甲，甲与己合，四月建巳，巳又庚与乙合，数取四月乙巳日归。

杨注：

此案年月日时有误。北宋仁宗天圣二年（公元1024年）岁次甲子，其年四月己巳小，朔日戊午，初八甲子小满，该月无庚子日。其年五月庚午大，朔日丁亥，十四日庚子。五月初八甲午夏至，庚子日已是夏至后第六日，应当用未将，而不应是申将。

此案日干支错，月将错，月建错，故再加评述就无任何意义了。

二 苗公达为人占子久出何时回

五月戊申日未将辰时，占子久出何时回。**张本占案**

```
后 朱 朱 青
寅 亥 亥 申
亥 申 申 戌

    官 寅 后
    父 巳 常
    子 申 青

申 酉 戌 亥
未       子
午       丑
巳 辰 卯 寅
```

苗公达曰：支与干会，行人必来。申为子孙坐干上，不过七日汝从东北四十里大木桥上相等，汝子带有一妻，年二十八，戴朱冠穿青绸袄，下着白丝套鞋，乘马而来，有四担行李得宪司牌封锁，一女许一少年医生，今同汝子来作赘婿。

盖末传申七数，故七日来。寅为天梁，故曰桥。亥四数，故四十里。寅七数坐亥故四七二十八。亥为丝绸，寅青色，寅为申马，故曰青衣乘马。朱雀带天空加财上，故曰宪牌。申金为锁也。亥为申之女，寅为医亦为婿，寅与亥合，乘天后在第四课上，是以女招婿赘到我家也。寅生巳，巳生申，申生戌，一路顺生，大得和谐。

杨注：

案文中所述，十分清楚，不必再注。三传寅巳申，初传寅木生中传巳火，中传巳火长生在寅，故称"寅生巳"。末传申金长生在巳，故称"巳生申"。日干戊土长生在申，故称"申生戊"。案文中"寅生巳，巳生申，申生戊"，也是三传递生日干，故为"一路顺生，大得和谐"。只是这里的递生加进了"长生"，以"长生"代替了五行之生，这与《六壬大全·毕法赋》中所说的三传递生、三传递生日干略有不同之处，其意义则是相同的。

三　刘日新为某贵人占行人

九月丙寅日卯将卯时，占行人。**玉连环末卷**

```
              兄 己 巳 空
              财 壬 申 玄
              父 丙 寅 合

              合 合 空 空
              寅 寅 巳 巳
              寅 寅 巳 丙

          空 虎 常 玄
          巳 辰 巳 申
      龙 辰       酉 阴
      勾 卯       戌 后
          寅 丑 子 亥
          合 朱 蛇 贵
```

刘日新曰：此乃贵人占从人到否，须责天空，其人已动在路。巳乃地足为用，更在日辰上，主亥日当到。末寅作六合，乃船车动也。又寅申巳亥乃传终也。凡天驲二马加日辰发用，定主行人至。更传尽处定归。或传送在日辰之后，阴神在日辰之后，未到也。

杨注：

本例为贵人占自己的手下的情况，其取象天空有如下几个因素：其一，这些从人按现在的话说都是公务员，用奏书之神的天空类之亦可。其二，《六壬大全》中也说天空为"中央最卑之位，列奴婢之行"。其三，天空也有"公吏"的类像，在类神取定之后，开始分析行人的行踪。行踪有几个要件必须交代清楚：是否动身，何时动身，途经路线，乘坐工具及到来之期。

从原文的记载中可以看到，"凡天驿二马加日辰发用，定主行人至"这是不知对方的情况下的断法，也就是说，求占人立于甲地，有人欲从乙地到甲地来，则"凡天驿二马加日辰发用，定主行人至"结论甚确。倘若有人从甲地离开，不知何时回到甲地，那上述说法就偏差大了。"从人"必到之象还有刚日伏吟见丁马；日辰上神生合；日在东南，三传的开始与结束还在东北及东南之中；发用见支来速，见干迟等等都可以佐证之。由"未寅作六合"得出"乃船车动"是用卯的类像。"巳乃地足，为用，更在日辰上，主亥日当到。"这一应期的断语恐是刘先生应景之词，其不愿意说出自己真实判断的思路，我们也仅用简要的语言解说一下应期。"从人"一路走来，由北向东南至西南而折返，在东部卯地摆脱纠缠后改变方向。向着未地行进，在此修整后走向正途，于亥日到达。具体的说是亥日戌时到达，虽然原文没有记载其到达的具体时间，但根据课式内部的运转机制还是有一定的依据判断出他们到达的具体时间的，上述戌时的结论读者中肯定有不同的意见，我们期待着隐于市井的高手们的赐教，共同向着六壬更深远的境界迈进。

四 刘日新庚申日占行人

庚申日酉将未时，占行人。**玉连环末卷**

```
后  玄  后  玄
子  戌  子  戌
戌  申  戌  庚
```

```
    子  子  后
    财  寅  蛇
    父  辰  合
```

```
未  申  酉  戌
午          亥
巳          子
辰  卯  寅  丑
```

刘日新曰：主行人七日至，应西北来，戌上发用故也。巳在道路，子为道路也。七日至者，驿马在寅也。

凡占行人信息，若发用并三传在日支后，及将不顺，皆主不动占。他动见天驿马魁罡临日辰，或入传、将顺定主动也。取日期先取魁罡加驿马来速。此课马在寅，末传得天罡加之，所以主寅日归也。又云：贵人临日，亦主归也。

杨注：

初传子加戌上发用，戌为西北方，故行人从西北方来。子为道路，行人已在道路上。中传寅为驿马，末传辰加寅，申至寅为七数，故主七日归。

五 《中黄经》占行人

丁亥年十一月甲午日丑将寅时占行人，其人甲寅生三十四岁。*中黄经*

```
六  朱  白  空
辰  巳  子  丑
巳  午  丑  甲
```

```
      戌  白
      酉  常
      申  玄
```

```
辰  巳  午  未
卯          申
寅          酉
丑  子  亥  戌
```

断曰：三十四岁行年在亥，亥临子，其人正北为客去矣，却从西北还家，何也？经曰："以行年立处为去方，行年上神为还家方位。"是以合正北子方去，西北戌方还家。若问财，其人无财。以日上财坐天空，末传与行年财又被玄武夺，是以无财。问在外有病否，主无病。以行年立处不见白虎克，故无病。问远近路程，行二千二十里则还，以行年上下相乘亥四子九，得三十六，又加遁干乙八丙七，并之得五十一，远行人十则言百，合得五百一十里，又亥子水旺于冬，当加一倍，得一千二十里，入虚加一千之数，是合主二千二十里。问有阻隔否，曰：无。以行年日上不见关格，故无阻也。若关格上神乘玄武，主盗贼、江河水涨之隔；乘六合、太阴、天后，主妇人之隔；乘白虎，主病患之隔；乘勾陈、朱雀，主官事口舌之隔；乘青龙，主财帛之隔；乘贵人，主官长之隔；乘太常，主酒食稽留之隔。问何月日还家，乃戊子年二月还家，非二月则四月决来。谓寅是十一月之天马、信神，临卯为到门。二月建卯，主二月有信，四月来。以辰为十一月之戏神，辰临巳主动，是以主四月还家，四月建巳故也。

杨注：

此案要点有三：

1. 占行人以天盘行年所加之神为去方，以地盘行年上所加之神为还家方位。此行人三十四岁行年在亥，天盘亥加地盘子上，子为正北方位，则知行人外出往正北方去。行年亥上为戌，戌为西北方位，则知行人从西北方位还家。

2. 占行人路途远近也看行年，并兼取行年遁干。此案行年亥加子，亥遁干丙，是由时遁推出。甲午日丙寅时往前数去，则亥遁干为乙，子遁干为丙。此取遁干的方法也别具一格。

3. 取占月月建的天马、信神、戏神等神煞作为行人的归期，此又别具一格。另外，此案占行人，计算路途里数的方法也值得探讨。

六　雪心占行人（一）

十一月甲子日丑将巳时，占行人。**行人类证**

```
玄 青 白 合
辰 申 午 戌
申 子 戌 甲
```

```
  财 戌 合
  子 午 白
  比 寅 后
```

```
丑 寅 卯 辰
子       巳
亥       午
戌 酉 申 未
```

雪心曰：三传日同初，辰得申加子，占行人是要来方动。盖初传戌加驿马上也，十二月节至。

杨注：

初传戌，甲干上戌，故称"日同初"，即日干上神同于初传。支上神申加子。因为干上戌为初传，为发动，支上申为传送、为道路，故称"占行人是要来方动"，是占已有动意，或称已行动了。尤其初传戌加寅上，寅为驿马（申子辰日，驿马为寅），已经起身行动了。

为什么案中称"十二月节至"？十二月为丑月，丑与日支子为六合，或是子为旬首、仪神之故、取其合神为应期。

七 雪心占行人（二）

八月癸巳日辰将寅时，癸丑生人占行人。行人类证

空 勾 贵 阴
酉 未 巳 卯
未 巳 卯 癸

　鬼 未 勾
　父 酉 空
　兄 亥 常

未 申 酉 戌
午　　　亥
巳　　　子
辰 卯 寅 丑

雪心曰：大凡断行人，看日干为行人，并看玄武及行人足。又曰：日为行人，看乘马与否，以决动静。今玄武乘子临戌，合九月动。今日癸寄丑，丑临亥，亥是马，主动。末是亥，足已动。亥为兄弟，交十月节归。末传为足，看乘二马，有无勾留恋厩。经云："马合则勾留，乘生则恋厩，空亡则折足。"

杨注：

案中明确凡看行人，以日干为行人，兼看行人足（末传）和天将玄武，并看驿马，以决动静。

此案日干癸寄丑，丑临亥，亥为驿马，亥为末传，行人之足已动。玄武乘子临戌，戌为九月，动在九月。亥为末传，亥为兄弟爻，亥为十月，故断交十月节行人归来。

文中称"看乘二马"，是指驿马和天马。二马勾留、恋厩、折足之说的出处待考。

八　雪心占行人（三）

十月甲子日卯将子时，乙卯人占子命行人。**行人类证**

```
后 常 螣 阴
午 卯 申 巳
卯 子 巳 甲
```

```
官 申 螣
父 亥 勾
财 寅 白
```

```
申 酉 戌 亥
未       子
午       丑
巳 辰 卯 寅
```

雪心曰：占行人责玄武及末传。今玄武在辰加丑，末传寅为马，当主来。果于十一月十四癸巳日大雪归。

杨注：

占行人不注重发用，而是看玄武和末传，此为又一判断原则。

若以常法而论，初传申为传送为道路，传送发用，三传递生，初申金生中传亥水，中传亥水生末传寅木，亦当断行人归来。但中、末俱空，目下不来。又因初传申为官鬼，上有螣蛇缠绕是为官事而阻。日上巳火制申金，终可无咎而归。

目下未来者，中、末空亡也。本旬为甲子旬，亥空，不归；此后甲戌旬，申空，不归；再后，甲申旬，三传皆实不空，当归。初传申加巳官，故甲申旬巳日（癸巳日）归来。

九　雪心为人占何日信至

甲辰日辰将寅时，占信。**玉连环末卷**

```
后  腾  腾  六
申  午  午  辰
午  辰  辰  甲
```

```
财 辰 合
子 午 蛇
鬼 申 后
```

```
未  申  酉  戌
午           亥
巳           子
辰  卯  寅  丑
```

雪心曰：三传日同初，辰同中，占望信，责朱雀。今朱雀乘巳临卯，名朱雀临门，又曰雀腾空。巳为子孙，是卑小信来，应在乙巳、戊申日到。盖巳乃朱雀乘神，申乃朱雀之六合也。

杨注：

日干甲上辰为初传，日支辰上午为中传，故称"日同初、辰同中"。朱雀主信息、文书，故占信要看朱雀。朱雀乘巳加临卯上，此为朱雀临门。甲辰旬卯为旬空，又为朱雀腾空。朱雀是飞鸟，腾空飞翔为带来信息之象。故朱雀临门和朱雀腾空都为信息将至之象。

日干甲水生巳火，巳火为子孙，此为尊长占问卑小的书信。巳乘朱雀，巳与申合，故断乙巳、戊申二日为应期。

十 《指归》占行人（一）

正月甲子日亥将申时，占来意。**指归灵文论**

官 壬 申 龙
父　　亥 朱
兄 丙 寅 后

　虎 阴 龙 常
　午 卯 申 巳
　卯 子 巳 甲

　龙 勾 合 朱
　申 酉 戌 亥
空 未 　 子 螣
虎 午 　 丑 贵
　巳 辰 卯 寅
　常 玄 阴 后

断曰：来意主望道路行人，其人路遇奸贼，欲相谋害，幸而奸贼自受其难，谋害不成，但主道路上迟延，终平安而归也。又主有文字两重，一明一暗，藏在楼阁中，其楼柱系用物垫者？何以知之？盖初传在天乙前，末传在天乙后，名传阳入阴，主在家不出，远人归家，外来之信立至，况申主道路，又主行人，奈为日鬼，又在巳上被刑害，故遇奸贼。申鬼受旺火克，故云贼人受难。干为占者，上得巳火为救，故谋害不成，但主迟归耳。朱雀乘亥，主明文字，天后乘寅，主暗文字，寅加于亥上，故藏在楼阁。亥是旬空，其柱必有损而用物垫之也。

杨注：

初传申为传送，主道路，也主行人，故断来意"主望道路行人"。申为日干之鬼，刑克日干，故断"其人路遇奸贼，欲相谋害"。申加巳宫，巳为相火克申金，申金自身无气，又逢巳火之克，故主"奸贼自受其难，谋害不成"。申乘青龙吉将，青龙本家在寅（甲），故断终可"平安而归"。

甲日昼贵（天乙）为丑，初传申临巳，在地盘丑前四位；末传寅临亥，在地盘丑后二位，故称"初传在天乙前，末传在天乙后"，此为传阳入阴，主"在家不出，远人归家，外来之信立至"。此论出处有待考证。

原案中阴暗两重文字之判断，实属奇断，一般学壬者难以达到此境。

十一 《指归》占行人（二）

三月癸酉日酉将未时，占来意。指归灵文论

```
常 空 贵 阴
丑 亥 巳 卯
亥 酉 卯 癸
```

```
  鬼 丑 常
  子 卯 阴
  财 巳 贵
```

```
未 申 酉 戌
午       亥
巳       子
辰 卯 寅 丑
```

断曰：来意主行人进发，复有盘桓，往还三日，而再发立至。盖大吉是阳局之神，退而临亥，亥为阴局之用神，退在阴局，凡春冬占得者，主发动而复还。以月建而言，丑是十二月建，亥是十月建，丑至亥三位，即三日也。癸日为占者身，发用丑，此人必动。末传巳作贵人加卯，凡末传为足，卯酉为门户，贵人临此，为人身与足俱动矣，故云立至也。

杨注：

日干癸寄丑，日干癸为行人，丑退入亥宫空亡之地，故主行人已动，但因事盘桓往返。因亥至丑为三数，故主三日后再动身起程。中传卯为门户，末传巳加卯，末传巳为足加卯，为足临门户，故主行人立至。

十二 《指归》占书信（一）

六月己巳日午将酉时，占来意。指归灵文论

```
    后 朱 蛇 陈
    亥 寅 丑 辰
    寅 巳 辰 己
```

```
      鬼 寅 朱
      财 亥 后
      子 申 常
```

```
  寅 卯 辰 巳
  丑       午
  子       未
  亥 戌 酉 申
```

断曰：发用在天乙前，中末在天乙后，此名传阳入阴。申主道路，又为足神，末传为足。发用朱雀，主先见外来远信，远处官员遣人送书至，亦主官员罢职之信至也。

杨注：

此案子为天乙，以初传寅在天乙前，中传亥和末传申在天乙后，显然是以顺为前，以逆为后，其前和后的区分与前案不同。又以三传寅亥申为传阳入阴，亦与前案不同。如此混乱，令人难以捉摸。

初传寅乘朱雀，朱雀主书信，临初传用神，文书已动之象。中传亥为驿马，末传申为道路，驿马正在驰驱于道路之象。初传寅为官（寅木克日干己土），寅又为曹吏（功曹），乘朱雀文书，是官员派人送书信而至。

十三 《指归》占书信（二）

五月丁酉日午将辰时，占事。指归灵文论

```
阴  贵  贵  朱
丑  亥  亥  酉
亥  酉  酉  丁
```

```
财 酉 朱
官 亥 贵
子 丑 阴
```

```
未  申  酉  戌
午        亥
巳        子
辰  卯  寅  丑
```

断曰：初传在天乙前，末传在天乙后，此名传阳入阴，必主旦暮有奴仆附书信而至，何也？酉在天乙前为奴，在天乙后为婢，愚按：此论诸家所无。今酉在天乙前，又并朱雀故也。天乙在酉主门户动摇，又得传阳入阴，故主外来书信立至。

杨注：

六壬诸书，多以顺为前，逆为后。如子以丑为前，以亥为后。此案亥为天乙，以酉为前，以丑为后，与诸书所论前后不同。若以三传酉亥丑论，初传酉为前，末传丑为后，中传亥为天乙。三传酉亥丑为顺间传，诸书亦无此分前后的说法。案文又说"酉在天乙前为奴，在天乙后为婢"，同是酉支，以前后分奴、婢，程树勋已加按语"此论诸家所无"。可见《指归》尽多标新立异之说。

此案占书信，日支酉乘朱雀加临日干丁上，朱雀主书信，酉遁干为丁，丁神为动，书信已动。中传亥为驿马，驿马已在途中之象。末传丑为日支阴神，丑加亥上，主亥日或丑日书信至。

原案中说"天乙在酉主门户动摇"，亦无道理。

十四　郭御青自占与人出行

崇祯癸酉年十二月癸酉日丑将申时，占出行。**郭氏占案**

```
朱  玄  空  滕
未  寅  亥  午
寅  酉  午  癸
```

```
鬼 未 朱
兄 子 白
财 巳 贵
```

```
戌  亥  子  丑
酉          寅
申          卯
未  午  巳  辰
```

郭御青曰：癸酉年冬，余与同袍内弟张君公函、王君肇兴，约春正公车同行，得此课。初末引从日干，必不能同行，一在余先，一在余后也。果张公函于正月初三庚寅日先行，余于初八乙未日行，乃发用也。王君尚未卜行期。余密示余弟季升，王君必于子日行，今且勿言，言则有意迁就矣。王君果于正月二十五壬子日行。盖张行于初传之地盘，王行于末传之地盘，干为余居中，真引从也。人一动一履，莫非前定，奇哉！

杨注：

郭御青与张公函、王肇兴三人约定于次年正月一同外出，郭御青为此推演六壬式，初末传引从日干，认为到时三人因故却不得同行。应一人比他先行，另一人却比他晚行。果然张公函于正月初三庚寅日先行，他于同月初八乙未日行。他断定王肇兴必于壬子日行。果然应验。

这是因为三传未子巳，初传未和末传巳引从地盘日干癸之故。以占者郭御青对应日干癸，癸寄地盘丑宫。初传未加临地盘寅宫，在日干前一宫为引，末传巳加临地盘子宫，在日干后一宫为从。

张对应初传未，未加寅，故张公函于正月初三庚寅日行；王对应末传巳，巳加子，故王肇兴于正月二十五壬子日行；郭对应中传子，子加未，故郭御青于正月初八乙未日行。

郭御青叹道："人一动一履，莫非前定，奇哉！"虽然，古往今来，对六壬式预测的原理尚无法理解，但是，六壬式预测的奇妙，往往令人拍案叫绝。

十五 郭御青占望行人

戊寅年七月乙亥日午将戌时，占望行人。**郭氏占案**

白 后 贵 勾
卯 未 申 子
未 亥 子 乙

财 未 后
兄 卯 白
父 亥 合

丑 寅 卯 辰
子   巳
亥   午
戌 酉 申 未

郭御青曰：占行人驿马类神不入传课，极难捉摸。墓从宅上发用，当于此日起身。奴仆责天空，乘寅临午，又千里看太岁所临，当于壬午日至，或者癸未日，乃发用墓神上乘太冲白虎，只此二日可望。果于壬午日离府四十里为雨阻，癸未日至。为雨阻者，涉害故也。果是乙亥日动身。

杨注：

初传未为日干之墓神。墓神为不动之神，但作初传就有动象了。墓神未作初传为发动，尤其未从日支亥上发用作初传，为行人已有行动之象，从其住处出动了。中传卯乘白虎道路之神，为行人已上路途之象。

案中指出，"千里看太岁所临"，是说千里之远处，看太岁所临为应期。太岁寅加临午，午与未合，当定壬午、癸亥二日为应期。果然行人于壬午日为雨阻，癸未日到。此案卦体为涉害，故主途中为雨所阻，迟一天而到达。其实，癸未日到达，亦是课中应有之意。

十六　郭御青为傅太尊占家下行人

戊寅年五月二十八庚寅日未将巳时，傅太尊占家下行人。**郭氏占案**

<pre>
青 六 后 玄
午 辰 子 戌
辰 寅 戌 庚
</pre>

<pre>
父 辰 六
官 午 青
兄 申 白
</pre>

<pre>
未 申 酉 戌
午　　　亥
巳　　　子
辰 卯 寅 丑
</pre>

郭御青曰：课名斩关，又名登三天，又贵登天门，自是行路程北走之象。初传天马，不久即至。但中末空陷，须到甲午旬六月初三以后可到。以午字填实，三天可登也。然甲午旬，辰字又空，天马本行空之物，不怕空也。子孙爻系劫煞，临酉，当在酉日到。课名涉害，路中有阻。果于六月初六丁酉日到，路中家人坠骡数次，几伤。

杨注：

此案郭氏在京城为傅太尊（傅太尊为尊称，犹如傅太爷，不知其名）而占。占问的问题是其家中人由原籍（当在京城之南方，不知其详细地址）到北京来，什么时间可到达。

辰戌加临日辰为斩关课，三传辰午申为登三天格，丑贵临亥为贵登天门（亥为天门）。当时京城在北京，贵登天门即为行人已动身北行之象。

贵登天门为吉象。此案辰加寅为罡塞鬼户，《毕法》"罡塞鬼户任谋为"，既为贵登天门，又为罡塞鬼户，占望行人必能顺利到达目的地。

初传辰为天马，中传午和末传申皆空陷，为天马行空之象，行人必然到达。但本旬（庚寅日为甲申旬）中末传午申皆空，虽利于天马行空，却不能到达，必须出旬之后填实中末传午申，方能到达。果然六月初三丁酉日到。

初传辰遁干为壬，丁与壬合，辰与酉合，故甲午旬丁酉日到达。

卦体涉害，路途多克，有阻之象，但涉害为苦尽甘来之课，虽然"路中家人坠骡数次，几伤"，却无大碍，几伤为未伤，有惊无险，果然顺利到达。

此案为崇祯十一年（公元 1638 年）岁次戊寅五月二十八庚寅日，该月二十六戊子小暑，该月二十八庚寅日已是交小暑节之后，小暑为六月节，故取六月之辰为天马。

十七 郭御青述王询占行人案

崇祯丙子年十一月癸卯日子将丑时，占行人。**郭氏占案**

阴 后 常 玄
丑 寅 亥 子
寅 卯 子 癸

鬼 丑 阴
兄 子 玄
兄 亥 常

辰 巳 午 未
卯　　　　申
寅　　　　酉
丑 子 亥 戌

郭御青曰：束鹿王宏宇者，为衡水令，王讳询，占行人，三传退茹，即断为归。所望行人乃贵人也。类神临辰，主明日到。果于甲辰日到。凡望行人，期候最难，此其准者也。附之此课，干上天马，初末引从，子水墓于辰，所以辰日到。

杨注：

此案三传丑子亥，初传丑和末传亥引从日干癸（丑），此为前引后从，正是贵人出行之象，故知"所望行人乃贵人也"。

干上子为天马，子水墓在辰，故定辰日到达。天马的规定是：正月午、二月申、三月戌、四月子、五月寅、六月辰、七月午、八月申、九月戌、十月子、十一月寅、十二月辰。

此案为崇祯九年（公元 1636 年）岁次丙子十一月初三癸卯日，该月初十庚戌日大雪，初三癸卯日仍在十月小雪节气内，故天马仍以十月定，故以子为天马。

十八　徐次宾为某人占远行

五月丙戌日未将亥时，癸酉命人占来意。**一字诀　玉连环**

青	玄	贵	勾
寅	午	酉	丑
午	戌	丑	丙

财	酉	贵
兄	巳	常
子	丑	勾

丑	寅	卯	辰
子			巳
亥			午
戌	酉	申	未

徐次宾曰：来意主西北上远行，理会自己差遣文字，一路并无难阻，得差遣必是近任。八月内丁酉日还家，当月得俸。本州太守姓刘，是一刚毅正直之人，主蒙太守美爱而有聚财之庆。

何知西北上远行？盖时为日干之驿马，又与天马并，故主远行。登明为西北方也。又登明为日贵乘朱雀，主文字，岂不是自身差遣文字也。命上见天恩，上见官爵，又用传俱是三合，故知近任。

何知一路并无难阻？以式中无关隔故也。用起从魁，中传太乙，归计大吉而临巳，上乘酉，酉上得丁字，故知丁酉日还家也。从魁为日下之财，故八月得俸。太守为刚毅正直姓刘者，发用天乙乘酉，酉为金主义为刚正，酉为金刀，故曰姓刘。

何知蒙太守美爱，盖天乙与日三合也。有聚财之庆者，卦体属金，为日之财也。

杨注：

1．时为先锋门。亥时为日干丙之驿马，又为酉命之驿马（案中称"与天马并"为误。五月以寅为天马。当称"与命马并"），由此知将远行。

2．先锋门亥为西北方，故知远行之方为西北。

3．先锋门亥为日贵（丙丁猪鸡位，故亥为丙日日贵），又乘朱雀文书之神，由此得出"理会自己差遣文字"。

4．卦体为弹射，第二课发用为近射，由此得出差遣必是近任。

5．初传酉为八月，酉遁干为丁（时旬遁干），由此得出八月丁酉日还家。案中称"本州太守姓刘，是一刚毅正直之人，主蒙太守美爱而有聚财之庆"等，虽然课式中有迹象，但一般人难以推出。

另外，此课为丙日亥时，取酉为当值贵人，显然是遵循"丙丁猪酉位"的口诀。若用"丙贵酉亥酉"口诀，当以亥为当值贵人。此处应加以注意。

十九　王牧夫为人占行人

己巳年五月己酉日申将午时，占行人。**牧夫占验**

```
后 蛇 蛇 六
丑 亥 亥 酉
亥 酉 酉 己

      兄 丑 后
      鬼 卯 玄
      印 巳 虎

未 申 酉 戌
午    亥
巳    子
辰 卯 寅 丑
```

王牧夫曰：行人已出户外，到期不远，丙辰日验。其人果于丙辰日到。

此在外望宅中行人之占，故以支加干为宅就人，酉乘六合，门户动，课名出户，马带蛇逢冲，俱是来象。动爻丑土乘后作合，中见官鬼，末见白虎，皆速到也。故即以马为应期。马亥临支又与末冲，归着当在马，马带辛，丙与辛合，遁丙在辰，故断丙辰日也。

杨注：

此案为在外望家宅中人前来相会之占。酉为支为宅，酉加己上，为宅来就人，即家宅中人前来相会之象。支酉为内为宅为门，干己为外为占者，酉乘六合加临日干己上，为家中人已从家宅中外出。亥为驿马乘蛇临支，与末传巳乘虎相冲，冲为动，驿马已动。

以驿马亥为应期，亥遁干为辛，丙与辛合，故定丙辰日行人到来。此是以驿马遁干之合神为应期。

二十　王牧夫为西人弟占兄来否

戊辰年亥月辛巳日卯将辰时，西人弟占兄来否。**牧夫占验**

```
   合 朱 阴 玄
   卯 辰 申 酉
   辰 巳 酉 辛
```

```
      财 卯 合
      财 寅 勾
      父 丑 青
```

```
   辰 巳 午 未
   卯       申
   寅       酉
   丑 子 亥 戌
```

王牧夫曰：行人不复至矣，宜自为归计。夫弟占兄，干上酉乃辛金同气，即其类也。酉作旺禄带玄武走减之杀，又居金乡，比固不动，难望其至。虽支上之文书朱雀，未可凭也。丑为扬州，自卯退入金之墓乡，金畏墓亦不至也。卯乘六合为弟兄，一步步退归墓地，墓主迟滞，安能即至？况中末寅丑皆在艮方，艮者止也。末为行人足，既墓且止，不易来矣。

其人不信。余占后待至两年，尚犹未至。数理之可凭如此。

杨注：

此案弟占兄来否，日干辛为占者，辛上酉为同类，类神为酉，酉为旬空（甲戌旬申酉空），其兄不能来。三传卯寅丑为退连茹课，末传丑为类神酉金之墓，墓主隐藏，亦是行人不来之象。末丑为行人足，丑加寅，寅为艮方，艮为止，行人入墓且止，不可来。日支上辰加临巳，巳为酉金长生之地，亦为不动不行之象。辰乘天将朱雀，朱雀主文书信息，并不能断为行人前来。

二十一 王牧夫为人占兄信息

乾隆戊辰年戊月戊申日辰将卯时，弟占兄信息。**牧夫占验**

```
武 常 空 青
戌 酉 未 午
酉 申 午 戌
```

```
兄 戌 武
子 酉 常
父 午 青
```

```
午 未 申 酉
巳         戌
辰         亥
卯 寅 丑 子
```

王牧夫曰：此课后日庚戌日必有信音。但行人不得至，已有动念。盖昴星为课，主信义所动必准，故应庚戌日。午为文书，青龙乘其上，文书临身，故主先有信至。戌酉申为返驾，当主行人至，而酉申皆金，坚固不化，虽有动念而未行也。此课乃唐公圭所断，与余复视。其兄数年未有信息，又七十以上人，客游在外，安能望其消息。不知此课昴星，又无凶战，岂得以凶论之？余以理断，果于庚戌日得马溜船上人代寄信云，随后动身来扬也。其弟次日诞辰，青龙居午为宴会，午为南山，即此信到在宴会时，验甚。

杨注：

此课为刚日昴星，以仰视酉上神为用神（初传），仰视者，仰望而期盼之义，与所占问之事相符，故主有信音将至。为什么判定庚戌日有信音？因为初传为戌，其遁干为庚，故定庚戌日。为何只断为有信息至，而行人不能即至？以日支为行人，日支为申，申上为酉，初、中二传为戌酉，由此连结上日支申，而成为戌酉申，为返驾。返驾主行人至，而三传为戌酉午，正缺少日支申，申为日干长生之地，为家乡，今缺少申，故主行人不可能即回到家乡，须待时日。原案说"酉申皆金，坚固不化，虽有动念而未行也"，似太曲折，不若以申（与身谐音）未入传为断更确。

原案"青龙居午为宴会"等语中，其次日为第二日，庚戌为第三日，相互矛盾，不论可也。

二十二 王牧夫为吴畹春占侄在外吉凶

丙寅年十月辛未日卯将午时，吴畹春占侄在中不知何往，并问吉凶。**牧夫占验**

```
      青 朱 朱 后
      丑 辰 辰 未
      辰 未 未 辛

        子 亥 虎
        父 未 后
        父 未 后

   寅 卯 辰 巳
   丑       午
   子       未
   亥 戌 酉 申
```

王牧夫曰：目今在西南方，有杨姓人牵引而去，十二月必得信。

彼曰：去已一年，吉凶若何？

曰：马作长生，土神生日，何必虑乎。

至十二月果接信云：因杨姓结伴往河南固始县去买粮食。

诸人叹服。盖巳马居西南，又支来加干，未属羊，羊、杨同音，故拟姓杨人也。

杨注：

占问行人，要看驿马，驿马为巳，巳加申，申为西南方位，故知行人在西南方位。巳为日干辛金之长生，为吉。日干辛上为未，未土生日干辛金，日干受生，既有人帮助，又有收益。

日支未上辰乘朱雀，朱雀为文书、信息，辰的阴神为丑，丑为十二月，由此断十二月将有书信至。

　　日支未加干上，未为羊，羊与杨同音，由此断与杨姓人为伴。

第十三章 逃 亡

历代六壬占验选注

一 苗公达为某老人占婢逃

天圣戊辰年正月甲子日亥将未时，七十四岁老人占逃亡。**一针见血**

愚按：甲木克玄武辰土，干上午火克玄武阴神申金，故易获。

```
财 戊 辰 玄
官 壬 申 龙
父 甲 子 蛇
```

```
龙 玄 合 虎
申 辰 戌 午
辰 子 午 甲
```

```
        勾 合 朱 蛇
        酉 戌 亥 子
龙 申          丑 贵
空 未          寅 后
        午 巳 辰 卯
        虎 常 玄 阴
```

苗公达曰：主昨夜三更门户不闭，婢逃失财，网罗水际**辰为罗网**，往正北所至人家藏匿，其钱藏水中，速寻可得。愚按："门户不闭"句，似从斩关课取义也；失财者，玄武临财也。《精华摘锦》云：元阴见青龙乘申，为损鳞，故主失财。果于当日申时获之。

论曰：贵人临酉，门户惊恐，天罡加子，将得玄武，子为三更，在支上发用，是急应之兆。行年立卯上，天空乘未属阴为婢，被旺木所制，故逃窜。玄武阴上见申金，金生水，故钱藏水中。言逃往北者，谓阳作玄武，婢走求阳也。法以初觉逃时，只就玄武立处求之，今在子，**逃亡未经旬只看玄武立处**。愚按：玄武从不临东南，岂逃亡未经旬者，从不往东南方乎？故云在北。本人行年在卯，卯刑子，是玄武遭刑，可获。当日申时者，甲日属木，克玄武所乘辰土，又末传临申是玄武，三传之终也。

杨注：

甲日丑为昼贵，丑加酉上，酉为门户，原案文中由此断为"昨夜三更门户不闭"，后又解此为"门户惊恐"。贵加酉门之上，为何为门户不闭或门户惊恐呢？程氏按语"门户不闭句，似从斩关取义也"，已对原解提出质疑。

辰乘玄武发用，辰加支上，支为宅，玄武为盗，宅上失盗，辰又为财，故为失财。本人行年在卯，卯上未乘天空为婢，由此得出婢劫财而逃。

玄武为盗，今玄武乘辰加子，子为正北，故知其婢逃至正北方。本人行年在卯，卯刑子，玄武乘辰加子，是玄武遭刑，此婢可获。玄武之阴为申金（钱），申金生水，故钱藏水中。

程氏按语中认为，日干甲木克玄武辰土，干上午火又克玄武阴神申金，故此逃婢易获。

末传子加申，申时可获。

二 《直指》占失人案

二月甲戌日亥将卯时，占失人。**直指**

后　白　白　六
寅　午　午　戌
午　戌　戌　甲

财　戌　六
子　午　白
兄　寅　后

丑　寅　卯　辰
子　　　　巳
亥　　　　午
戌　酉　申　未

邵曰：支戌刑未，未临于亥，当于西北亥方寻获。未八亥四，四八三十二里。亥为水亦为楼台，未为酒食，藏于近水酒馆中。悉验。

愚按：此断不用课传，与邵公之断法不类。然载于《直指》，姑录之以备考。

杨注：

走失君子寻日干之德，小人寻日支之刑。日支为戌，戌刑未，未加亥，故以刑落之西北亥方寻找。

三 《精蕴》占逃亡

十月壬辰日寅将戌时，占逃亡。**精蕴**

```
白  合  雀  阴
子  申  未  卯
申  辰  卯  壬
```

```
鬼 未 朱
兄 亥 空
子 卯 阴
```

```
酉  戌  亥  子
申      丑
未      寅
午  巳  辰  卯
```

断曰：小吉加卯为用，主门户动摇，将得朱雀，主为词讼交加，文书口舌。中见登明，将得天空，必因欺诈而逃。甲申旬，以午未为孤虚，逃亡终不可获。末见太冲，将得太阴，复临日上，辰上见传送，将得六合为天门，冬日占，太阴临生门，逃亡必远去也。

杨注：

六合、太阴皆主阴私逃亡，而占逃亡之课偏偏就遇到干上和支上分别乘太阴、六合，故利于逃亡。

六合本位为卯，卯为门，又称天关，案中称六合为天门。太阴加卯，称"冬日占，太阴加生门"，是因冬日水旺，卯木受旺水之生，卯为门，故称太阴加卯为太阴的生门。

四　王牧夫占十二岁童走失

乾隆丁丑年亥月己巳日卯将辰时，占走失，十二岁。**牧夫占验**

合　陈　青　空
卯　辰　巳　午
辰　巳　午　己

官　卯　六
官　寅　朱
兄　丑　螣

辰　巳　午　未
卯　　　　　申
寅　　　　　酉
丑　子　亥　戌

王牧夫曰：连茹之课，当数人同行，今已退归，不能远去。干上午属姤卦，姤者遇也。午阴得日支青龙，少刻即是验甚。近事急处看天罡，天罡临宅加孟，亦不碍，当即见也。

杨注：

此案为乾隆二十二年（公元 1757 年）岁次丁丑十月初十己巳日辰时，该月十一庚午日小雪，此为小雪前一日，故仍用卯将。

三传卯寅丑一气相连，故断有数人同行。退连茹即为退归之象。午为阳极阴生，一阴生即为天风姤卦，姤为遇，少刻即遇之象。

五 王牧夫为人占走失

乾隆己卯年寅月癸卯日子将酉时，占走失。**牧夫占验**

```
勾 蛇 朱 后
酉 午 未 辰
午 卯 辰 癸
```

```
  印 酉 陈
  兄 子 白
  子 卯 阴
```

```
申 酉 戌 亥
未       子
午       丑
巳 辰 卯 寅
```

王牧夫曰：此人非走失，乃因酒后误落水中已死矣，沿流寻其尸可也。

其人曰：素闻王先生数学精妙，故特来请教，此是余邻居，若果如此，怎处？

余曰：此数也，无可如何。

盖此课干乘鬼墓，发用是酉，癸日见酉，乃酒字也。墓为鬼，与作合，三传递生，末见闭口，子卯相刑，岂非因酒误事乎？且死气在支，闭口亦在支。凡占事课凶得闭口者必死。落水死者，辰为水库，天后乘之，墓神作鬼故也。即往寻之，果得其尸。

杨注：

此案与前《王牧夫为詹经历占差遣》案课传相同。所不同者，此案为子将酉时，占问走失，前案为午将卯时，占问差遣，值事贵人不同。读者可加以比较，从中汲取经验。

第十四章　劫　盗

历代六壬占验选注

一 苗公达为人占父兄渡关遭劫

五月丙子日申将午时，二十六岁人占失贼。**玉连环末卷**

虎　玄　朱　陈
辰　寅　酉　未
寅　子　未　丙

　　子　辰　虎
　　兄　午　龙
　　财　申　合

未　申　酉　戌
午　　　　亥
巳　　　　子
辰　卯　寅　丑

　　苗公达曰：主尔父及兄弟，渡关而遭贼失财，兄被贼伤左目，其贼不能捕也。

　　议曰：天乙临酉，门户不宁。丙以寅为日本，罡虎加之，是长上惊危。寅为天梁，卯为天关，恶人在上，自然渡关而财遭贼劫。丙以巳为兄，午为弟，日上见勾陈为斗敌。五月作四月节，大杀、月厌俱在未，未临巳，主损左目。法以四孟为头目，寅巳为左，申亥为右。玄武上下不战，又青龙、六合飞腾万里，主贼有庇佑，必难获也。

　　杨注：

　　辰为天罡，辰乘白虎加临寅上，寅为日干丙之长生（日本），长生主长辈，故断长上有惊危。初传辰加寅，寅为天梁（卯为天关），辰乘白虎，天罡辰为恶人，又乘白虎凶将，故主长上渡关而遭恶人劫财。

　　日干上未乘勾陈，勾陈主打斗。未加巳，巳为左目，巳为丙火之兄，故打斗中其兄伤左目。

　　玄武为盗贼，玄武乘寅，玄武水生寅木，上下不战克（勾陈乘未，玄武乘寅，勾陈不能制玄武，亦主不能获贼，原案未涉及），又青龙、六合加中末传，主贼远去（六合主阴私庇佑之神），不得捕获。

二 元轸为李都尉占家财被盗

天圣九年辛未岁闰九月初间，李都尉家被贼从后花园入堂内偷去金银财物，辛巳日请元轸占之，卯将未时。**玉连环末卷 说约**

```
武 青 勾 贵
酉 丑 寅 午
丑 巳 午 辛
```

```
官 午 贵
财 寅 勾
父 戌 常
```

```
丑 寅 卯 辰
子     巳
亥     午
戌 酉 申 未
```

元轸断曰：贼有五人，当是年及五旬妇人原是婢女出身，一目有疾，在郊外东北方五十里坟墓间居住，依此捕之无不获。

李又索占。元轸曰：不必再占，只以前课推之，可于丙丁日令捕人出东门转北伺之，有两妇人穿绯衣负薪而来者，询之必得贼踪。

如言于丁巳日捕人伺至午间，果有两妇人穿红裙负薪而至。捕人近前，妇人惶遽欲遁，拏住搜其身上，藏有金银钗钏，切究之云：伊之邻妇本是李都尉家旧婢，近因贫困同其夫与子共五人至李家作贼，被二妇知觉，故分给钗钏。捕人遂押二妇至东北五十里苏相公坟后，拘获正贼真赃，其妇果患目也。

议曰：经旬只于玄武临处责之，今玄武临丑，故言东北。武之阴神酉，从丑至酉为五辰，故云五人。三传逆治，其贼不远。江村张铉云：武乘酉，酉阴见巳，巳阴见丑，丑阴又见酉，故不能远遁。酉丑相乘，四八之数，故不出五十里。酉金临丑墓，故云伏坟所。愚按：酉为婢，阴见腾蛇巳火，故是婢而有目疾，酉六丑八，相乘得四十八岁，故云年近五旬耳。炎上火局克制玄武，而玄武又被阴神巳火所克，故丙丁日必败露。巳为双女乘蛇，故云两妇穿绯衣。火本无体，因木而发，故因负薪人而败。

愚按：张江村《说约》云：巳乘蛇，蛇性易惊，故两妇一见捕人即欲逃遁。巳阴见龙，龙属木，木见火为薪，故皆负薪。己酉丑三合辗转不能相离，故于东北伺之而获也。其于丁巳日午时者，酉阴见巳，用神午，俱克酉金玄武也。此解明晰，故备录之。

杨注：

玄武乘酉加丑，丑为东北；丑至酉为五辰，故贼为五人；三传午寅戌三合火局，逆行，主贼未能远道；酉加丑，酉六丑八，相乘得四十八，故不出五十里；酉金下临丑墓（丑为金墓），故称贼伏藏在坟墓间居住；三传火局克玄武乘神酉金，玄武阴神巳火又克酉金，故主丙丁火日贼必败露；玄武阴神巳乘腾蛇，巳为双女，故云两妇人穿绯衣；三传火局，木生火，故云因负薪两妇人而败露。

张江村和程爱函所加注解甚详明，可作参考。

三 楚衍断宋仁宗失鹦鹉案

宋仁宗失鹦鹉，九月丁丑日辰将未时，四大王占之。**玉连环末卷**

```
常 后 雀 龙
未 戌 丑 辰
戌 丑 辰 丁
```

```
    鬼 子 蛇
    子 辰 龙
    子 戌 后
```

```
寅 卯 辰 巳
丑       午
子       未
亥 戌 酉 申
```

帝自详之，以为昴星寻生物不复见。酉加子，鹦鹉飞于北方，况阴神见白虎，是猫伤矣。责酉为羽毛飞禽之属也。越四日庚辰，忽宫人报鹦鹉在东南葡萄棚上，特诏楚衍问之。

衍奏曰：据课象鹦鹉飞在东南林木之间，被罗网缠而不死，今日庚辰不得，来日辛巳有刺面戎人捕得之来献。果至辛巳日兵士获鹦鹉来献。

论曰：从魁为羽毛中斗禽，鹦鹉能言之禽，未尝有斗性，只以朱雀为类。今朱雀临辰，辰为东南，辰中有乙为林木。辰为天罗宫，朱雀乘大吉临辰，大吉是丁丑日支，天罡是本月月将，故知不失。刺面戎人来献者，丑为雀，雀阴河魁，丑戌相刑，法以刑为刺，然庚戌被丁丑克，故头面带破也。

杨注：

鹦鹉以朱雀为类神，朱雀乘丑加辰，辰为东南方；辰中有乙木，故称"飞在东南林木之间"；辰戌为天罗地网，干支上分别为辰戌，故知被罗网缠住；戌又为仪神，辰为太阳月将，故知鸟不死不失。

为什么辛巳日可得？原案未作说明，课传中找不到依据。

四　朱恒为人占盗贼杀人

正月丁酉日亥将酉时，占来意。**五要权衡**

```
常 阴 阴 贵
丑 亥 亥 酉
亥 酉 酉 丁
```

```
财 酉 贵
官 亥 阴
子 丑 常
```

```
未 申 酉 戌
午     亥
巳     子
辰 卯 寅 丑
```

朱恒曰：来意主盗贼杀人，后获贼。是妇人因奸，与一行人杀死一僧一仆于舟中，沉水内。其妇人与僧通，犹妻也。据经酉为少女，是因妻。亥为鬼为贼，为孤独之人，未敢定论是贼杀人。初建观之，先寻今日建鬼是癸卯，乘天空，是行人矣，是舟人。辛亥，辛乃今日妻，亥卯相合，是妻与行人谋杀。又复建观之，酉得癸临丁，酉为妻，癸为鬼是妻害己也。此妇人是癸酉生，可怪，虽败入狱，遭世变，俱不结案而逃去。

杨注：

此案用遁干，分为初建和复建，此为朱恒案所独有。初建是以日干起五子元遁。丁酉日日干为丁，"丁壬庚子居"，卯为癸卯，故"今日建鬼是癸卯"，即丁以癸为鬼（阴克阴为鬼）。辛亥亦是由此推出。

复建是以时干起五子元遁。此酉时为己酉时，"甲己还加甲"，则酉为癸酉，故称"酉得癸临丁"，癸水克日干丁火为今日之鬼，酉为妻与鬼（癸）结合，由此推出妻害己也。

五　朱恒为人占失钞

丁巳年三月庚寅日戌将申时，占来意。**五要权衡**

```
青 六 后 玄
午 辰 子 戌
辰 寅 戌 庚
```

```
父 辰 六
官 午 青
兄 申 白
```

```
未 申 酉 戌
午       亥
巳       子
辰 卯 寅 丑
```

　　朱氏恒曰：来意失去钞二百张。据经先锋门是内动，又是马，值事是白虎，为惊忧。中传见作龙为财物，旬空。未敢以贼盗言。虽玄武乘戌，是庚日之印，又未敢言贼。初建论之为丙戌，为庚之鬼。复建论之得甲戌。是复建生初建，鬼旺矣。况玄武是盗失。若以戌为仆，太阳在戌，又是昼日，为白日贼也。戌与交合，是同类之人，否则屋主之亲，自西南而来，藏于正南，为居于西北，相去甚近。戌至申相隔一辰耳。亥戌申纯阳，为男，临孟为少，自申至戌二辰，不过二人耳。后获钞一半，己日得，终是己生干。中末空，盗者利。经缠以辰上见者，为所失之物。今寅上见辰，乃月建，月建为贵物，以此知钞是世之贵者。发用助日，我为有气矣。由是观之，生中有鬼，财中有克，皆在建干变化也。此凝神子郭璞，所以妙出人表也。若取来情，当以聚散鬼救论。若断休咎，只用干为主，三传生克正时论，始终平安，不必用变求奇。古人有云：求奇反不奇也。

325

杨注：

先锋门指占时，本案为申；值事门为天盘时上所乘天将，本案申乘白虎。日支为寅，以申为驿马，故称"先锋门是内动，又是马"。

庚寅日起五子元遁"乙庚丙作初"，戌为丙戌，此为初建。丙火克日干庚金，为庚干之鬼。

庚寅日申为甲申时，以甲申时起五子元遁"甲己还加甲"，戌为甲戌，此为复建。复建甲戌，初建丙戌，甲木生丙火，故为复建生初建。初建丙受生为旺，丙为日干庚金之鬼，故为鬼旺。

戌乘玄武（玄武为盗），戌加申，为西南方，申乘白虎加午，为正南方，戌本位为西北方，戌与申相隔一位为近，故称贼"自西南而来，藏于正南，为居于西北，相与甚近"。

"亥戌申纯阳为男"，当为戌加申纯阳为男，临孟为少，自申至戌二辰，贼为二人。

六 《方本》占失羊案

正月己卯日亥将未时，某占失羊。**方本占案**

<pre>
滕 青 武 滕
亥 未 卯 亥
未 卯 亥 己
</pre>

<pre>
    兄 未 青
    财 亥 滕
    鬼 卯 玄
</pre>

<pre>
酉 戌 亥 子
申   丑
未   寅
午 巳 辰 卯
</pre>

断曰：春占得曲直课，未加卯作龙为用，其羊不失，乃走入他人羊群中，往东方寻之必见。果于东方园内羊群中寻得。盖初传是类神作青龙而加支辰，故不失。

杨注：

此案注重类神。占问失羊，未为羊，初传即为类神未乘青龙吉将，故知此羊不失。三传未亥卯三合，故知此羊走入他人羊群中。未加卯，卯为东方，故往东方寻之即得。

七 《中黄经》占捕盗

十一月辛酉日丑将巳时，占捕盗。**直指引中黄经**

<pre>
龙 蛇 勾 贵
丑 巳 寅 午
巳 酉 午 辛
</pre>

<pre>
官 巳 螣
父 丑 龙
兄 酉 玄
</pre>

<pre>
丑 寅 卯 辰
子   巳
亥   午
戌 酉 申 未
</pre>

断曰：酉为玄武临丑，其贼往东南方盗得他人财，先向西行六里，便待往西南方还家，因正南上见贵人，不敢行，欲从西北方还家，因巳火绝地，又不敢行，只往北行五里藏匿财物，后却于西北还家，藏匿五日方敢再行。干上贵人克玄武，勾陈又克其藏处，即可擒获矣。果验。

杨注：

玄武乘酉加丑。酉上为巳，巳为东南方，主其贼从东南方偷盗财物。酉加丑，丑为旬空，丑土为五数为北方，故主往北行五里藏匿财物（旬空为隐蔽之象）。

天乙贵人为午，午火克玄武乘神酉金（贵人克玄武），勾陈乘寅，寅木勾丑土（藏匿财物处），主此案可破获。

此案可解者如上述。其余则不可解。

八　徐次宾为人占捕盗

七月甲子日午将申时，占来意。**一字诀　玉连环**

```
财　戌　玄
官　壬　申　虎
子　庚　午　龙


虎　玄　玄　后
申　戌　戌　子
戌　子　子　甲


　　朱　合　勾　龙
　　卯　辰　巳　午
腾　寅　　　　未　空
贵　丑　　　　申　虎
　　子　亥　戌　酉
　　后　阴　玄　常
```

徐次宾曰：来意因西南上，紧速追捕一盗，坠马折伤右足，感风七日而损。盖时为日刑、日破与日马并，主外动。发用天魁，为日干之财，上得玄武为盗贼，故知西南上紧追一盗也。先锋门传送为白虎，作中传，带日马克日，又与刑杀并，故主坠马也。愚按：《管子神书》马加辰戌为跌扑杀。戌为足，在日辰之右，是伤右足也。白虎为风神，七月申为风杀，故感风也。甲木秋死而被旺金所克，申数七，至第七日庚午，又并起白虎，故知七日殒也。末传胜光不论救神者，盖秋火休囚也。

杨注：

徐次宾，程树勋先生在《壬学琐记》中说："时有徐次宾者，精于其术，著《一字诀》、《玉连环》，皆六壬一脉相传也。"可知其术之高。

　　本课徐次宾占来意，先由占时申入手，由日刑、破、马引出外动，日刑代表武力控制、限制，"破"代表冲击，"马"表示移动，三点合起来观之，为紧迫追击之象。

　　第二着眼点为初传，"天魁""干财""玄武"三个要素层层递进，"天魁"确定方位，玄武确定人物身份，干财确定事由，由占时与初传结合起来，得出如下结论"故知西南上紧迫一盗也"。申加戌上，申为西南方。

　　第三层判断是申时入传，申带白虎面并马克日，"虎乘干鬼兄速速"说的即是此，与刑杀同在，性质严重了。如何严重，看戌，"戌为足，在日辰之右，是伤右足也"，这是地支取象与四课取象的综合运用，伤后所感之症，由神煞定出，云从龙，风从虎，故有断辞"白虎为风神，七月申为风杀，故感风也"。

　　第四层结论讲应期与结果，"甲木秋死而被旺金所克"，这是以四时旺衰定结果，"申数七，至第七日庚午"推定时间，申数七为太玄数，由甲子至庚午恰为七数，令人感慨壬课神妙。末传的庚午为时间标点。

　　第五方面为庚午的处理，午为七月生气，又为甲干救神，照理有一定的效果。徐次宾以一句"末传胜光不论救神者，盖秋火休囚也"盖棺定论。由是可以看出，四时休旺的重要。庚为白虎本位，故称"庚午又并起白虎"。

　　一般占来意，以日干与初传兼而看之，本课徐次宾直接由初传入手，抽丝剥茧，层层递进，若庖丁解牛般的自然。也可反映出徐次宾先生的高超功力。

九　徐次宾为人占失驴

七月壬午日巳将戌时，占来意。**一字诀　玉连环**

```
白 朱 朱 玄
申 丑 丑 午
丑 午 午 壬
```

```
财 午 玄
鬼 丑 朱
父 申 白
```

```
子 丑 寅 卯
亥       辰
戌       巳
酉 申 未 午
```

徐次宾曰：来意主失驴一只，其驴在西北方十三里外，被一姓贾人收得，至甲午日，往牛市得信，自往姓贾处牵回。至甲午日果然。

盖时为日破，时克干为日破。主走失，上得青龙，发用胜光为日下之财，玄武临之，本合失马，以胜光无气，故言失驴。不言盗而言失者，以财在日上手上，故不能盗也。胜光数九，玄武数四，相并得十三里也。何知姓贾人收得？末传为归计门，白虎加申主西字，又主贝字，配成贾字也。何知牛市得驴信？盖申旬胜光空亡，至甲午旬填实，又午为日财，故甲午日复见而喜矣。壬与申相生，故自往牵回也。

杨注：

此案要点：

1.时为日破主走失。时为戌，戌未相破，而案中称时为日破，日是壬寄亥，戌与亥不相破。程氏注为戌土克日干壬水为日破，与六壬典籍称破的意义不相符合。

2．初传午乘玄武，玄武主盗失，午为马，主失马。因秋月午火无气，故非失马而是失驴。

3．初传午加亥，亥为西北方位，午为九数，玄武四数，相加为十三里。

4．三传递生日干，故可失而复得。

十 徐次宾为人占失牛

四月壬申日申将未时，癸酉命人占来意。**玉连环**

```
龙  陈  常  虎
戌  酉  丑  子
酉  申  子  壬
```

```
鬼 丑 常
子 寅 武
子 卯 阴
```

```
午  未  申  酉
巳          戌
辰          亥
卯  寅  丑  子
```

徐次宾曰：来意主在外，因姓王人失了水牛一只，为眼疾老男子老阴人相逐，牵牛往东北去，其牛终不得见也。何知在外失牛？盖时与日干三合，故言在外。不言和合而言失物者，未时为日鬼故也。何知姓王人失牛？发用大吉为日鬼，下临子水。水数一，配土为王字。大吉为牛，中传功曹乘玄武，克大吉为贼，岂不是失牛也。言水牛者，月建得壬字，故言水也。何知患目老男子并老阴人，盖寅为老翁，玄武为眼疾人，卯上见太阴，主老阴人，寅卯相连故言逐也。言东北者，下临丑也。何以知终不得见？以占时、发用、本命上神俱为日鬼，又日干落空亡，故言终不得见也。

杨注：

1.未时与日干壬（亥）为三合，干主外（支主内），故言在外。未土克日干壬水，未为日干之鬼，故不言和合而言失物。

2.初传丑为牛，类神发用，故言失牛。

3.初传丑为土，丑加子水之上，水数一，配丑土为王字，故言王姓人失牛。

4.中传寅乘玄武（玄武为盗），寅为老翁，末传卯乘太阴，太阴为老阴人，故知盗者为老翁、老阴人。

5.中传寅加丑，末传卯加寅，丑和寅俱为东北方，故知已牵牛去东北方。

6.甲子旬中壬干（亥）为空亡，本命酉上乘戌，戌也为旬空，故言所失之牛终不得见。

十一　王牧夫为人占失人参

己巳年酉月甲戌日巳将辰时，占失脱。**牧夫占验**

```
后 阴 六 朱
子 亥 辰 卯
亥 戌 卯 甲
```

```
    财 辰 合
    子 巳 勾
    子 午 青
```

```
午 未 申 酉
巳       戌
辰       亥
卯 寅 丑 子
```

王牧夫曰：有友在寓所，失去人参二两来占。余细详之，今早有二人至，一穿土黄衣，一穿栗色衣，物之失也在此。友云：今早前者所穿衣不差，彼坐吾床边，不语即去，并无他人至。数甚奇妙，盖凡脱气，皆为失物。发用即贼之身，六合乃朋友之象。辰之姓，又可知也。其衣黄者，辰土。栗色青，木临土也。发用为财，作六合，乃有手足之物，巳午旺气生天医，非人参而何。

杨注：

此案为乾隆十四年（公元1749年）岁次己巳七月二十八甲戌日辰时，白露后二日，故称酉月，仍用巳将。此案要点有四：

1.三传辰巳午顺连茹皆火，脱泄日干甲木，为失财物而占。作者概括为"盖凡脱气，皆为失物"，此从经验中得来，可作参考。

2.初传辰为发用，"发用即贼之身"。辰土为黄色，故称一贼穿土黄色衣服。

3.初传辰乘六合加卯,六合属木,木为青色,木临土为栗色,故称另一贼人穿栗色衣服。

4.初传辰为天罡,天罡为凶恶之神,辰乘六合,六合主阴私小人,由此知贼为二人。

十二 王牧夫为人占失盗

乾隆甲戌年亥月己未日寅将丑时，辛未人六十四岁占失贼。**牧夫占验**

<pre>
后 贵 后 贵
酉 申 酉 申
申 未 申 己
</pre>

<pre>
    兄 未 螣
    子 申 贵
    子 申 贵
</pre>

<pre>
午 未 申 酉
巳   戌
辰   亥
卯 寅 丑 子
</pre>

王牧夫曰：八专之课，干支不别，一派寒金，自身又作螣蛇，事由自己疏懒，致有此也。财失五百金，必非一人。以玄武论之，乘亥阴见子，乃少年也。亥数四，当主四人。玄武临戌，当在西北近水之地。子乘太常，勾陈制之，太阳之阴又与相刑，告官必为捕役所获。果于辛酉日，因包课之布为认记，因是而获，同伙者共四人。

杨注：

占盗看玄武，即以玄武为盗神。此案玄武未入课传，仍以玄武论。玄武乘亥，亥为四数，故定盗者为四人。玄武之阴神为子（亥上为子），十月子水旺，故定盗者为少年。

勾陈乘辰，辰土克玄武所乘亥水，故可获贼。

案中称太阳为寅，太阳之阴神为卯（卯加寅），卯与玄武之阴神子相刑，故贼可捕获，而未取勾陈乘神克玄武乘神。可作参考。

第十五章　交易求财

历代六壬占验选注

一 苗公达为江明叔占求财

乙丑年十二月丁未日子将戌时，京师富人江明叔甲子生六十二岁占求财。一针见血

阴 贵 阴 贵
亥 酉 亥 酉
酉 未 酉 丁

财 酉 贵
鬼 亥 阴
子 丑 常

未 申 酉 戌
午 　 　 亥
巳 　 　 子
辰 卯 寅 丑

苗公达曰：君欲斗禽之财，当以己酉日卯时斗禽必胜，财及万缗。是时当有商征音中贵二人、武职一人，各敌到晚，当有酒食喧争，虽无刑狱，须防破财三分，以此决课而去。

后数日，江君来邀小饮，云：前日在相国寺王小垒栅内，合张直殿斗鹑子，共有一千余缗，某斗鹑子得胜。当日同二内官，一人姓陈，一人姓李，饮酒，次张直殿至晚前来同坐，却云：早来斗得不是。因是言生气，领在铺中一宿，至晓劝和，不曾见官，所费三百余千。公之术应验如此，且以银物三十两为酬。

议曰：初见从魁是休气，丁死火所制，必有战敌，酉是羽毛斗禽之属，其性见杀，又是今日之财，是斗禽取财也。类神之阴得亥加酉上，作太阴，本属酉，行年立卯上见太乙，乘勾陈，酉与巳合，勾陈主斗，故在酉日卯时

见斗也。财传月建，是财及千缗，酉金丁火，故主商征用事，中传亥加酉，为今日贵人，上得太阴，为阴贵人也。末传太常为武臣，加亥为入狱，太常又主酒食也。行年立卯上，带勾陈互合，则有喧争。勾陈临空，故不见官，无刑狱之咎。末传是月建为财数，被今日丁未损破，却亥中有壬，为旺气所胜，故财只破三分也。

杨注：

初传酉临日干发用，酉为日干丁火之财，酉为鸡主杀，故财为斗禽之财（当时盛行斗禽，以胜负定输赢）。

中传亥为类神（酉为禽之类神）之阴，乘太阴，太阴本位为酉，由此定酉日。行年为卯，卯上巳乘勾陈，勾陈主斗，巳与酉为合（半合，即巳酉丑三合缺丑），由此得出卯时。即酉日卯时为斗禽之时。

末传丑为月建，由初传酉财经中传而传至末传月建，故称"财传月建"，由此定财旺数多，"财及千缗"之数。

又，中传亥加酉，亥乘太阴，酉为今日贵人，由此推出为阴贵人，即中贵（太监）。末传丑乘太常，太常主武职官员，由此推出与中贵二人、武职一人斗禽。

又，太常乘丑主酒食，勾陈乘巳临行年主喧争，初传酉为贵人，巳酉丑为三合，故有酒食喧争之事，因勾陈乘巳落空，故不见官，无刑狱之咎，三合为和合，故最终可劝合。

又，末传丑为月建为财数，丑被日干支丁未冲破，故财有破损。丑加亥，亥中有壬水乘旺气，财破三分。

案中课传神将与官商角征羽五音的关系，以及与姓氏的关系，是有待今人研究开发的一项内容，笔者对此未有研究，不敢妄议。

二 仲褒为吴员外占售油蔴

元祐二年正月初五日，山阳吴员外年三十九岁，与贩油蔴到东京未就其价，遂于僧仲褒求课。是日戊午得戌时，以月将神后加戌。**一针见血**

```
玄 后 阴 贵
戌 申 酉 未
申 午 未 戌

    子 申 后
    比 戌 玄
    财 子 白

未 申 酉 戌
午        亥
巳        子
辰 卯 寅 丑
```

仲褒曰：君有货物欲求售乎？右是油蔴，目下则价利渐退，至清明后宜有倍利可候，至时货矣。

吴云：货是油蔴，在此多日，欲随贾售之。

褒曰：若信此课，留至其时，必无所误。

吴遂一半去了，一半寄顿在京，而且归家。其年二月五日复到京师，其蔴价未增。吴乃往褒问前课。褒云：更待数日，必有厚利，但守之无疑矣。自清明后京城绝无，货之果得倍利。吴乃重谢仲褒。

议曰：戊土克水为财，水生于申是初，不见财神，只发财生之位，故主货物也。油蔴者，申之所主也。今加午上，法以午为市。正月申金囚死，虽货物入市，缘市未动，故未有价。清明后土旺，乃申金相气，法以相气为财也。虽被火克制，却得末传子水为救，而免其损伤，行年上神是今日支神，带螣蛇来临，兼所得之时与物同类，与今日干神相生，课值日辰支干无损，目下不中，后有倍息也。应验若此。

杨注：

北宋哲宗元祐二年（公元1087年）岁次丁卯正月初五戊午日，该月初九壬戌日雨水，故初五戊午日仍用子将。该岁二月二十五戊申日清明，清明为三月节，季月土旺。

此课财作末传，子财长生在申，申作初传，作者不看重末传子财，而看重初传之申。正月木旺金囚，虽有油蔴货物，却没有物价，不得获利。

清明为三月节气，季月土旺，申金乘相气，油蔴货价必涨，有利可获。但申加午，申金受午火克制，亦有不利之处。幸有末传子水（子水目前旬空，三月则不为旬空）克午火而为申金救神，申金得救不被损伤，故可加倍获利。

此人三十九岁行年在辰，辰上为午乘螣蛇火将，即其人行年上神午火为今日支神，又生日干戊土，此"日辰支干无损"，即不受克伤，虽目下不得获利，后必可加倍获利。

此案奇妙之处在于以时令旺相论财，而重看初传为财长生之位，长生囚气为不得获利之时，长生相气为加倍获利之时。

其人三十九岁，如元祐二年岁次丁卯占卦，其本命当为己丑。案中取其行年及行年上神生日干，为判断参考因素，而不论本命及本命上神，不知何故。

三 《指归》占求财

十月辛巳日寅将巳时，占求财。**指归灵文论**

虎 勾 朱 后
亥 寅 辰 未
寅 巳 未 辛

财 寅 勾
子 亥 虎
兄 申 阴

寅 卯 辰 巳
丑　　　　午
子　　　　未
亥 戌 酉 申

断曰：寅乃日之财神，加巳发用，寅与巳为刑害，而巳火又克辛金，主道路遥远，涉害艰辛，有所畏而不能得也。

杨注：

此案为遥克课蒿矢格，第三课支上寅作初传，为远射（第三、四课发用为远射），故称路途遥远。蒿矢格是以蒿草为矢，难以射中目标，若三传中有金，则蒿矢变为铁簇，就可中的。此课末传为申金，但申为旬空，仍以蒿草为矢论，故为虚张声势之象。

原案中称初传寅与日支巳刑害，巳火克日干辛金，故日干辛金有所畏而不能成行取财，是从另外一个角度入手分析，可作参考。

四　郭御青占讨还欠债

戊寅年七月乙亥日巳将辰时，有所为而占。**郭氏占案**

```
         螣  贵  空  青
         丑  子  午  巳
         子  亥  巳  乙

            财 丑 蛇
            比 寅 朱
            比 卯 六

      午  未  申  酉
      巳         戌
      辰         亥
      卯  寅  丑  子
```

郭御青曰：进茹主事尚不了，末传归禄作六合，将吉，丑乘螣蛇，因旧年事惊疑，进而寅卯比日。更奇者夹定虚一，所欠者财，然行年在辰为补欠。奇妙，奇妙！

杨注：

案中"夹定虚一"，是指干支上神巳和子夹定三传丑寅卯，缺辰，故称夹定虚一。"所欠者财"，指辰为日干乙木之财，又与事相符。其行年在辰，正好补齐所缺之辰。

五　徐次宾为人占理会旧房钱

八月辛酉日辰将未时，占来意。**玉连环**

```
合  贵  朱  后
卯  午  辰  未
午  酉  未  辛
```

```
官 午 贵
财 卯 合
子 子 空
```

```
寅  卯  辰  巳
丑          午
子          未
亥  戌  酉  申
```

徐次宾曰：来意主本人欲往运司理会旧房钱，其外动必速。其中一姓马人作鬼贼，却得姓陈人力，至丁亥日见事务定作归计。

何知往运司理会旧房钱？盖胜光发用，上见天乙，为三品衙门。中传太冲主门户，下临午，四正为方，相配为房字。卯上得六合俱为日下财，故言房钱。既是三品衙门理会房钱，故言运司。何知动速？时为日刑，又发用午为道路，又天乙在酉临门，为励德，故知外动必速。何知姓马人作鬼贼？盖初传胜光为马为日鬼也。却言得姓陈人力者，末传神后水为曲阜，下临卯为东字，相配为陈字。神后反克胜光日鬼，故言得姓陈人力。至丁亥日定见归计者，缘甲申旬午鬼落空，丁合壬与亥水克胜光也。不言戊子日者，缘戊为大杀也。

杨注：

初传午乘天乙贵人，为什么可定为三品衙门？笔者不知其出处何在。中

346

传卯为户，卯加午皆在四正位之方，由此合为房字。又，初传午为马，午火克日干为鬼，故称一姓马人作鬼贼，从中作梗。末传子为曲阜，子加卯，卯为东（卯为东方），合为陈字，太勉强了。

另外，以戊为大杀之说，待考。

六　徐次宾为人占争田土

七月己丑日巳将辰时，占来意。**一字诀　玉连环**

```
六　朱　玄　常
卯　寅　酉　申
寅　丑　申　己
```

```
官 寅 朱
官 卯 六
兄 辰 勾
```

```
午　未　申　酉
巳　　　　　戌
辰　　　　　亥
卯　寅　丑　子
```

徐次宾曰：来意主正月间与一姓杜人争田土，又有一姓蔺人挟势相助，却得一姓张贵人力，只于七月事务了毕。

盖时为日墓，值事门上见勾陈，故言争竞田土事。发用寅木加丑土，木配土为杜字，又寅为日下之鬼，上得朱雀主口舌文字，寅为正月建，故知正月间与姓杜人相争也。又言蔺姓人相助者，中传卯主门，六合为草头下临寅位，艮方为重土主佳字，合之为蔺字也。寅卯为等辈，故言相助。日上得传送为今日贵人，上得太常，言将俱寅卯二木相并克日，日上传送金正旺于七月，反制二木，传送为弓为长，合之为张字，故言一姓张贵人力，传送为七月建，故言七月事务了毕也。

杨注：

时为先锋门，时上所乘天将为值事门。占时为辰，辰乘天将勾陈，勾陈主竞争田土事。

初传寅加丑，寅木丑土，木土合为杜字。寅为正月，寅乘朱雀，朱雀主口舌是非，由此断为正月间与杜姓人因田土发生争竞。

中传卯为门，卯乘六合。"六合为草头，下临寅位，艮方为重土，主佳字，合之为蔺字也"，此之出处不详。寅为艮位，艮卦属土，未见有艮为重土之说。"艮方为重土，主佳字"，重土为圭，佳字仍无着落。故蔺字很难推出。中传卯加寅，寅卯皆为木，故言"等辈"，由此推出相劝，较为合理。此后不论末传，而接入日干上神之申。

日上申为今日夜贵，占时为辰时，夜贵申不为当值贵人。而作者仍取其为"今日贵人"。申金克初中传之寅卯二木，此言申金贵人临日制初中二鬼。申为传送。"传送为弓为长，合之为张字"，不知其出处何在。申为七月，又乘太常吉将，申金克制课传中之木鬼，故主七月事务了结。

七　徐次宾为人占老阴人争竞

十一月癸卯日丑将酉时，占来意。**一字诀　玉连环**

```
    常 勾 空 雀
    亥 未 酉 巳
    未 卯 巳 癸
```

```
    父 酉 空
    鬼 丑 阴
    财 巳 雀
```

```
  酉 戌 亥 子
  申       丑
  未       寅
  午 巳 辰 卯
```

徐次宾曰：来意主西南近寺，与姓周老阴人争竞，后移东北近庙居住。盖先锋门与日支冲而又发用，主宅不安。中传大吉为日下之鬼，下临酉为寺，合酉为佛为金仙，又酉为西方。大吉得太阴，主老阴人争竞。因此家宅不宁。太阴主口舌事，大吉为土，地盘酉属兑主口舌，以大吉下见土口配合为周字，故曰西北近寺与姓周老阴人争也。辰为宅，时既冲克之，不安之象。何以移住东北近庙居住？盖卦得从革，革故鼎新，从革本主西南，而云东北者何也？盖大吉临酉为日鬼，畏其鬼不敢往，末传太乙得朱雀为日下之财，下临丑，丑主庙，故言往东北近庙居也。丑为天乙本家，故言庙也。

杨注：

酉为用时为先锋门，又作初传，酉冲日支卯，支卯为宅，故主宅不安宁。中传丑乘太阴，太阴为老妇人，丑加酉，酉为兑卦主口舌，故主因宅与老妇人发生口舌争竞。

　　中传丑加酉，丑属土，酉（兑）为口，丑下有土口之象，由此推出老妇人为周姓。

　　三传酉丑巳为金局，从革课。金局为西方（案中称西南方）。中传丑为日干癸水之鬼（丑土克癸水）。日干畏丑土之克不敢往西南方。末传巳加丑，巳为日干之财，丑为东北方，为庙，故言往东北方近庙处居住。

八　徐次宾为人占争竞

六月丙寅日午将未时，占来意。**一字诀　玉连环**

蛇　朱　勾　青
子　丑　卯　辰
丑　寅　辰　丙

鬼子 螣
鬼亥 贵
子戌 后

辰　巳　午　未
卯　　　　　申
寅　　　　　酉
丑　子　亥　戌

徐次宾曰：来意主北面近水酒筵间，与额尖眼小之人相争，又一贵人与彼相助照，乃息怒而欲见官，却得一姓王人劝合无事也。

盖值事门上见太常主酒食，发用子为北面，又临亥为近水，神后为日之鬼，见蛇为眼小额尖之人。中传登明亦为日鬼，上见贵人，知与彼相助照，缘日上见天罡土，能制亥子水，又主怒恶，故知息怒恶而欲见官。卦体比用主和合，末传天魁临亥主王字，故云姓王人劝合也。

杨注：

原案以占时未上乘天将太常，太常为酒食之类，又初传子为北，故断事发在北面酒食筵间。初传子为日干之鬼（子水克日干丙火），子乘螣蛇，螣蛇为额尖眼小之人，故主与之发生争竞。中传亥也为日干之鬼，亥乘天乙贵人，故知彼方有贵人相助。日干上乘天罡辰，辰土克子、亥水，天罡主怒恶。末传戌加亥（戌为土，亥水为一）为王字，故主有王姓人劝解，卦体比用（比和），故主双方息怒恶而和合。

此案是说彼此双方在筵席间发生争执。初传子为日干之鬼，上乘螣蛇凶将，而日干丙火上乘天罡辰土，足以克制子水。又课体比用，最终可和合，双方息怒而解纷。

丙寅日为甲子旬，戌亥为旬空，三传子亥戌，中传亥和末传戌皆为空亡。《毕法赋》："不行传者考初时。"注云："夫不行传者，乃中、末空亡是也。中末既空，但只以初传断其凶吉，言其事类。"此课三传子亥戌，中、末俱空，当以初传子水断其吉凶。初传子水为日干丙火之鬼，又乘螣蛇凶将，足以克制日干丙火。但子水与螣蛇火为神克将内战，其凶减半。又日干上神为辰土，克制子水，使子水之鬼不能发挥作用。又课传比用为比和，最终可和合而解息。

原案之解忽视了中、末传空亡，似不确切。

九　徐次宾为人占争财

四月己卯日申将午时丁丑人，占来意。**一字诀　玉连环**

```
龙 虎 蛇 六
未 巳 亥 酉
巳 卯 酉 己
```

```
财亥 蛇
兄丑 后
鬼卯 玄
```

```
未 申 酉 戌
午       亥
巳       子
辰 卯 寅 丑
```

徐次宾曰：来意主人外和合，中虚诈不实，所论必邪僻之事，又主财上惊恐之象。财却为姓牛人衣青衣者所取，并有驴一头，亦被姓牛人所有。意欲远行，缘心有所畏，紧速而归也。

盖时为日干六合，主外和合，值事门上见天空，主虚诈不实也。日上从魁即三交，为隐匿不明，上得六合主私门，故言邪僻之事。发用登明为日干之财，上见螣蛇，主惊恐。中传大吉为牛，上见卯为青衣，大吉取登明为财，故财为姓牛人所取。何知连驴亦为姓牛人所取？盖命上见太冲为驴，上见玄武为贼神，卯又为大吉之阴神也。先锋门胜光主道路，用神立酉，中传大吉为丁神主动，与日刑并，故意欲远行。末传为足，太冲为日之鬼，上见玄武为贼人，故心有所畏紧速而归也。

愚按：紧速而归者，未入第四位也。

杨注：

干主外，支主内。日干己在未，时为午，午与未合，主外和合。午乘天空虚诈之将，故主虚诈不实。

案中称"日上从魁即三交"，三交课为六壬式课体之一，但三交课的规定是：四仲加日辰阴阳为一交；三传皆仲神为二交；仲神乘太阴、六合为三交。三交主事体交加勾连，暗昧不明，进退两难，或家隐私人，或己身逃匿，谋事被阻等。此案只以日干上为酉，酉乘天将六合，即定为三交，主隐匿不明，由此推出为邪僻不正之事。此为对三交之义的具体运用，应当肯定。由此也可见徐次宾断案的大胆和泼辣。

初传亥为日干己土之财，亥乘腾蛇，主惊恐。中传丑为牛，由此推出牛姓人，初传亥水为中传丑土之财，由此又推出初传之财为牛姓人取去。

末传为足，末传卯克日干己土，卯为日干己土之鬼，卯又乘玄武贼盗（玄武为贼盗），由此推出日干（占者）己土畏末传卯木鬼贼之克故紧速而归。案中所以指出末传为足，是因中传丑乘丁神，丁神为变动之神，是日干所代表的占者已经有所行动，又因先锋门午为道路，更说明占者已经走上取财之路，又因末传为鬼贼，占者才抽足紧速而归。程爱函按语称日干己（未）入第四课，故得紧速而归，此说待考。

综观全案，主题是为取财而占。初传亥为日干之财，但亥已落陷空亡之地（甲戌旬酉为旬空，亥加酉地，落空），此为空财，已无财可取了。日干上乘酉，酉为旬空，日上乘空，我则不往，与案中所断"紧速而归"是相一致的。

十 徐次宾为人占外出讨旧债

四月乙亥日申将未时，占来意。**一字诀 玉连环**

<pre>
螣 贵 空 青
丑 子 午 巳
子 亥 巳 乙
</pre>

<pre>
      财 丑 蛇
      比 寅 朱
      比 卯 六
</pre>

<pre>
午 未 申 酉
巳   戌
辰   亥
卯 寅 丑 子
</pre>

徐次宾曰：来意主人外出，取索旧财两重，系丑年交易，其钱三百二十贯。至六月得五十六贯，至十二月再索此钱，主口舌相争，却赖姓董人劝和而得也。

何以知索旧财？缘时为日干财，值事门见白虎，主道路，又发用大吉亦为日财，大吉土无气，故言出入取索旧财两重。系丑年交易者，发端门是丑也。三百二十贯者，盖大吉财八数，螣蛇四数，相乘得三百二十贯也。六月中得财五十六贯何也？盖时为日干财，小吉八数，白虎七数，相乘得五十六也。缘白虎无气，又未为六月建，故言六月中先得五十六贯也。至十二月再索主口舌相争，得董姓人劝和，尽得之者何也？盖大吉为财为十二月建，中传功曹为等辈，上得朱雀主口舌争竞，末传卯主千里，六合为草头，配成董字，又六合为和合之象也。

杨注：

占时未为先锋门，未为日干乙木之财；未上所乘天将为值事门，值事门为白虎，白虎主道路；发用（初传）丑为日干乙木之财，故主外出取索两重财。

初传为发端门。初传为丑，故知此财为丑年所交易。丑乘天将螣蛇，丑为八数，螣蛇四数，相乘为三百二十。

先锋门未为八数，未乘天将白虎，白虎为七数，相乘为五十六。未为六月，故断为六月可获取五十六贯。

初传丑为十二月。中传寅木为日干乙木同类，寅乘朱雀主口舌，故知十二月再取索此财发生口舌争竞。末传卯主千里（此说待考），卯乘天将六合，六合为草头，合成董字，六合为和合之象，故知由董姓人调合而得此财。

徐次宾判断别具一格，多为六壬典籍中所未述，仔细品味，似也有道理，但是，具体运用起来，难度很大。

考卯为千里之说并非徐氏杜撰，古代已有此说。《六壬大全》（清人郭御青校订本）卷二"太冲卯"下：

为姓朱、房、鲁、杨、张、卢、高、刘、雷、宋、柳加寅葤六合加季李俱加亥子钟蔺。凡木旁丝子千里之外孙之类。

上述即卯为千里的依据。卯乘天将六合，六合为草头，由千里和草头推出董字，故断为有董姓人调合。千里草（草头）为董之说，古已有之。《三国志·魏书·董卓传》注引《英雄记》曰："时有谣言曰：千里草，何青青，十日卜，犹不生。"这是针对董卓的歌谣，专制朝政的董卓，很快就被杀死了。

此案由末传卯乘六合推出千里草（草字头），又由千里草推出董字，是由义和象取字，这种方法可作参考。

十一　徐次宾为人占外出求财

四月壬申日申将午时，占来意。**玉连环**

```
虎 青 阴 常
子 戌 卯 丑
戌 申 丑 壬
```

```
兄 子 虎
子 寅 玄
官 辰 后
```

```
未 申 酉 戌
午       亥
巳       子
辰 卯 寅 丑
```

徐次宾曰：来意主人出外，东南上干财，因姓崔人成合交易，此人内怀欺诈，终不敢发。又有一属犬人姓王，欲相侵害，终而自解。何以知之？发用神后，将得白虎主道路，又天魁临支为斩关，故言出外。午时为日干之财乘螣蛇，下临辰，故言东南上干财。末传天罡为山，加寅配艮为叠土，艮数八，似为人傍，以山配叠土，又有人傍，是崔也。然天罡为日鬼，何以姓崔人成合交易，缘天罡临寅自受其制，又为中传功曹制之，故不能为鬼，反为我照应，但怀欺诈而不能害也。支上天魁为属犬人，日上大吉为姓王人，皆为今日之鬼。而侵害自解者，日既落空，彼我不见，孰为争也。

杨注：

初传子加戌上，甲子旬戌为旬空，子落空，此为初传用神落空；日干壬寄亥官，亥为旬空，日干亦为旬空；日干上为丑，丑加亥官，落空；日支申上戌，戌为旬空。此案初传落空，又日空，日上神又空，支上神亦空，为外出不得成行之象。徐次寅抛开这数处空亡不论，只以初传乘白虎为道路、戌加支为斩关即定为外出成行，似不全面，因此，原文断语似有可怀疑之处。至于所推崔姓人和王姓人，也很牵强。

十二　徐次宾为人占西北方干财

十月戊辰日寅将亥时，占来意。一字诀　玉连环

```
合 贵 勾 蛇
戊 未 亥 申
未 辰 申 戊


  财 亥 勾
  鬼 寅 虎
  印 巳 阴


申 酉 戌 亥
未     子
午     丑
巳 辰 卯 寅
```

徐次宾曰：来意主西北上出入干财，有李姓人无发鬂者，暗为鬼贼，其事自解，其财不得而主空回也。

何以知西北上出入干财？先锋与发用皆亥，亥主西北，又为日财、日冲也。何以知李姓人无发鬂者为鬼贼？盖中传功曹为木，下临壬水，配合为李字也。白虎主无发鬂人，为日下之鬼，故知此人为害也。言自解者，经云："鬼自受制，忧将自救。"寅木为日之鬼，上得白虎金制之，故曰自解也。其财不得而方空回者，盖发用登明为空亡，虽为日下之财，而时亦为空亡，岂不是空回也。

杨注：

先锋门（正时）与初传皆为亥，亥为西北方位，又为日干之财，由此知占问者打算向西北方求财。

中传寅木加临亥水上，上木下子（水），组成李字。寅乘天将白虎，白

虎为无发鬟之人，又寅木为日干戊土之鬼，故知李姓人暗为鬼贼。

鬼贼为祸，而寅木被白虎金克，为神与将内战，寅木无暇克日干，故称虽有鬼贼为害，其害可自解。

初传亥财为旬空，正时亥也为旬空，故定其往西北方取财不得，必空手而回。

十三　徐次宾为人占北面之财

四月戊寅日申将酉时，占来意。**一字诀　玉连环**

```
  白 空 勾 合
  子 丑 卯 辰
  丑 寅 辰 戊
```

```
    财 子 虎
    财 亥 常
    兄 戊 玄
```

```
  辰 巳 午 未
  卯       申
  寅       酉
  丑 子 亥 戊
```

徐次宾曰：来意主外望北面阴暗之财，为姓王人所把，其人怒恶，两分其财也。盖时为日干三合与空亡并，又为夜时，发用亥子为北面。值事门上见太阴主蒙蔽，神后、登明俱为目下之财，又亥子皆为阴私，故知望北面阴暗之财也。何知姓王人所把？缘末传见天魁属土，下临亥属水，水数一，一加土为王字。天魁为奴，上见玄武，天魁亦取亥子为财，故为王姓所把。其本人怒恶者，日上见天罡，主怒恶也。言两分其财者，戊与戊俱取二水为财物也。

杨注：

正时酉与日干戊（巳）为半三合（巳酉丑为三合，仅巳和酉为半三合），酉为旬空，酉又为夜时，酉上乘太阴主阴私蒙蔽（正时酉为先锋门，酉上所乘天将太阴为值事门），初传和中传子和亥皆为北方阴暗之地，又为日干之财，由此推定来人占问北方阴暗之财。

　　末传戌为土，戌加亥水上，水为一数，由土和一组成王字，牵出王姓人。初、中传子和亥皆水，为戌土之财，由此知北方之财为王姓人把持。

　　日干戊上辰为天罡，天罡为怒恶，由此知王姓人为怒恶凶人。

　　日干戊和末传戌皆为土，皆以初、中传子、亥为财，由此知两分其财。

　　此案断辞奇巧，别具一格。可作参考。

十四　徐次宾为人占继承财产

六月乙丑日午将未时，占来意。**一字诀　玉连环**

```
父　甲子　贵
父　　亥　后
财　　戌　阴
```

```
后贵　朱　合
亥子　寅　卯
子丑　卯　乙
```

```
勾　龙　空　虎
辰　巳　午　未
合卯　　　　申　常
朱寅　　　　酉　玄
丑　子　亥　戌
蛇　贵　后　阴
```

徐次宾曰：来意事干西北方，承继姓王人财产，相托一属鼠有官人，九月内定见成就。又目下西南方虚望外财，道路有所畏隔，不敢往也。盖末传天魁为日干之财，天魁临亥主王字，发用神后为日干三合，上见天乙为贵人，又子属鼠，故知承继姓王人财产，而得属鼠贵人力也。九月成就者，归计戌为九月建也。又言西南方虚望外财者，未时为日干之财，阴神见天空，主虚诈，又值事门上见白虎，主道路，白虎金也，为日之鬼，故知畏而不敢往也。

杨注：

徐次宾的此占来意，观其断语结论，突兀而来，看其课体分析，皆与理合。来意断到这种程度，夫复何言？岳飞所说的"阵法之常，理固应然；运用之妙，存乎一心"的辩证之理，在此课得到了生动体现。本课徐次宾共说了四件事，分别是继承财产，相托于官员，九月可定，虚财有阻。"盖末传天魁为日干之财，天魁临亥主王字。"古书姓氏的取象有多种，王字的另一种取象为子丑相加，注解汇选的内容不敢胡说，就以子丑相加为王的出处来说，读者可查阅《新编涓吉大六壬总归》一书来验证。发用三合加上那个贵人也姓王，此事也属正常，情理之中。"又言西南虚望外财者，末时为日干之财阴神见天空主虚诈"。此句又一次说明了"阳见其状，阴见其情"的六壬定法。"又值事门上见白虎主道路，白虎金也，为日之鬼，故知畏而不敢往也。"白虎主道路，白虎为阻断，白虎为鬼故此，九月的应期用末传断之，不需解释。实际上仅以三传来讲故事也可，初传贵人帮忙，中传暗中动作，末传得财。西南另望财者，那是另一回事、另一个故事了。

为什么"天魁临亥主王字"？天魁是首魁，或称魁首，俗称首领。亥天门。首领进了天门，称王称霸了，故为王字。另一解为：天魁为戌土，亥水为一数，土与一合为王字。

十五 王牧夫为人占财物纠纷

丙子年亥月甲寅日卯将戌时，辰命人占首尾。**牧夫占验**

<pre>
蛇 空 蛇 空
子 未 子 未
未 寅 未 甲
</pre>

<pre>
 印 子 蛇
 子 巳 常
 财 戌 合
</pre>

<pre>
戌 亥 子 丑
酉   寅
申   卯
未 午 巳 辰
</pre>

王牧夫曰：此课可笑，你的财是他的财，他的财是你的财，又两人各自误，到后你哄他、他哄你，遂致不清，可是否？曰：然。

盖八专之课，彼此不别，各各戴墓，阴神自相穿害，其象如此。命上勾陈，年上丑贵，几至起讼。末传幸得六合在戌，尚有模范，可以勉强结局。太岁作恩星可以化解，朱雀又生日，不然缠绕不清也。来年春二月可了，木绝于申加于卯也。验。

杨注：

此案丙子年为辰命人占，又说命上勾陈，年上丑贵，即此人本命在辰，行年在申。丙子年占课，辰命上或为21岁，或33岁，或45岁等，其行年必在戌，而非是申。因此，可以肯定案中所述年、命有误。

十六　王牧夫为人占卖宅

乾隆己巳年未月壬申日未将辰时，某占弃产。**牧夫占验**

```
后 常 朱 后
寅 亥 巳 寅
亥 申 寅 壬
```

```
财 巳 朱
印 申 龙
比 亥 常
```

```
申 酉 戌 亥
未       子
午       丑
巳 辰 卯 寅
```

王牧夫曰：此屋有两房人居住，甚安。若卖此屋，外人不得买，日后归本家。盖因日去加支受生，得太常眷属之神，加于亥上。亥主双，故主有两房人居住也。外人不得典买者，课上之寅入于宅内作合，成了不备，寅上后与亥同气，若要买必有本家之人作阻，此宅不得为外人有也。申乃日之长生，亦即亥之长生，壬带冲绝，则亥与壬同气而踞其上矣。后果未得卖，至今尚是两家同居。

杨注：

干外支内，干人支宅，此为定例。此案日干亥加支上受生（申金生亥水），亥乘天将太常，太常为眷属，亥为双鱼，故称"亥主双"，此宅有两房人居住。

卖宅不成者，因第四课寅加亥，寅与亥合。寅为日支之阴，又与支上亥作六合，故称"寅入于宅内作合"，又为不备课（第四课与第一课同。即第四课已经做了日干的阳神，不得再做日支的阴神，此为不备课之义），又寅上天后与亥同属水为同气，故此宅不得卖与外人。

日支申为日干壬水长生之地，壬上寅冲申，寅又为申金绝位，故称"壬带冲绝"，亥加申上，壬与亥同气，故称亥与壬同气而踞于宅上，此仍为本家两房人居住之象，仍不现外人，故卖宅不成。

十七　王牧夫占盐务散轮否

乾隆甲戌年六月丙寅日午将酉时，扬商占散轮否。**牧夫占验**

```
  武  贵  贵  六
  申  亥  亥  寅
  亥  寅  寅  丙

     官  亥  贵
     财  申  玄
     兄  巳  空

  寅  卯  辰  巳
  丑        午
  子        未
  亥  戌  酉  申
```

王牧夫曰：此等占惟淮南盐务中有之，古之所无，故无成断模楷。夫轮之为象，循序动而不息，中传传送乃其象也。申又乘马，其象更的。贵人乘亥发用，贵为官，亥为盐，盐官司之首先发用作不备，是盐不足而贵为之踌躇也。申在中，末巳合之，金火相合，有疑而未决之象。然初末相冲，终必散也。散而不久，又必合也。其散期在秋后，果验。口岸之盐，各旗挨次轮卖。散轮则有人越次而卖也。

杨注：

此课的小注尤当注意，"口岸之盐，各旗挨次轮卖，散轮则有人越次而卖也"，换作现代的语言来说：有一些有限公司扰乱市场秩序，正如范伟在小品中所说"不按套路出牌"，导致市场管理混乱、无法正常经营，经过短期的萧条之后，大家都认识到了不按套路出牌的危害性，都加强了行业自律后，市场再度正常运转。

369

　　王牧夫先生记载了他自己思考的几个要点，即"惟淮南盐务中有之"、"轮之为象"的确定、盐官的心态及盐的供求情况、事件的结局，王先生很实在地说出"古之所无，故无成断模楷"的实际情况，但王先生思维一转，从轮子的拟象入手，打开思路，庖丁解牛般地分析下去并得出结论。"夫轮之为象，循序动而不息，中传传送，乃其象也，申又乘马，其象更的"这是说明取象的依据，强调乘马更的。由不备的课象推断盐供应紧张，市场形势不好自然盐官踌躇，"申在中末已合之，金火相合，有疑而未决之象"，这是描述盐官坐卧不宁的窘态，好在"初末相冲终必散也，散而不久，又必合也"的三传的结构使事态得到缓解，"在秋后"涛声依旧了。

　　本例需要注意的是三传的复杂与多义。初传和末传、中传和末传的关系状态，表达出不同的意向，一个作用一个象，从而描述出五彩斑斓的世界。

十八　王牧夫为人占谋生

乾隆己巳年三月己酉日戌将辰时，辛巳人四十九岁占谋生。**牧夫占验**

```
        合  玄  龙  后
        酉  卯  未  丑
        卯  酉  丑  己

            鬼  卯  玄
            子  酉  合
            鬼  卯  玄

    亥  子  丑  寅
    戌          卯
    酉          辰
    申  未  午  巳
```

王牧夫曰：夫妇商量，欲为门户计乎？其人曰：何以知之？余曰：此课龙后相交，故知为夫妇商量也。卯酉相冲，故知为门户计也。

曰：将来如何？

余曰：看来此数大不美，不惟门户不振，犹惧申酉之年有死亡之忧。盖酉为败金，卯为死木，死败相乘，岂能越申酉年乎？且元合为不正，占亦丑矣。

杨注：

此课为返吟课。日干己（未）乘天将青龙，日干上神丑乘天将天后，故称龙、后相交。青龙为夫，天后为妇，由此推出"夫妇商量"。此断语新奇，诸案所无。

日支酉上为卯，卯酉相冲，卯酉为门户。三传卯酉卯，亦为门户相冲。己酉日为甲辰旬，卯为旬空，酉加卯为落空。但卯酉相冲，冲空为实，不当以空论。因门户（卯酉）相冲，由此知为门户生计。

日干己土败于酉、死于卯，故称"酉为败金，卯为死木"。

三传卯酉卯为日干的两重死木，一重败金，由此推出门户不振，并且申酉年有死亡之忧。申加寅位，为日干己土的病位，酉加卯位，故断为其申酉年有死亡之忧。

原案大意如上述。

原案以卯酉相乘（相加），卯为死木，酉为败金，即定人的死亡之年，而并未参考本命和行年所加之神，似依据不足。也许王牧夫学识所积，有此把握。今人断案，切不可如此轻率。

十九 王牧夫为人占开店

甲戌年十月丙辰日寅将午时，占开店。**牧夫占验**

<pre>
    玄 蛇 阴 朱
    申 子 酉 丑
    子 辰 丑 丙

      官 子 蛇
      财 申 玄
      子 辰 龙

  丑 寅 卯 辰
  子   巳
  亥   午
  戌 酉 申 未
</pre>

王牧夫曰：此开店之占，而得润下官鬼之局，店不甚旺相，虽有财不见财，开了歇，歇了开，无利益也。问之曰：三传皆水，有旋转之象，此何店也？曰：豆腐店，故有象如此。三传蛇传龙，龙生蛇，故主开了歇，歇了开，到底是官鬼局，不成才也。

杨注：

开店之占，三传子申辰为三合水局，为日干丙火之鬼。三合水局有流动旋转之象，故为豆腐店。三传子申辰，初传子为旬空，中传申落空，为空转之象，无财利可获。正如原案所说，到底是官鬼局，不成才（财）也。

二十　王牧夫为人占索债

乾隆辛巳年七月乙丑日巳将未时，某占索逋。**牧夫占验**

```
    武  后  贵  朱
    酉  亥  子  寅
    亥  丑  寅  乙
```

```
    父  亥  后
    鬼  酉  武
    财  未  白
```

```
    卯  辰  巳  午
    寅          未
    丑          申
    子  亥  戌  酉
```

王牧夫曰：此债非其人有心不还，实因好赌好饮，日就衰败，将来居屋都要卖，卖屋始能得其财，然亦不能全其数矣。问之果然。

盖支上亥水生干，是有心要还也，奈阴神酉加亥上，酉乃乙日之鬼，乘玄武，酉加亥为酒，玄武为嬉戏之神、走减之杀，未乘白虎，为赌博呼卢而散财也。三传自生传鬼，自鬼传墓，安得不败坏乎。卖屋者，支为宅，末传未乘虎冲之也。屋卖而末传见财，为干之财库，故尚有也。不全者，白虎临于其上耳。

杨注：

以日干为我，日支为彼，此案支上亥生日干乙木，故断对方有意归还欠债。亥为旬空，是对方有心归还欠债，却无实力之象。中传酉克乙木，为日干之鬼，酉加亥为酒，酉乘玄武耗盗之神，因酗酒而损财之象，故无力还债也。末传未土为日干乙木之财，此财来自未冲丑宅，故由此知欠债方卖掉宅屋而得财。末传未生中传酉，酉生初传亥，亥生日干乙木，三传递生日干，此财可取。末传未财乘白虎金神，未土生白虎之金，故断不可能全部归还欠债，所卖宅屋之财已经耗掉一部分了。

二十一　王牧夫为人占索逋

甲戌年十月庚申日寅将卯时，占索逋。丁未命二十八岁。**牧夫占验**

```
青 空 青 空
午 未 午 未
未 申 未 庚
```

```
兄 酉 常
父 未 空
父 未 空
```

```
辰 巳 午 未
卯       申
寅       酉
丑 子 亥 戌
```

王牧夫曰：这债索得好笑，我问他索，他问我索，我暗里制他，他暗里制我，各自怀主意，都是一样。

盖发用之酉，干支之罗网也。我去网他，他亦网我，到后都无分别，必须讼而后明也。勾陈在午，坐于明堂，未是占人本命，未中带丁克支干，又合未，勾陈刑支、合支，甚是糊涂。贵人在丑，墓干亦墓支。此讼而可明者，以干支皆戴文书，似必各怀券纸，俱有可凭耳。不然何索逋而得此课，一样葫芦之象也。事必中止，无例顿耳。未命理直，贵坐寅上冲申，为干之财也。

杨注：

此案为索债而占，干支一体，初传酉在干支前一位，故为干支之罗网，主我去网他，他却来网我，彼此各想控制对方。中、末传皆未加临干支，乘天空虚诈是非之将，天空又主文书契卷，双方各握有文书证据。末传未乘天空，又主讼解。

　　勾陈主讼，但勾陈不入课传。原案以勾陈乘巳临午，坐于明堂（午为明堂），主讼，巳刑申、合申，即讼即解等，似嫌曲折。天空亦主词讼是非，不如直接取干支上未（也为中、末传未）乘天空更为明显。

二十二　王牧夫为人占求财

乾隆戊辰年申月戊午日巳将辰时，占求财。**牧夫占验**

虎　空　空　龙
申　未　未　午
未　午　午　戊

官 寅 螣
父 午 龙
父 午 龙

午　未　申　酉
巳　　　　　戊
辰　　　　　亥
卯　寅　丑　子

　　王牧夫曰：此数主卑就尊，上门求恳，乃亲戚之家，但不能如数，主得宴会酒食而返。果验。

　　盖干为尊，支为卑，支就干位而生干，乃上门求恳也。未为眷属，故主亲戚。传不足，故不得如数。干支交合无克，故必允。午为宴会，与支上未作合，故应之也。

　　杨注：

　　此案断法特殊，值得注意。六壬课一般以日干应占问者本人，日支应对方，或以日干应人，以日支应事。此课支午加临日干戊上，为卑来就尊（干尊支卑），午火生戊土，为卑者有求于尊者。显然，这里是以占问者为支为卑，是上尊者之门，恳求于尊者。未加支上，未为眷属，由此知尊卑双方亲属关系。干上午与支上未为六合，由此知所求可允。三传寅午午，中、末传皆午，故知所求不完全，仅得一部分。午为宴会，未为酒食，干支上午与未合，故知得到酒食招待而返。

　　此为向人求借钱财而占。日支午乘青龙喜神加干、生干，谋望可成，并且有益于我。日上午与支上未为六合，未为眷属，可知干支双方有亲属关系，三传寅午午，中、末传相同，故所求不可全得。午为宴会，未为酒食，故主得到酒食招待而返。

二十三　王牧夫占窝价涨落

乾隆辛未年闰五月庚辰日未将卯时，占壬申纲窝价长否。**牧夫占验**

```
       螣 龙 武 螣
       子 申 辰 子
       申 辰 子 庚

          父 辰 武
          兄 申 龙
          子 子 螣

    酉 戌 亥 子
    申       丑
    未       寅
    午 巳 辰 卯
```

王牧夫曰：此占古之所无，以利之权不操于商也。古之盐法商人支盐，其窝在官，商无所利，故前人亦无成断章楷，致使后学无可执凭。然财利之占，古多成法，未始不可通变而详之也。窝价长落之占，财关钜大，身家所系，何可漫言。且财乃国用之流通，得失关乎命运，未可视为轻忽，得与不得有数存焉。今妄言一课，以证高明。

以干支论，则庚金而生润下之水，脱气也。生，财之源也。将浔玄武、青龙，水将也，乐育也，干支为财矣，安有不长者乎？润下，舒缓之象，由渐而长也。脱尽干，长亦大也。数不过八，以庚数八，脱尽庚身而止矣。甲子旬必有更变，以子乘蛇坐末，故平。后果由数分，长至八钱，甲子旬为官司所禁而止。然窝之长落最疾，不可以月计也。而课之体象又繁，不可以一途视也。谚云：富则为金穴，失则为祸胎。此释窝字之义最妙，而所关又在呼吸之间。存此一课以见数理之难，正不易占也。

愚按：以支所克者为财，古原有此法。行商看干克之财，坐贾看支克之财，固窝与坐贾同，自当看支所克者。至以三传脱干，而断其价长，以脱尽庚身而止，断其数不过八，此则牧夫先生之心得者欤。

杨注：

此案特殊，值得研究。原案以三传辰申子水局脱干，而断其价涨，庚为八数，故涨数不过八（此则为脱尽庚干而止）。

程氏加按语指出，行商以干克为财，坐商以支克为财。此案应以坐商论，以辰土克水为财，三传水局亦为财局，当断为价涨。而王牧夫原案以脱干为财，与程氏所主不同。虽然二者殊途同归，但只能仅限此案，不知二者所主是否真能殊途同归。

第十六章 吉 凶

历代六壬占验选注

一 公孙圣因吴王召见占吉凶

公孙圣占吴王召。**吴越春秋　六壬直指引越绝书作亥将午时**

```
后 空 勾 后
辰 亥 酉 辰
亥 午 辰 壬
```

```
鬼 辰 后
父 酉 勾
子 寅 玄
```

```
戌 亥 子 丑
酉       寅
申       卯
未 午 巳 辰
```

吴王夫差遣王孙骆往请公孙圣占梦，公孙圣伏地而泣。有顷而起，其妻从旁谓圣曰：子何性鄙，希睹人主，卒得急召，涕泣如雨？公孙圣仰天叹曰：悲哉！非子所知也。今日壬午，时加南方，命属上天，不得逃亡，非但自哀，诚伤吴王。圣往占梦，果因直言被杀。

《直指》引《越绝书》：公孙圣曰："干上辰克干，支上亥克支，求救于寅，寅败于酉，命属上天，不能逃亡，非但自哀，且伤吴王。"

愚按：干上辰克干四句，今查《越绝书》并无，不知《直指》何所本。时加南方一语，固知其为午时，《吴越春秋》及《越绝书》并未言及何月，何以知其为亥将也？即以亥将午时言，干上辰克干，干为君，则吴王伤。支上亥克支，支为臣，则公孙圣伤。末传寅木克干上辰土，为干之救神，生支之午火，为支之救神，奈落于酉金之上，故曰败也。

杨注：

此案未有确切的年月日时和课传资料作参考，姑存之，以备考证。

二 祝泌奉诏占宫室休祥

丁未年十月初三壬子日子时，奉御笔占向去京邑风烛，宫室休祥。**一针见血**

```
六 贵 朱 后
午 卯 巳 寅
卯 子 寅 壬
```

```
    财 午 六
    子 卯 贵
    比 子 玄
```

```
申 酉 戌 亥
未       子
午       丑
巳 辰 卯 寅
```

祝泌奏曰：午加卯为用，六合乘之，囚死之火来加城门，而今日之水及传终于子之水，玄武水又乘其上，纵城内有小小惊恐，随见扑灭，不至动众。若宫闱之间，更有天乙贵人，则子卯为刑，自主安宁。祇有感冒风寒之疾，在后宫之属耳。

杨注：

初传午加卯，十月午火为死气，卯为门，故称囚死之火来加城门。今日干支为壬子，日支子为宫室，卯加子，卯为天乙贵人，故称宫闱之间有天乙贵人乘之，自主安宁。子与卯相刑，由此推出有感冒风寒之疾，不会有大碍。

三 祝泌奉诏占风烛

二月初五丁巳日亥将子时，占风烛。一针见血

```
空 青 勾 六
卯 辰 巳 午
辰 巳 午 丁
```

```
    印 卯 空
    印 寅 白
    子 丑 常
```

```
辰 巳 午 未
卯       申
寅       酉
丑 子 亥 戌
```

祝泌奏曰：三传卯寅丑，已往之气加于来，主新至之气，不殊于旧日。此课之数终于季春，不能知九夏之事。谓传自三月建辰而退归太岁之上，无四月以后之支也。天空之神发用归墓，则主京都平静。三传无属火，天官地将宜无风烛之灾，但是白虎临城门，白虎主惊挠，今日干是丁火生于寅，而白虎乘之，亦渐有惊而不至蔓延，亦不伤。动只应在此月，所损不一二家而已。

杨注：

此案风烛指火灾。九夏，指夏季，因夏季九十天，故称九夏。天官指天盘神，地将指地盘神，此案指三传卯寅丑（天官）分别加临辰卯寅（地盘）上。辰卯寅代表春季三个月，因未涉及到四五六三个月，故称"不能知九夏之事"。

天空乘卯为初传，卯加辰，辰为土墓，天空属土，故称"天空之神发用

归墓"。墓主隐蔽藏匿。天空为诈神，其入墓亦可稍安静。天罡辰为领袖之神，由此引申为"则主京都平静"。

白虎凶将。白虎乘寅加卯，卯为门（此处指为城门），故主城中有惊恐躁动。寅为火母，白虎属金受火制，故不致肆虐，城中火灾有惊无险，所损一二家而已。

四　郭御青自占吉凶

崇祯九年丙子岁三月甲戌日酉将酉时，自占吉凶。**郭氏占案**

玄 玄 蛇 蛇
戌 戌 寅 寅
戌 戌 寅 甲

比 寅 蛇
子 巳 勾
鬼 申 虎

巳	午	未	申
辰			酉
卯			戌
寅	丑	子	亥

郭御青曰：末传马载虎鬼，课传天将皆恶，犹幸申空，到七月建填实可畏。

四月辛巳日又占得亥辛一课，三传午未申，蒿矢带金，射中伤身，进茹主事体瓜蔓相缠。又幸申空，亦虑七月填实。两课一意，余每对亲友言知，避居乡村。至七月廿八，忽有不相干事，被人缠绕，余欣然顺受，不与较，数日而纷定。人皆服予之量。余安命而已。

凡遇凶课，守正可免，不则凶。如分数而止，愈横命愈决裂，于天何尤，人自作孽也。

愚按：前课申鬼应在月建，后课午鬼应在日辰，七月廿八实庚午日也。申鬼空亡，午鬼蒿矢，皆为无力，故数日而纷定，况加以逆来顺受乎。

杨注：

此案为明崇祯九年（公元 1636 年）岁次丙子三月二十九甲戌日酉时西

将。该月十六日辛酉谷雨，故用酉将。

此课伏吟，三传寅巳申，末传申克日干为鬼，又为驿马（寅午戌日以申为驿马），又乘白虎，故称"马载虎鬼"，凶象。但申为旬空，目前不会有凶。到七月月建为申，填实可畏，故其凶应在七月。

后课为四月初七辛巳日申时酉将，课式如下：

```
午  未  申  酉
巳          戌
辰          亥
卯  寅  丑  子

未  午  子  亥
午  巳  亥  辛

        午
        未
        申
```

此为遥克课蒿矢格，三传有申金，蒿矢转为金镞，但申金为旬空，凶势减力。初传午火克日干为鬼，但日干上神亥可敌午火之克，不当以凶断。

七月二十八日为庚午日，虽因事被人缠绕，数日后纷定平安。

郭氏说凡遇凶课，守正可免凶，此为有感而发，有一定的可靠性，但对于课传之凶，并非仅凭"守正"就可避免。

五 郭御青为马惕中占陈留县城

崇祯辛巳年十二月己未日丑将巳时,为绣衣马公(惕中)占陈留县城。

郭氏占案

```
        后  六  后  六
        亥  卯  亥  卯
        卯  未  卯  己

            鬼  卯  六
            财  亥  后
            比  未  虎

        丑  寅  卯  辰
        子          巳
        亥          午
        戌  酉  申  未
```

郭御青曰:此课木局克身,又干支皆逢死气,与许州课同。见壬辰日干上辰。卯为丧门,又为死神,引中传天后入墓,主妻财受惊,大凶之课。为马公屡言之,勿令渡河,公不听,抵家即遇贼。至家口遂多丧失,较之王公肯听余言,吉凶天壤,始信人生祸福一定者也。

杨注:

此案三传为三合木局克干支,即三传鬼局,故凶。干支一体,其上神卯又克干支为鬼,男女皆凶。

此案为崇祯十四年(公元1641年)岁次辛巳十二月十八己未日,该月二十一壬戌日大寒,此为大寒前三日,故仍用丑将。

案中称卯为丧门,又为死神不确。卯为吊客,主哀泣,亦凶。

丧门以岁支论,岁支前二辰为丧门,巳前二辰为未,故卯不为丧门。死神以月建论，十二月辰为死神，故称卯为门丧、死神，不确。

日干己未和日支未土皆死于卯，当称卯为死气，似不应称死神。

六　郭御青占许州可居否

崇祯辛巳年十二月初一壬寅日丑将酉时，在许州占可居否。**郭氏占案**

```
白 六 勾 贵
戌 午 未 卯
午 寅 卯 壬
```

```
鬼 未 勾
比 亥 常
子 卯 贵
```

```
酉 戌 亥 子
申    丑
未    寅
午 巳 辰 卯
```

郭御青曰：此课干支上皆逢死气，《毕法》云："人宅皆死各衰羸。"正合此句。遂同督师于次日癸卯北回汴城，越日贼至许而城破矣。

杨注：

此案为崇祯十四年（公元 1641 年）岁次辛巳十二月初一壬寅日，该月初五丙午日小寒，此日为小寒前四日，在冬至节气内，当为十一月建。

十一月卯为死神。初传未为丧门。

案中称"干支上皆逢死气"，是指日干壬水死在卯，日支寅木死在午，此死气亦主凶。

七　郭御青为王再振占家中事

九月辛巳日卯将午时，占家中事。**郭氏占案**

```
虎 勾 朱 后
亥 寅 辰 未
寅 巳 未 辛
```

```
财 寅 勾
子 亥 虎
兄 申 阴
```

```
寅 卯 辰 巳
丑       午
子       未
亥 戌 酉 申
```

郭御青曰：余州人王再振者，从张贞明孝廉来京，客久思家，托余占家中事。时吴于老断曰：此课死气临宅发用，又作月厌，家下有死亡事。余服其断。不二日，王家信至，两幼子俱伤。

杨注：

死气为死亡之气，主凶。死气与生气相对，即正月午、二月未、三月申、四月酉、五月戌、六月亥、七月子、八月丑、九月寅、十月卯、十一月辰、十二月巳。此课问家中事，死气寅加临巳宅之上，发用作初传，故主家中有死丧之事。

中传亥为子孙，上乘白虎凶煞，故主子孙有死亡之灾。

八　郭御青自占妻死

正月壬戌日子将巳时，自占。**课经集**

<pre>
青　贵　勾　后
子　巳　丑　午
巳　戌　午　壬
</pre>

<pre>
　　才　午　后
　　鬼　丑　勾
　　父　申　玄
</pre>

<pre>
子　丑　寅　卯
亥　　　　　辰
戌　　　　　巳
酉　申　未　午
</pre>

郭御青曰：初传天后水与亥水夹克妻财，财生官，官生印，印转生身，时人或以破财损官断。岂知壬以午为妻，乘死气；火以戌为墓，带白虎加妻卯命上，为墓门开格。后果因好饮水致病丧身，何其效验如此？

杨注：

初传午为妻财，午加亥上乘天后水将，此为妻财受夹克；妻财午火以戌为墓，戌墓乘白虎加卯（卯为门），卯又为妻之本命，此为墓门开格，主妻死。

《六壬大全》鬼墓课注解中曰："凡日辰墓神乘蛇虎加卯酉并人行年，为墓门开格。如日墓加卯外丧，支墓加卯为内丧出外，宜迁葬以禳之。日墓加酉为内丧，支墓加酉为外丧入内，宜合寿木以禳之。"

此案以妻财午火发用，午火之墓戌乘白虎加妻本命之上，为墓门开格，此为变通用法，果然应验，可见对于格局规定，也不可死板拘泥。

九　王宏宇为束鹿二人占吉凶

乙丑日束鹿黄冠乔鉴元、王充山住钟吕堂，求占吉凶。**郭氏占案**

$$
\begin{array}{cccc}
白 & 玄 & 勾 & 空 \\
巳 & 卯 & 申 & 午 \\
卯 & 丑 & 午 & 乙 \\
\end{array}
$$

$$
\begin{array}{cc}
鬼 & 申\ 勾 \\
财 & 戌\ 朱 \\
父 & 子\ 贵 \\
\end{array}
$$

$$
\begin{array}{cccc}
未 & 申 & 酉 & 戌 \\
午 & & & 亥 \\
巳 & & & 子 \\
辰 & 卯 & 寅 & 丑 \\
\end{array}
$$

王宏宇曰：二命乘辰戌凶神，干支又交车相害，脱上逢脱，禄神乘丁神，玄武入宅，当主盗失，二人不和之象。果后数月，二人反目，盗侵失财而离居。

愚按：此课附在郭御青占案内，然不载月将正时，但郭氏类如此者正多。

杨注：

束鹿黄、王二人求占吉凶，其一人本命为寅，上乘辰，另一人本命为申，上乘戌，此据案中"二命乘辰戌凶神"一语推出。二人本命寅申相冲，其上神辰、戌相冲，由此推断二人必将不和而反目。又因日干乙木上乘午火盗气，午又乘天空土将，乙木生午火，午火生天空土，此为脱上逢脱，主盗失或耗费财物。又干支交车相害，卯禄乘丁，玄武加卯入宅，俱主盗失。

黄、王二人本命上分别乘辰、戌，辰、戌皆为日干乙木之财，二人终会因财物而反目，原案中未能涉及此义。

十 徐次宾为人占到官吉凶

戊戌年八月甲戌日辰将未时，占来意。**一字决 玉连环**

```
六 空 白 阴
辰 未 申 亥
未 戌 亥 甲
```

```
官 申 白
子 巳 勾
兄 寅 蛇
```

```
寅 卯 辰 巳
丑     午
子     未
亥 戌 酉 申
```

徐次宾曰：来意主七月中劝和，公事到官，以所得财尽数搜捡，法拟断徒罪。申上至来年正月文字来，只得杖罪，以寄居作日月相折。无事而出。

何以知七月公事劝和到官？盖发用传送为七月建，以正时为日干财，上得六合，又为日贵，故主劝和公事到官。以所取财数检法定徒罪，而申上者何也？盖时为日干财并日贵，又发用申为日鬼，上带白虎，又为日刑。中传太乙，上得勾陈，与日为刑害。末传螣蛇。此课始末俱凶，主重刑，而只言拟定徒罪者，盖值事门得天空，又发用空亡，中传临空亡故也。然不言解散，而言拟定申上者，盖时犹未解也。缘白虎乘秋金正旺，而又为刑害，故言拟定徒罪也。何以知至正月文字来，止得杖罪，以寄居作日月相折。无事而出者，盖七月白虎鬼旺，至十二月支干并无制白虎者，至来年己亥岁，正月建丙寅，能制虎，且白虎传送金至寅而绝，又为旺火所制，又太乙与螣蛇二火至此俱旺，共为救神，又初中申巳俱空亡，故知正月间无事得出也。

杨注：

此案不易解，姑录之，以俟智者。

十一 徐次宾占三人遭杖责

七月癸卯日巳将午时，占来意。**一字决　玉连环**

```
勾 六 空 青
丑 寅 亥 子
寅 卯 子 癸
```

```
鬼 丑 勾
兄 子 龙
兄 亥 空
```

```
辰 巳 午 未
卯       申
寅       酉
丑 子 亥 戌
```

徐次宾曰：来意主因当日丑时三人巡更，与地分中姓马人相争，来日申时到官，因姓孙司吏为鬼，三人并遭杖责。

何知当日丑时？发用大吉，便为今日丑时。何知三人夜巡？今日癸水，中末亥子为等辈爻，便为三人，因丑时相争，故言夜巡也。先锋门胜光为姓马人，又为日下财，与日为六害。又发用勾陈为鬼，岂不是相争也。发用丑为钮丝，中传神后与丝相配，配成孙字，大吉与勾陈克干，故云孙姓吏人为鬼。今日癸与子亥俱属水，为大吉勾陈所克，勾陈为杖棒，末传虽有天空，亦克今日，故言俱受杖责也。

杨注：

徐次宾所占案例，其断法皆离奇曲折。此案以初传丑为钮丝，中传子与丑为六合，取子与丝合为孙字，由此推出司吏姓孙。丑为钮丝之说，不知其所本所书。

十二　徐次宾为丙寅人占吉凶

四月丙辰日申将丑时，丙寅人占。**一字诀　玉连环**

```
玄 朱 阴 合
午 亥 未 子
亥 辰 子 丙
```

```
      兄 午 玄
      子 丑 勾
      财 申 后
```

```
子 丑 寅 卯
亥         辰
戌         巳
酉 申 未 午
```

徐次宾曰：来意主与邻右无子妇人暗合事败，不到官，至戊午日辰时无事。何知邻右？卦得比用；何知无子妇人暗合？盖丑时为日干三合，传送为日干六合，上带天后，又日上有六合，天后主厌曀，六合为私门，又用起玄武，名泆女卦，岂不是阴暗私通？申为嗣部，上得天后子水，子为旬空，故知无嗣妇人也。何知事败？缘日上神后水为鬼，初传玄武水，末传天后水，共来克日，乌得不败？何知终不到官？日上鬼空，时又为空亡也。何知戊午日辰时无事？缘值事门与中传大吉上得勾陈，二土克水，为今日救神，戊午日戊合勾陈、大吉三土俱旺，至辰时水气绝墓，又见丙子加辰，故知辰时无咎也。

杨注：

此案之解曲折离奇，非高手不能解。

1.申为嗣部，上得天后子水，子为旬空，由此断此妇无子嗣。申为嗣部之说待考。

2.戊午日辰时可了结无咎。"至辰时水气绝墓，又见丙子加辰，故知辰时无咎也。"其中丙子加辰一语，似无着落。

3.用时为先锋门，用时所乘天将为值事门。此案丑时乘天将勾陈，以勾陈为值事门。

十三　徐次宾以八专课为人占吉凶

八月己未日辰将午时，卦名八专，占来意。**一字诀　玉连环**

```
六　青　六　青
卯　巳　卯　巳
巳　未　巳　己
```

```
兄　丑　蛇
印　巳　青
印　巳　青
```

```
卯　辰　巳　午
寅　　　　　未
丑　　　　　申
子　亥　戌　酉
```

徐次宾曰：来意主与南面属马妇人来往，事败露，内有一姓孙人，吓诈惊恐，坏钱十一贯文。至庚申日即无事也。

盖午时为日干六合，卦名八专主淫乱，午属马，又南方也。何知事败露？缘日上太乙得青龙木将，与日为鬼故也。发用大吉，主姓孙，上乘蛇主惊恐。何知坏钱十一贯文？日上青龙主财帛、七数，太乙四数，共十一数也。至庚申日无事何也？盖青龙木鬼死绝于申，又为庚金所克，又申上得天空，故知庚申日无事也。

杨注：

原案易理解处有二：

1.卦体八专为帷簿不修，阴私淫乱之象；

2.正时午为日干六合（午与未合），午为南方离卦，离为中女，午为马，由此知与南面属马妇人有淫乱事。

原案不易理解处也有二：

1.干上巳，巳乘青龙木将，案中以青龙作日干己土之鬼。青龙木生巳火，巳火生日干己土，一般于此不以青龙作鬼断；

2.断庚申日即可了结无事，但庚申不入课传，只取青龙木绝于申，而干支之阴皆为卯木，上又乘六合木将，案中略而不论，也令人难以理解。

十四　徐次宾为某因奸情败露占吉凶

六月辛酉日午将申时壬戌命人，占来意。玉连环

```
蛇 后 贵 阴
巳 未 午 申
未 酉 申 辛
```

```
鬼 午 贵
父 辰 雀
财 寅 陈
```

```
卯 辰 巳 午
寅       未
丑       申
子 亥 戌 酉
```

徐次宾曰：来意因藏有夫之妇，今败露到官，旬日案成，断徒五年、杖一百。丁丑日决之，发邻州居住。

盖本命与日上见太阴，主蔽匿不正妇人。先锋门上发用，上见天乙，为今日之鬼，故言事败到官也。时为干马主紧速，故旬日案成。初传天乙克日，中传天罡上得朱雀火神，又为今日之鬼，末传勾陈，又是凶神，此课伤日，始末俱凶。又辰午两重自刑，经云：三刑弃市，二刑流递。今曰断徒五年是也。何知丁丑日断决，发邻州居住？盖丁为日下之鬼，丑又为日刑也。又时为日之鬼马也。

杨注：

日干上神申乘太阴，戌命上亦是，太阴为妇人，故可断此案为妇人事。初传午为天乙贵人，又克日干为官鬼。由此断因妇人之事败露到官。

初传午为先锋门（占时），即先锋门发用作初传，故主事紧速。原文中

称"时为干马"。篇末又称"时为日之鬼马"，午（时）火克日干辛金为鬼，午为辛马之说待考。

案中所引"三刑弃市，二刑流递"，不知其出自何书。三传午辰寅，午、辰俱为自刑，故断流放邻州。

十五　王牧夫为人占事坏能挽回否

乾隆己卯年九月壬戌日卯将寅时，占事坏，今欲托人能挽回否。癸巳命四十七岁。**牧夫占验**

<pre>
白 空 常 白
子 亥 丑 子
亥 戌 子 壬

    比 亥 空
    比 子 白
    鬼 丑 常

午 未 申 酉
巳   戌
辰   亥
卯 寅 丑 子
</pre>

王牧夫曰：此事不能挽回，无跛望也。盖亥乃壬身，投支受克，乃身为他人之财，传归子丑空位，又入夜乡，前路黑暗，安能复见？而丑为太常作鬼临身，此乃亲故中人来坏汝事也。其丑之阴神带玄武，乃一疾病多须人欲坏其事耳。子亥乃干支罗网，岂能让汝出头乎？故曰无跛望也。果验。

杨注：

此人本命在巳，行年在子。子上为丑，案中"丑为太常作鬼临身"，是说丑乘太常加临行年之上，又为日干之鬼，丑与干上子为六合，由此断坏事之人为亲故。丑之阴神为寅，寅为日干壬水之病位，寅为多胡须人，由此断坏其事者为疾病又多须人。

十六　王牧夫为人因借河饷事占吉凶

乾隆己巳年巳月癸未日申将戌时，扬商因借河饷事赴部谳，戊子命人占吉凶。**牧夫占验**

```
朱 贵 常 空
卯 巳 酉 亥
巳 未 亥 癸
```

```
        财 巳 贵
        子 卯 朱
        鬼 丑 勾
```

```
卯 辰 巳 午
寅         未
丑         申
子 亥 戌 酉
```

王牧夫曰：上明下暗，半路必回，天上好音，凶去吉来。后果至半路得恩旨释回。

盖癸为旬尽，亥为支尽，二尽相交主灾晦。癸即丑，丑乘勾陈，主身被留滞。喜太岁作德神发传，占讼得此最美。自巳传丑，乃自明传夜，故曰上明下暗。丑卯巳为出户，今自巳传丑，乃入户之象，故主半路必回。太岁贵人作德神，故曰天上好音。又卯为朱雀作子孙，救神也。其后果然。

推而言之，癸未乃旬尽之日，明日甲申，又即申将管事，时上见之，申为仪神救解百事，况发用与之作合乎。四月巳为皇诏，又为德神，年上见之，吉无疑矣。

杨注：

此案为乾隆十四年（公元 1749 年）岁次己巳四月初一癸未日戌时，该月初一癸未日小满，故用申将。

　　此案之解，癸未日为一旬之末，日上亥为十二支之末，"二尽相交主灾晦"，其出处待考。

　　此人戊子命，己巳年当为四十二岁，其行年在未，未上为巳。

　　初传巳为德神，又为天乙贵人，又为皇诏，又加临行年上，故主恩旨释回。

十七　王牧夫为孙履安代姊占休咎

孙履安代姊占休咎。姊癸亥生六十五岁。乾隆庚午二月庚午日亥将卯时。

<pre>
    合 后 蛇 玄
    戌 寅 子 辰
    寅 午 辰 庚

      印 戌 合
      官 午 白
      财 寅 后

    丑 寅 卯 辰
    子   巳
    亥   午
    戌 酉 申 未
</pre>

王牧夫曰：弟占姊，用起支上得相气之局，财又居支，天后临于其上，其家必富厚也。但嫌本命空亡，官星入墓，主早年守寡。然女利幽贞，不宜火局旺相，干支又交互相克，家庭中必主官非口舌。皆由无和气而参商耳。末传见天后，却得好归结。

杨注：

此案当为乾隆十二年（公元 1747 年）岁次丁卯二月初十庚午日卯时，该月十一日春分，故仍用亥将（孙姊既为癸亥生六十五岁，占时当为丁卯年而非庚午年，疑原文中有误）。

此课之义有五：

1.寅为财乘天后加支生支，支为宅（家），故断其家富厚；

2.官星为中传午，午临戌入墓而又空，主孙姊之夫（官星为夫）已死，又其本命亥为旬空，故断其"早年守寡"；

3.日支午火克庚干，庚干克支上神寅木，此为干支交互相克，主家中不和；

4.三传炎上火局为日干庚金之鬼，但初传戌为旬空，中传午落空，其克我之力倍减，又六十五岁行年辰上见子水为救神，足以抵三传之火；

5.三传独余末传寅为实，乘天后生起寅财，故称"却得好归结"。

十八　王牧夫为山西张贡生占回里

乾隆戊辰年戌月戊戌日辰将酉时，山西张贡生占回里。**牧夫占验**

```
螣 常 空 螣
子 巳 未 子
巳 戌 子 戌
```

```
    财 子 螣
    比 未 空
    官 寅 后
```

```
子 丑 寅 卯
亥       辰
戌       巳
酉 申 未 午
```

王牧夫曰：此课不能还乡，出六月尚有带妾移居之事，恐终住此处也。

盖发用蛇作妻财临身，还乡财不足一也；巳作太常居支，巳乃戊身，身归支墓，岂能动乎，二也；自子传寅，末归东北，传不到西，三也。有此三象，安能返故园乎。再视支上巳，巳乃少女，乘太常为亲戚，由外入内，当主妾家之亲来就居共爨，作缠绕也。初传螣蛇又在妻位，与中传未害，天空主喧竞，是以有吵闹之事。未主六月，支上巳与申马作合，故主六月有移家之象。

占课之时，张兄已娶妾住关南，因妾家亲戚来共居，张见恶之。果于六月迁居小东门，家宅始安，至今尚未还乡。

杨注：

日干戊上子乘螣蛇，子为日干之财，落空，还乡财不足；日干戊（巳）加临支上，巳火生戌土，干为人支为宅，人恋宅之象，戌又为巳火之墓，巳火入墓库有伏藏之象，不得动身；三传子未寅，末传寅为东北，张贡生山西人，传不到西方，故不得还乡之象。

十九 王牧夫为人占落狱遣戍

某占讼。己巳年五月丁卯日未将丑时，乙酉生四十五岁。**牧夫占验**

```
空 贵 阴 勾
卯 酉 未 丑
酉 卯 丑 丁
```

```
父 卯 空
财 酉 贵
父 卯 空
```

```
亥 子 丑 寅
戌       卯
酉       辰
申 未 午 巳
```

王牧夫曰：此讼乃见贵而起，罪重落狱遣戍也。盖发用天空，三传反覆是卯酉。卯酉乃私门也，贵人坐此，一官未了，又换一官，反覆不止一次。喜太岁上神亥克丁，乃是今日德神。年上辰戌为牢狱，乘白虎故主落狱。阴神戌与命作合，罪止遣戍而已。且贵临卯酉，占讼多牵他人，后果一一如占。

杨注：

此为反吟有克课，三传卯酉卯反复冲动，卯酉为门户，贵人临酉加卯上，故主"一官未了，又换一官，反复不止一次"。

此人本命乙酉。四十五岁，行年在戌，戌上为辰，辰和戌皆为牢狱之地，辰乘白虎加戌，"故主落狱"。

课传中有四丁，丁为变动之神，卯乘天空凶将，故主遣戍。

原案中未涉及四丁变动之神，似不全面。

413

第十七章　晴　雨

历代六壬占验选注

一　元轸奉诏占雨

明道癸酉年，京城自三月不雨，以至六月，仁宗召元轸占之。甲寅日未将辰时。**玉连环末卷**

```
龙 常 龙 常
申 巳 申 巳
巳 寅 巳 甲

    鬼 申 龙
    父 亥 朱
    兄 寅 后

申 酉 戌 亥
未       子
午       丑
巳 辰 卯 寅
```

元轸奏曰：今日申时风云大作，雷声进发，酉时收敛，至庚申日午时，风雨大作，其势虽急，洪澍一时，自兹风雨数至。甲子日雷电风暴，大雨滂沱。后俱一一不爽。

论曰：发用青龙乘申加巳，名为龙跨虎，当有风雨。中传朱雀乘亥加申，名为水火交战，故主发雷。日上有巳火，乘太常土神，故不降雨。登明为水神加申，故应庚申日。午为阴盛，故曰午时。中传亥是白虎之阴，申为白虎本家。其来迅速，乘朱雀主霶沛。末传寅加亥乘天后为云神，故云起西北。甲子日卯加子，云雷相加，夏为雷电风暴，上得太阴金神，金能生水，故雨大作。恰一伏时，缘太阴临至本家酉上，却是神后故也。

杨注：

此案当为北宋仁宗明道二年（公元1033年）岁次癸酉。其月将为未将，当为五月或六月。按六壬式规定夏至后方用未将。查该年五月十七辛巳日夏至，六月十九壬子日大暑（大暑后当用午将）。甲寅日当为六月二十一日，大暑节后二日，当用午将。可能前人对换月将之时间有分歧，大暑后二日仍用未将，待考。

白虎本位为申，青龙乘申故称"龙跨虎"。朱雀乘亥，朱雀属火，亥属水，故称"水火交战"。"午为阴盛"，午为一阴初起，不当称为阴盛。因为午时为一阴初起之时，判午时有雨也是合乎道理的。

二　邵彦和因浙江大旱占雨

庚辰年浙江大旱，八月癸丑日辰将辰时占雨泽。**张本占案**

```
勾  勾  勾  勾
丑  丑  丑  丑
丑  丑  丑  癸
```

```
鬼  丑  勾
官  戌  白
鬼  未  阴
```

```
巳  午  未  申
辰        酉
卯        戌
寅  丑  子  亥
```

邵彦和曰：伏吟课定是今日未时有云，一霎时起大风，又下小雨。明日甲寅，一日大风，下微雨，至乙卯日风止，大雨一日，水暴涨也。

盖丑在癸上，即癸丑为初传，而中戌末未，叠叠刑开，使癸水下注。癸丑纳音属木，木主风，故未时兼有风，是八月十五日也。至十七日乙卯，是大溪水，故大雨水涨，由丑寅二日，风以动之也。太阴月宿，十五日在戌，十六、十七日在酉，乃是月离于毕，毕在酉宫也。十七日朱雀加卯，火败于卯，而得月离于毕，故主大雨。雨常附阴而降，以酉为太阴之门，纯阴之位，凡占雨，但用月宿到今日，看临在酉，则是月离于毕也。癸丑纳音木，克乘神勾陈土，土溃而水漏，故一霎时风雨。甲寅乘六合，木盛多风，至十八日，丙火辰土，而纳音又土，辰又为八月太阳，上乘腾蛇火神，至是雨霁而晴矣。

杨注：

三传丑戌未三刑，"叠叠刑开，使癸水下注"，此为巧断。初传癸丑纳音属木，木主风。乙卯（十七日为乙卯日）纳音为大溪水，故主大雨水涨。丙辰（十八日为丙辰日）纳音沙中土，土克水，故主晴。此数处用纳音断雨晴，亦为他书所未有，令人耳目一新。

初传癸丑纳音桑拓木，丑乘天将勾陈土，桑拓木克勾陈土，"土溃而水漏，故一霎时风雨"，此断法亦为他案所无。邵彦和先生堪为六壬宗师，名不虚传。

三 《残篇》占久雨何日晴

雍正十二年十月十六日，在海宁之尖山公署，可翁命占久雨何日晴。戊午日卯将卯时。**残篇**

```
青  青  勾  勾
午  午  巳  巳
午  午  巳  戊
```

```
卯 巳 勾
子 申 白
鬼 寅 蛇
```

```
巳  午  未  申
辰          酉
卯          戌
寅  丑  子  亥
```

断曰：雨自十二甲寅日落起，连日日晴夜雨者，干为日间，支为夜间，日干上勾，宜日晴，支上龙宜夜雨，湛湛不休也。况青龙升天，海水空地，自然久雨而又大也。问晴期在于何日。查雨虽甲寅日落起，其实次日乙卯倾注大下，庶几在十九辛酉日方可晴耳。果于十九日大晴。有质余何以断十九日大晴之故，余曰：乙卯为雨之头，干支皆木，至十九日辛酉干支皆金，两相克制，而雨不复猖狂，其势一也。又卯酉者，乃日月之门也，今太阳卯是也。久为云雨遮蔽，得酉一冲，推荡其云，月主水，水入酉户也。日主火，火升卯门也。一轮红日皎皎而生，安有不晴者哉。

杨注：

以干为昼，干上巳乘勾陈土将，故主昼晴。以支为夜，支上午乘青龙，青龙主雨，故主夜雨。此种以日上为昼，支上为夜的断法也是他书所未涉及的。又以午为天，以子为地，青龙乘午为升天，子水为旬空，故称空地。案中又以卯酉为门户而论雨晴，虽有曲折之嫌，但断法新奇，值得注意。

四　王牧夫占雨雪

戊寅年正月庚寅日子将酉时，占何日雨雪。**牧夫占验**

<pre>
蛇 阴 虎 陈
申 巳 寅 亥
巳 寅 亥 庚
</pre>

<pre>
兄 申 蛇
子 亥 陈
财 寅 虎
</pre>

<pre>
申 酉 戌 亥
未   子
午   丑
巳 辰 卯 寅
</pre>

王牧夫曰：水母发用，蛇乘于上，中见亥水，末见风神，用传日支，今日当雪，来日当大雪。

盖蛇乃雪象，中见极阴之水，寅为东北，风从东北，当有雪也，况三传递生乎。今日雪小者，寅与亥合也。来日雪大者，太阳子卯相刑，春夏主雷，冬主雪，各因时而论耳。

杨注：

初传申为水长生之位，故称水母。末传寅木，木主风，故称寅为风神。风神非神煞，可能为本案作者自立的名称，待考。"用传日支"，是指初传申和末传寅，因为初传又称用传或发用或用神，末传寅是日支，"用传日支"，是指三传归到日支，即末传为日支。

五　王牧夫占阴晴

乾隆己巳年二月丙午日戌将子时，占阴晴。**牧夫占验**

龙　虎　勾　空
寅　辰　丑　卯
辰　午　卯　丙

子　丑　勾
官　亥　朱
财　酉　贵

卯　辰　巳　午
寅　　　　　未
丑　　　　　申
子　亥　戌　酉

　　王牧夫曰：课名极阴，初用土空，中传朱雀又临亥位，丑为雨师，亥为水神，酉为兑泽，而水墓又在支，俱主阴雨之象。今日上卯乘天空生日，主无雨。丁未、戊申、己酉三日，未上巳为风，阴神卯木亦主风，是日主风晴。申日午受玄武制，阴神白虎天罡，主阴晦。酉日未乘太阴，亦主阴晦。庚戌上申为水母，乘天后相生主雨。酉为贵人加亥，亥日主大雨。壬子日方晴，晴而未融，以蛇居太阳上也。丑日始为正晴。此拟一旬之内阴晴如此。

　　杨注：

　　文中称"丑为雨师"，疑为雨煞之误。二月以卯为雨师，以丑为雨煞。"初用土空"，是指初传丑土加卯，卯为旬空，丑落空位。"未上巳为风"，是因为巳为巽卦之位，巽为风，故此处称巳为风。

六 王牧夫占云起有雨否

乾隆庚申年五月己未日申将未时，占云起有雨否。**牧夫占验**

武 常 武 常
酉 申 酉 申
申 未 申 己

官 未 虎
父 申 常
父 申 常

午 未 申 酉
巳　　　　戌
辰　　　　亥
卯 寅 丑 子

王牧夫曰：此课主今日午后，风雨雷电俱大。盖八专为体，不辨干支，而水母重重见于其上，未为风伯，又乘白虎劫杀，卯为雷，勾陈加之，巳为电，丁神附之，是以主四者俱大也。主本日者，本日之支发动，未中有丁，主迅疾倏发。是日午后果大风雨雷电，至申时止。传中申不足故耳。再视贵登天门，龙神升天，丙丁逢空，亦主雨之象。

杨注：

此案为乾隆五年（公元 1740 年）岁次庚申五月二十己未日，该月二十八丁卯日夏至，此为夏至前八日，故仍用申将。

己日以子为昼贵，子加亥，亥为天门，故此为贵登天门。青龙加巳，巳午未申为天，故青龙加巳为龙神升天。丙丁加临地盘辰巳，若论时旬，丙丁加临地盘寅卯，皆不逢空。案文中称"丙丁逢空"是属虚说之语。

七 王牧夫占阴晴

乾隆甲子年六月己未日未将未时，占阴晴。**牧夫占验**

白 白 白 白
未 未 未 未
未 未 未 己

比 未 白
比 丑 蛇
比 戌 阴

巳 午 未 申
辰　　　酉
卯　　　戌
寅 丑 子 亥

王牧夫曰：天虽晴明，午后主有大风，当拔木号空，风止有小雨，雨止，天阴，不久即晴朗。

盖未为风伯，踞于干支，主风盈宇宙，乘虎主有力而大，故曰拔木号空。中传丑、末传戌相刑，土气不和，主有小雨。太阴在末，主天阴。三传纯土制水，故不久而晴朗也。午与未合，午后阴生，故验于午后，一一皆应。

凡渡江河，咸池杀动，亦主大风，不可不知。

昔在淮阴六月间，偶至大字店程雨宸世兄处，示以占遇返吟一数，问阴晴。余曰：今日未时西南上云起，有雷声，风大雨大，一时而止。乃海盐宗兄仲箎所起之数，断以明日，余不知也。宗兄云：来日始有风雨。雨宸兄云：存以为验。彼今日不验，则来日以验。先生一笑而起。余归，饭后闻雷声，云果起，西南风大于雨，一时而霁。诸人叹服，仲箎兄亦服。问余何以应今日。余曰：此返吟课，其应甚速。

杨注：

午为阳极阴生，或称至午一阴生。此案中称"午后阴生"，意义与前二说也极相近。

反吟课主应速，值得注意。

八 王牧夫占久雨何日晴

乾隆己亥年六月庚戌日未将未时，久雨占何日晴朗。**牧夫占验**

```
玄 玄 白 白
戌 戌 申 申
戌 戌 申 庚
```

```
      比 申 白
      财 寅 蛇
      鬼 巳 勾
```

```
巳 午 未 申
辰       酉
卯       戌
寅 丑 子 亥
```

王牧夫曰：是年自五月二十日雨起，终日闻檐溜声，闷甚占之。余谓日干刑尽长生，一时难晴，至七月始能晴。岂知至九月初一始晴不雨。是岁卑下之区皆为水淹。三伏热气为雨淋尽，竟不知有暑月也。三月间九头鸟盘旋鸣号不去，此鸟属阴，故能豫知天时也。余断既不验，则复细视之，三传申为水母乘虎，水乘旺气，寅巳为风，乘勾缠绵而久。秋金旺故不晴。至九月晴者，巳火受戌墓也。

愚按：巳火受戌墓，牵强之极，况九月壬申朔，尚未交寒露，岂戌建乎？

杨注：

程氏按语中有"九月壬申朔，尚未交寒露"一语，此案应为乾隆二十六年（公元 1755 年）岁次乙亥六月初八庚戌日。该月十五丁巳日大暑，故初八庚戌日仍用未将。该年九月壬申朔，初三甲戌日寒露。由此知乾隆己亥年当为乾隆乙亥年之误。

案中称"水乘旺气",六月夏令本来水为囚气,而所以称水乘旺气,是因初传申为水母之故,水母发用,故称水乘旺气。此为前人对五行旺相休囚的另外一种认识。

九 王牧夫占海潮

乾隆辛巳年七月丙辰日午将卯时，江永兰翁有盐在场，因连日风大，恐有风潮，托占之。**牧夫占验**

```
蛇 勾 贵 六
戌 未 亥 申
未 辰 寅 丙
```

```
    财 申 合
    官 亥 贵
    印 寅 玄
```

```
申 酉 戌 亥
未         子
午         丑
巳 辰 卯 寅
```

王牧夫曰：海潮无碍，惟淮徐之地，恐有冲决。盖支辰纯土，能制四维之水，三传递生，箕星虽克支，支上未乃木墓，又土多不易克制，故主海潮无患也。亥为海水，上乘寅木作合，尚有和气，亦不至是。淮徐之地恐冲决者，传生风伯又是闭口，主风大伤人。丑戌相刑，又逢旬空，此处空虚，故风得摇荡。丑戌者，徐扬之分野也。次日邵伯镇倒口，果验。

杨注：

此案为乾隆二十六年（公元 1761 年）岁次辛巳七月二十丙辰日，该月二十四庚申日处暑，此为处暑前四日，故仍用午将。

海潮为水，而支辰为土，支上未亦土，土制水，水不能肆虐为灾。末传寅（箕星）虽然克土，但支上未为寅木之墓，寅被未墓，则不能制土。

三传自初传申生中传亥，中传亥生末传寅，七月寅为风伯，寅又为旬首加临旬尾亥上为闭口，主风大伤人。该课传判断至此当结束了。而案中又生出丑戌相刑等语，又从丑戌分野上牵出徐州和扬州，未免有牵强附会之嫌。

第十八章　射　覆

历代六壬占验选注

一 苗公达之师射覆

六月辛亥日午将酉时射覆。**苗公达断经**

```
蛇 阴 朱 后
巳 申 辰 未
申 亥 未 辛
```

```
官 巳 蛇
财 寅 勾
子 亥 白
```

```
寅 卯 辰 巳
丑       午
子       未
亥 戌 酉 申
```

苗公达之师断曰：必有一个小飞虫活物，须至壬癸日被小儿将铜铁物，或刀杖物作害而死。盖发用是癸巳，纳音属水，水主一数，又带死数，故主小物之象。发用见月厌、生气，更有蛇加巳，故主飞虫活物。

公达问曰：阴神是寅，何为水数一？

师曰：此法数与诸经不同，勿轻传于世也。此法更知数目多少，无不验也。

公达曰：弟子坚心二十余年，未当闻此数，求师传之。

师曰：此法授于汝，切宜秘之。只如此课，谓射物在发用，是太乙，以五子元遁之，即见纳音属甚数也，故遁得癸巳，水数一也。甲乙日用干遁，庚午之数八五也，其间更看四时休旺，加减乘除相因，请秘言之。余谓壬癸日被小儿将铜铁物或刀杖作害伤死者，为壬癸所克螣蛇胜光，月厌生气小者，末传亥加寅，白虎铜铁刀杖者，为支上见申，又辛日占言也。作害者，巳申相伤；死者，末传白虎带死气。后果应其课也。

杨注：

原文有错简，无从校改。案中大意：1.初传巳乘蛇，巳为六月生气、月厌，故为飞虫活物；2.壬癸日水克螣蛇火，故主此飞虫活物死于壬癸日；3.末传亥乘白虎，六月以亥为死气，故称"白虎带死气"，白虎属金，为钢铁刀杖，故主飞虫活物遭刀杖而死。

二　苗公达奉旨射覆

嘉祐七年太岁壬寅三月十七甲子日，上宣苗公达，赐当日午时占课，问射覆。**苗公达断经　射覆当作来意**

```
白  阴  青  常
午  卯  申  巳
卯  子  巳  甲

官  申  龙
父  亥  朱
兄  寅  后

           勾   六
青  申  酉  戌  亥  朱
空  未          子  蛇
白  午          丑  贵
常  巳  辰  卯  寅  后
           玄   阴
```

苗公达奏曰："臣闻古经云：凡传课，刚日先看日上神，柔日先看辰上神，次分天乙顺逆，及看三传，并太岁行年，只取胜者为事类。据来意，主贵人将妇人使用铜铁尖长之物，欲伤小虫之命，其虫必生于秽杂不洁之处，人所不喜；今虫却未伤死而飞去，而铜铁尖长之物，反在木上伤折，不堪用矣。"

上宣问曰："何以知之？"公达奏曰："日上作太常，卦名重审，亦名天网，天乙逆行，故取太岁是寅，并天后胜事言也。故云：'主有贵人，欲有害心也'；将妇人铜铁尖长之物者。为发用得申金，春占又是甲日，申金囚死，更加巳上受克，故为铜铁尖长之物也；妇人使用者，初传冲末传，见天后寅木，此乃旺相，又在所生之处也。在木上伤折者，为木受生旺，金受囚死，又在巳火之上，所谓重无气也。小飞虫生于秽杂不洁之处者，为发用是月厌，为污秽，将得青龙，中传将得朱雀，皆有飞象；金为虫，虽然无气，又申亥相害，然末传见生气加亥，其生气春以日旺，又在生乡，故主欲害飞虫，究竟未伤死而飞去也。臣出于短拙，有犯圣皇，合当万死。"上曰："为适来有蝇子在殿柱之上，朕戏以针刺之，而蝇飞去，其针在柱上伤折，故应课也。"

杨注：

本课为苗公达应皇帝之圣旨，上奏皇帝的占课。

本课为射覆，苗公达先引古经"臣闻古经云，凡传课，刚日先看日上神，柔日先看辰上神，次分天乙顺逆，及看三传，并太岁行年，只取胜者为事类。"这一段只是一个引子，皇帝也是一个好壬者，讲太深了，对皇帝的智商是一个嘲笑，麻烦大了；浅了被皇帝认为自己小儿科。估计苗公达在占课、及上奏时花了不少心思。由平缓处开始直接引出下面主题结论，吸引皇帝注意力。

"据来意，主贵人将妇人使用铜铁尖长之物，欲伤小虫之命；其虫必生于秽杂不洁之处，人所不喜；今虫却未伤死而飞去，而铜铁尖长之物，反在木上伤折，不堪用矣。"此课结论说深则深，说浅则浅，此课我们细一点说吧。

公达奏曰"上巳作太常，卦名重审，亦名天网，天乙逆行，故取太岁是寅，并天后胜事言也。故云：'主有贵人欲有害心也'。"本课苗公达三传倒看，巳作太常、重审、天乙逆行均是铺垫，重点在于"故取太岁是寅，并天后胜事言也"这句话，本课的人为皇帝，故太岁为事物的提问者和亲历者或观察者，由太岁的视角能够看到什么呢？苗公达愿意表达出来的是干上巳甲（寅）相害，由此推断"有贵人欲有害心也"。

"并天后胜事言也"这几个字，看似平淡，是有深意，六壬显象极妙。恐苗公达不愿表达也有曲谏之意，背后台词为：万岁，这些都是娘娘们干的事，须眉何干？

"将妇人铜铁尖长之物者，为发用得申金，春占又是甲日，申金囚死，更加巳上受克，故为钢铁尖长之物也"这是由发用的相关配合描述出所用之物的形态，巳亦有尖长之意。

"妇人使用者，初传冲末传，见天后寅木，此乃旺相，又在所生之处也。"重点在于天后类神。

"在木上伤折者，为木受生旺，金受囚死，又在巳火之上，所谓重重无气也。"此段明了，不赘。

"小飞虫生于秽杂不洁之处者，为发用是月厌，为污秽，将得青龙，中传将得朱雀，皆有飞象；金为虫，虽然无气，又申亥相害，然末传见生气加亥，其生气春以日旺，又在生乡，故主欲害飞虫，究竟未伤死而飞去也。"这是本课的精彩之处。

"臣出于短拙，有犯圣皇，合当万死。"臣子谦辞也，能断到此境界。有几人？

上曰："为适来有蝇子，在殿柱之上，朕戏以针刺之，而蝇飞去，其针在柱上伤折，故应课也。"见此语，再观殿柱之类象，非寅而何？

下面说一说苗公达内心的秘密，他和陈公献一样，壬之关键与玄机皆引而不发，我们也仅仅略啰唆几句：其一，苗公达首先站在皇帝的视角来玩课，皇帝看到了什么呢，他看到了天空乘未，阴神戌见六合，那么，事发的地点就在皇宫的西北角，同时，皇帝之身也在此，时间与地点均指向戌地，且戌地见空，事已发生。其二，皇帝由西北地启动，向东追击，小虫向西南飞，皇帝却用力向西北，小虫故脱。

本课是极有价值的一例占课，它反映了苗公达极其高超占断技巧，和娴熟的取象功力，仅此一例，苗公的神采跃然于纸上。

三 王牧夫射香橼

甲戌年亥月戊午日寅将戌时，友人于灯下射覆。**牧夫占验**

```
白 六 空 朱
寅 戌 丑 酉
戌 午 酉 戌
```

```
     官 寅 白
     父 午 后
     兄 戌 六
```

```
酉 戌 亥 子
申        丑
未        寅
午 巳 辰 卯
```

王牧夫曰：炎上之课，主外明而内虚，三传带后、六，淫泆火旺，主气当有芳香。干上酉乘朱，酉与初传寅合参，形为圆，午酉又当可食，其味辛苦，其色青黄，酉属秋，成实于秋也。出之，乃香橼耳。

杨注：

射覆之占阳日主要看日上神与初传，兼看三传及日上神和初传所乘天将。此案断为成熟于秋天的圆形果实，可以食用，其色青黄，其味辛苦而有芳香气，皆与香橼相符。但是，仅据三传炎上火局，日上酉乘朱雀，初传寅，中传午，以及中、末传所乘天后、六合，是很难作出确切判断的。此类射覆，非高手莫为。

四 《残篇》占浙江闱题

乾隆戊午年八月初九己丑日巳将午时，占闱中头场四书题目。**残篇**

<pre>
    后 贵 青 空
    亥 子 巳 午
    子 丑 午 己

      财 子 贵
      财 亥 后
      兄 戌 阴

  辰 巳 午 未
  卯   申
  寅   酉
  丑 子 亥 戌
</pre>

断曰：此课予初断岁破发用，应出臣子尽忠之命意。及头牌出，方悟子为道路神，又为支之先，又阴神见丁马，皆是行神，是"先行其言"句也。又亥为四数，故只四字。第二题看中传，天后冠带临于阴寝阴神位，有元酒太羹，非享亲达孝之命意乎？六字者，戌上见酉，六数也。

愚按：是科浙江闱题，首题"先行其言"；次题"春秋修其祖庙"，然则此课是占浙江闱题也。

杨注：

此案为乾隆三年（公元1738年）岁次戊午八月初九日午时，该月初十庚寅日秋分，此为秋分前一日，故仍用巳将。科举时代的试院称闱，闱题就是考试的题目。

此次浙江闱题首题是"先行其言"，次题是"春秋修其祖庙"。初传子为道路之神，子为支丑之先，又子之阴神亥为旬丁（丁马），皆是行神，亥又为四数，故应首题四字"先行其言"。中传和末传对应第二题。中传亥乘天后，阴神为戌，戌为日干己之冠带，戌上为酉，酉为六数，由此引出"玄酒、太羹，享亲达孝"之命意，从而得出"春秋修其祖庙"六字之题，实属牵强附会。

五 王牧夫射解手刀

甲戌年酉月戊午日辰将巳时，射覆。**牧夫占验**

<pre>
合 勾 朱 合
辰 巳 卯 辰
巳 午 辰 戊
</pre>

<pre>
鬼 卯 朱
鬼 寅 螣
兄 丑 贵
</pre>

<pre>
辰 巳 午 未
卯   申
寅   酉
丑 子 亥 戊
</pre>

王牧夫曰：阳日视干上，天罡乃坚刚之物，六合又相合之形，又兼为手。再视发用，卯乘朱雀，一气连茹，乃长形金木一体坚刚，兼传见艮止，有断止之义。出之乃解手刀也。

杨注：

《六壬捷录·射覆》中称："刚日视日上神，柔日视辰上神，而以发用参决之，不取中、末传也。"此为判断时的大原则，但不可拘泥。此案以日干上辰为天罡坚刚之物，又看初传卯木乘朱雀，兼取三传卯寅丑一气连茹，由此推出"长形金木一体坚刚"之物。末传丑加寅，寅为艮卦之位，艮"有断止之义"。综观课传，为长形，有金木，有断止作用，方与解手刀相符。

六 张江村戏占猫生子几只

乙卯年三月庚申日摇得酉将亥时，戏占猫生子几只。**说约**

```
六 蛇 六 蛇
辰 午 辰 午
午 申 午 庚

      鬼 午 蛇
      父 辰 六
      财 寅 青

卯 辰 巳 午
寅       未
丑       申
子 亥 戌 酉
```

张江村曰：此猫当生子三只，但有灾难，必不能平安。举家笑余妄言。次日老猫生小猫一只，即欲食之，屡禁而不能止。老猫不复再生。直至次日又生小猫二只，俱为老猫压死。邻里亲戚闻以为异。问余何以知之？余曰：寅为猫，午为寅之子，午火数二，蛇亦为寅之子，故云三只。午为用，中传辰压之，火逢压则灭，况天罡凶神，又并天目杀，何可当乎，一也；乘蛇即巳，乃寅刑之，二也；占产顺传为吉，逆传为凶，三传逆行，则倒行而逆施矣，三也。

杨注：

此案占猫，故以寅为类神。寅肖虎，猫虎同科，故类神取寅。初传午乘腾蛇，午火为寅木之子孙，腾蛇（巳火）亦为寅木之子孙。午火为二数，又加腾蛇，故断猫生子为三只。案中其他解析甚详，不必再注。

七　郭御青占银数几何

崇祯丁丑科二月初八日戊寅日，京邸为张贞明姻亲占会场，亥将巳时。

郭氏占案

```
后  青  常  朱
寅  申  巳  亥
申  寅  亥  戌
```

```
官 寅 后
子 申 青
官 寅 后
```

```
亥  子  丑  寅
戌          卯
酉          辰
申  未  午  巳
```

郭御青曰：余嫌返吟不美，时以课中财爻朱雀加干，驿马在中传，一二日内必家中送盘费人来也。初九日果家中人至，送银一封，张君尚未知其数。至和十日出场，张君过余寓云：家信果至，银数几何？余曰：发用七数，干上四数，必七两四钱也。张君大笑。余于此课亦偶中耳，定数最壬课之难者。

杨注：

此案朱雀乘亥加临日干，朱雀主信息，亥为日干之财，又日支寅与亥合，是家中（支寅为家宅）派人送钱财来。亥临日干，主速，故一、二日内。又驿马临支作中传，驿马已动，亦主速至。

戊寅日为甲戌旬，申为旬空，寅加申上落空，但三传寅申寅往来相冲，冲空不以空论。

　　银数多少？案中取初传寅七和干上亥四，定为七两四钱。郭氏称此数为偶中，不为定法，并称数目是壬课中最难确定的。

第十九章 梦 怪

历代六壬占验选注

一 苗公达为人占子怪梦

甲辰日未将丑时，父占子。**张本占案**

玄 六 白 蛇
辰 戌 寅 申
戌 辰 申 甲

兄 **寅** 白
鬼 **申** 蛇
兄 **寅** 白

亥 子 丑 寅
戌 　 　 卯
酉 　 　 辰
申 未 午 巳

苗公达曰：甲木旬空，已为朽木，申金又克之，此子七岁以前主惊风，或起或仆，不能自立，寅数七，被申克，故主风，白虎亦主风。七岁以后，又申加寅，寅上亦作白虎，寅逢旬空，当是在前山七株树下，遇一戏猴人，引索而走，受了一惊，害病几死。猴，申也，蛇空故为断索。辰投入宅，与申三合，拱生甲木，颇有生意。寅申俱七，辰戌俱五，盖至二十四岁人颇精彩。宅上见戌为财，辰戌冲断，又为斩关，遂出外买卖，戌上又见辰，为武合相并，主有阴私。一连三个财，财多身弱，武为盗神，武乘辰龙，则能变幻光怪，化为美妇，盗其精血，日后贪淫，一十五年。中传申化为鬼，日夜跟随，不离梦醒，寅为夜时，为梦醒。又见蛇虎缠绕，如此七年。三传返吟，来来往往，不得断绝。申月寅日，因天风吹倒大树，压在门前中风而死。魂无所归，安望归，父子至情，徒生悲切耳。

杨注：

此案之解曲折离奇，不易效法。读者作为故事读之可也。

二　刘日新为道士费知占梦

元祐六年六月初二日，在楚州天庆观，道士费知祥年四十二岁，云夜梦不吉，卜之。己未日未将未时伏吟课。**玉连环末卷　一针见血**

```
白 白 白 白
未 未 未 未
未 未 未 己
```

```
比 未 白
比 丑 蛇
比 戌 阴
```

```
巳 午 未 申
辰       酉
卯       戌
寅 丑 子 亥
```

刘日新曰：事起吾师，不可饮醉，今夜若闻犬吠，不可看视，恐墙崩地陷，更忌井边行。道士以为戏耳，不复记念，至晚大醉。忽闻犬吠，惊起，见本房光怪如火，恐遗漏盗贼，披衣出逃，观中住人亦皆惊起。事止，独不见费师，人忆余言，向井中寻之，则费师已堕井中而死矣。

论曰：三传未丑戌三刑，岁月日辰皆是未，并而为刃，又乘白虎，故凶。费公行年又在未，故应在费公自己。未为酒为井，故云莫饮酒，莫井边行。又未为六丁，为天目，为光怪，中丑乘蛇受虎刑，故发声。末戌乘阴，受蛇刑，戌为犬，主犬吠。三传墓杀，课无生意，故主死也。

杨注：

北宋哲宗皇祐六年（公元 1091 年）岁次辛未六月初二为庚寅日，非己未日。此案年月日时间有误。

此案原解详细明白。"三传墓杀，课无生意"是此案要害处。又，课传俱土，岁月日时和初传皆未，未为羊刃，又乘白虎，其凶无化解，故主死丧。

三 《张本》为人占梦

九月庚申日卯将未时，占梦。^{张本占案}

蛇　玄　蛇　玄
子　辰　子　辰
辰　申　辰　庚

　　子　子　蛇
　　比　申　青
　　卯　辰　玄

丑　寅　卯　辰
子　　　　　巳
亥　　　　　午
戌　酉　申　未

断曰：此课润下，值时冬旺吉。蛇主奇怪惊恐，乘子为半夜之神发用，是梦感于三更时候。子在十月为天马、为游神、为咸池，令人精神恍惚也。然太岁之位，即系万乘之尊，申禄临之，上乘青龙，虽有惊梦不成凶。

愚按：此课似为祝氏、元氏、苗氏为宋主占者，然他本未见，姑阙疑焉。

杨注：

此案当是子年为皇帝占梦。文中标明九月庚申日未时，用卯将。如是九月，而称子为天马、游神（当为游煞）、咸池，却不相符。十月天马、游煞、咸池在子，而不是九月。

文中称"此课润下，值时冬旺吉"，当为十月占，而非九月。

四 郭御青自占梦

崇祯丁丑年十月戊申日卯将子时，占梦。**郭氏占案**

白 勾 勾 螣
寅 亥 亥 申
亥 申 申 戌

官 寅 虎
父 巳 阴
子 申 螣

申 酉 戌 亥
未 　 　 子
午 　 　 丑
巳 辰 卯 寅

郭御青曰：余自丁丑八月京邸候选，至十月十四日夜得一梦。梦一人叩寓门高声朗诵曰：正西身上可安坤。余梦中曰：汝错念，乃坤上可安身。其人又朗诵如前，遂醒。呼烛占之，卯加子，得申戌一课，戌乃干身，上乘申，非身上可安坤而何。梦中人为余起此课也，亦奇矣。

详课体，初中官禄俱空，岂十月尚不得选乎。辰课不备，吊客临宅，至家中幼小不安，其余莫能尽解。去灯假寐，又梦一老妪架鹰逐兔其兔起余面前，奔入一犬腹内。余一足踏犬头，曰：剖犬即得此兔矣。遂醒。一夜连得二奇梦，取课详玩，见酉乘朱雀临午，戌乘六合临未，酉乃婢，朱雀乃鹰也，戌乃犬，六合乃兔也，但不知所主何事。不数日，余因旧火病为庸医针灸，兼误服附子过多，火炽如燎原，遍身疮痍，不离床褥，十月遂未得选。余止两幼子，家信至，俱为痘伤。至十二月，力疾选得怀庆。取课反覆推详，一一符合。

　　初中官禄俱空，主十月不得选。干上螣蛇，上下夹克，即主身上火病，且申乃子息爻，螣蛇正癍痘之患，即主伤子。鹰犬之梦，盖六合小儿之象，前为鹰鹘所逐，后为天狗所食也。至十二月春节不远，寅木有气，所以得选。寅临亥地，亥乃魏分，怀庆属焉。且签选十七又亥日，一一皆前定矣，人生碌碌何为哉。犹幸剖犬得兔之说，余庚辰年交壬戌运，辰戌冲，即剖犬可以得子矣。但正西二字尚不得其解，姑存之。

杨注：

此案曲折繁琐，不足取法。

五 《指归》占忧疑事

四月癸亥日申将巳时，占来意。**指归灵文论**

```
贵  武  朱  后
巳  寅  未  辰
寅  亥  辰  癸
```

```
鬼  辰  后
鬼  未  朱
鬼  戌  青
```

```
申  酉  戌  亥
未          子
午          丑
巳  辰  卯  寅
```

断曰：来意事起阴人粗恶，暗中设谋，众人入官之状，终不成忧。盖辰为用、为日鬼，天后为阴人，主阴翳事。天罡为凶恶神。故云：粗恶阴人暗中设谋相害。三传皆是日鬼，小吉未被刑并朱雀，故云众人入官之象。日为占者，甲寅旬中癸落空亡，三传皆鬼，不见占者，将与谁争？故云终不成忧也。

杨注：

三传辰未戌皆克日为鬼，干上辰又克日干为鬼，众鬼已彰，大凶之象。而甲寅旬中日干癸（丑）为旬空，虽有众鬼，无所施其凶，故终不成忧。

此案断法另具一格，值得注意。

六　俞天师为人占犹疑

俞天师在祥符寺，一人于庚戌日酉将戌时占忧疑。**直指引三车一览**

<pre>
  后 阴 蛇 贵
  申 酉 午 未
  酉 戌 未 庚

    鬼 午 螣
    鬼 巳 朱
    父 辰 六

  辰 巳 午 未
  卯   申
  寅   酉
  丑 子 亥 戌
</pre>

俞曰：庚日阳刃在酉，酉为金，戌为足，恐为刃斧伤足。其人因秀才读书有名声，实为积盗，后事败，太守刖其足。

愚按：此课午巳二火克干，又作螣蛇、朱雀，叠叠火神，固已凶矣。而日上贵人又遁丁火，安得不凶？但贵人生日，想必五六月间为太守诱去，以致露败，而后刖其足耳。惜《三车一览》余未之见，而《直指》所引各书，仅寥寥数语，无从印证，为可惜也。

又一人占出入，酉加卯为行年，曰：阳刃得手，惧有所伤。不出一月，其人果断其手。盖酉为刃，卯为手也。

杨注：

读书秀才而小有名声，却借此积盗，行不法之事，其被刖足之刑，是罪有应得。其占卦为三、四月（酉将为三月谷雨后），得到"恐为刃斧伤足"之告。或已经积恶太深，无法禳除了。五、六月间罪恶败露，受刖足之刑。

七 王牧夫闻响声占主何应候

己巳年丑月甲戌日丑将戌时，在三义阁夜坐，忽闻响声如雷，友人占主何应候。**牧夫占验**

```
          玄  空  蛇  阴
          辰  丑  申  巳
          丑  戌  巳  甲

             鬼 申 蛇
             父 亥 勾
             兄 寅 虎

     申  酉  戌  亥
     未          子
     午          丑
     巳  辰  卯  寅
```

王牧夫曰：丑为太阳乘丁，戌是火墓，与丑相刑。日支又加闭口，恐有火物伤人之事。从支非天上，不是雷声。三传递生，白虎克支，皆主地上。次日知是南门外走了火药，伤死扒灰者数人。

杨注：

此案要点有：

1.丁为变动之神，因闻响声而占，故先寻丁神。太阳丑乘丁神，丑加日支戌上，丑刑在戌，戌为火墓。又戌加未，戌刑未，未又为旬尾（甲戌旬未为旬尾），旬尾为闭口，闭口主人死，由此推出火物伤人之事。

2.丑刑戌，戌刑未，皆在支上，支为地（干为天），故断响声发自地上，而非天上，由此排除雷声的可能性。

3.三传递生，初传申金生中传亥水，中传亥水生末传寅木，末传寅木乘白虎克日支戌土，再次证明响声来自地上。

八　王牧夫为人占屋内怪异

己巳年五月甲寅日申将未时，占怪异。**牧夫占验**

```
        合 朱 合 朱
        辰 卯 辰 卯
        卯 寅 卯 甲

          财 辰 合
          子 巳 勾
          子 午 青

      午 未 申 酉
      巳        戌
      辰        亥
      卯 寅 丑 子
```

王牧夫曰：其人居扬州旧城，忽生怪异，满屋灰尘，居人昼夜不安。余曰：门户口舌不宁，卯是阳刃带朱雀，皆由人心失和所致，天目在未，未加午为堂屋，其怪异当在堂屋之内。经云：卯为狐，卯为大火心星，火主礼，失礼则失其常，故异物能侮之矣。然亦无碍，不久自退。

盖发用天罡乘六合，辰由卯上发用，中见巳为勾陈主勾留，四十日自消减。凡天目并月厌、丁神，主怪异，此课见矣。然此课发用为财，而末传青龙应之，又带财在门户间，其命不合，故亦不言也。巳午为灰尘，其象甚的。

杨注：

巳为炉灶灰尘，巳作中传乘勾陈，勾陈主勾留，巳为四数，故断其灰尘勾留四十日。

拙编《六壬捷录新解》一书中有怪异占。所述甚详，可参看。

九　王牧夫因桌面响裂占应何事

己巳年辰月乙卯日酉将未时，在三义阁，棹面忽响裂，占应何事。**牧夫**

占验

```
龙  白  勾  空
未  巳  申  午
巳  卯  午  乙
```

```
鬼申 勾
财戌 朱
印子 贵
```

```
未  申  酉  戌
午          亥
巳          子
辰  卯  寅  丑
```

王牧夫曰：初德末贵不是凶咎，当主有官人过，恐有火征。少顷，左卫街南失火，运司出署救火。已验。

盖申为官为风宪，与支作合，主门外见也。干支皆火神，干乘火鬼，故主火。次日僧人斗打，亦以申为僧，末见子，与支成无礼刑。三传知三事，已应二事，亦当测之中传火墓，支干皆火，亦主火也。初传劫杀，事主迅速。

杨注：

干上午、支上巳，午巳皆火，辰月午又为火鬼煞，故主有火灾。干主外，支主内。支卯为门，支上巳与初传申为六合，申为官，故主门外有官人经过。

原解又以初传申为僧，末传子与支卯为无礼刑，由此推出主僧人无礼打斗，太过曲折，不论可也。

十 王牧夫为人占宅内鬼哭

某占宅内鬼哭。丁卯年未月丙寅日未将寅时。**牧夫占验**

<pre>
后 勾 常 蛇
子 未 卯 戌
未 寅 戌 丙
</pre>

<pre>
鬼 子 后
兄 巳 空
子 戌 蛇
</pre>

<pre>
戌 亥 子 丑
酉   寅
申   卯
未 午 巳 辰
</pre>

王牧之曰：鬼由四课发用，乃宅内之鬼。天后主哭泣，子属半夜，后为女鬼，仪神为尊长，当自东北而依西北迤逦哭去，主家中有月厌气事，此来警觉耳，于人无伤也。中传巳作天空，天空乃奏事之神，又为月厌煞，又是生气，家中恐有糊涂不明事，不然，何自宅内传归戌地，乃是日墓，又归干上，以墓丙火。支辰又乘墓，人宅招晦，不得分明，当慎之也。夫事见理明，尚义体仁，关照大局，弃小过，内外整肃，则祟可禳，而祸自可远矣。

杨注：

对于此类鬼哭之占，仁者见仁，智者见智，读者当神而明之，下面仅就此课中的内容说解如下。王牧夫先生依据三传的状态描述出事情的原委，其判断的节奏进退有序，并在最后说出解决办法。这一课式《毕法》有两句正合之，即"鬼临三四讼灾随"、"两蛇夹墓凶难免"。可以想象，这家人的整体运气如何。

由发用描述"鬼"的位置（宅内）、鬼的状态（女鬼、夜半哭泣）、鬼的身份（尊长）；由三传的排布状态得出"当自东北而依西北逶迤哭去"；由"主家中有月厌气事""于人无伤也"的依据是"中传作天空，天空乃奏事之神，又为月厌煞、又是生气"。总之，王先生此时的占课心态给读者的感觉是比较平静的，这有安慰求占者之意，更认为此课的后续发展"有惊无险"。但是三传"宅内传归戌地，乃是日墓又归干上以墓丙火，支辰又乘墓"的萎靡之象，清楚地表明其人的颓败之势仍然在继续，人宅招晦的倒霉运气依然在光顾这一家。

很多时候，在看六壬课式时，面对着那进入不可更改的运转线路，那种无力感使人倍感无奈这就是天命的不可改易之处。本课最后"大事见理明尚义体仁关照大局，弃小过内外整肃则可禳而祸自可远矣"的解决办法是否有效，请读者自己判断。

此课的更严重的局面是进入戌亥月后，所有矛盾和隐藏的危险接踵而至，四课中干阴的卯乘太常，支上子未相害；三传子运转一圈后再度进入空中，有价值的亥贵与青龙均没有进入运转，事情由此只有等待即将来临的倒霉的一切。

第二十章 杂 事

历代六壬占验选注

一 范蠡占越王归国

三月甲辰日酉将未时，越王占归国。**吴越春秋**

```
白 龙 龙 合
申 午 午 辰
午 辰 辰 甲
```

```
财 辰 合
子 午 龙
官 申 虎
```

```
未 申 酉 戌
午       亥
巳       子
辰 卯 寅 丑
```

吴王赦越王归国。越王登车，范蠡执御，至三津之上。仰天叹曰：嗟
乎，孤之屯厄，谁念复生渡此津也。谓范蠡曰：今三月甲辰，时加日昳，孤
蒙上天之命，还归故乡，得毋后患乎？范蠡曰：大王勿疑，直眠道行，越将
有福，吴当有忧。

《笔尘》解曰：按三月甲辰酉将加未，乃斩关课，大利逃亡也。

愚按：斩关卦诸书只云利于逃亡，及藏形遁迹等事，殊不知利于治国，
亦利行师。观越王此归之后，终能霸越治吴，固为显证。尝读柳柳州《龙城
录》云：上皇始平祸乱，在宫所与道士冯存澄因射覆，得卦曰合，因又得卦
曰斩关，又得卦曰铸印乘轩。存澄启谢曰：昔此卦三灵为最善，黄帝胜炎帝
而筮得之，所谓合因、斩关、铸印乘轩，始当果断，终得嗣天。上皇掩其口
曰：止矣，默识之矣。后即位，应其术焉。上皇即明皇也。又读欧阳公《五
代史·贺瓌传》云：事郓州朱宣，为都指挥使。梁太祖攻朱瑾于兖州，宣遣

瓌与何怀宝、柳存等，以兵万人救兖州，瓌趋待宾馆，欲绝梁饷道。太祖略
地至中都，得降卒，言瓌等兵趋待宾馆矣。以六壬占之，得斩关以为吉。乃
选精兵，夜疾驰百里，期先至待宾以逆瓌，而夜黑兵失道，旦至钜野东，遇
瓌兵击之，瓌兵大败。瓌走，梁兵争追之，瓌顾路窍，登塚上大呼曰：我贺
瓌也，可弗杀我。太祖驰骑取之。（瓌音现）凡此皆足资考证，独是此两
课，皆不载月将日时，无式可演，特因论斩关卦而附载之于此。

杨注：

《吴越春秋》和《越绝书》载，伍子胥、范蠡、公孙圣等人，皆精六壬。
唐玄宗李隆基笃信六壬。后梁太祖朱温精于六壬。可见六壬术源远流长。

二　苗公达占飞禽

未年四月庚辰日申将酉时，占来意。**苗公达断经**

```
蛇 朱 青 空
寅 卯 午 未
卯 辰 未 庚
```

```
财 卯 朱
财 寅 蛇
印 丑 贵
```

```
辰 巳 午 未
卯         申
寅         酉
丑 子 亥 戌
```

　　苗公达曰：据来意必有飞禽受不足之忧，目下已飞了，其飞却不去，只在东南树间住。本时有贵人将同一类飞禽往来此处，二禽相见，飞下而斗，捉得其禽，亦是好斗之禽。

　　何以言之？盖发用见朱雀，又居辰与生气并，故主飞活之物。其禽受不足之忧者，以卦名天狱也。今飞了为正时得钥神也。其禽却不去者，为日上见太岁，又年上见天地狱神也，更在朱雀之方，故不能去也。在东南树间住者，盖生气之下是寅卯树木之乡也。有一贵人至本时将同类物从此过者，二飞禽却相争飞去致斗，却捉得此禽者，为日上见月厌，又为相生又冲，末传得贵人带天杀也。斗本时者，发用辰上，更三传连并，皆主疾速往来之象也。

　　杨注：

　　初传卯为四月生气，卯又乘朱雀，由此知为飞禽。初传卯加辰，三传卯寅丑木局，由此知禽飞于东南方树上，末传丑乘天乙贵人，由此引出一贵人。丑与日上未为同类，丑未相冲，由此知二鸟相斗。未为天杀（申子辰天杀在未）。案文中称"末传得贵人带天杀"，实为日干上为天杀。可解为末传丑乘贵人，丑与未同类为二禽，未为天杀，丑未又相冲，故二禽相斗，该飞禽被贵人捉去。

三 苗公达奉诏占老鹤

嘉祐四年己亥岁三月十三日，老鹤在殿上。奉御旨宣苗公达，问此鹤何时飞去，后往何方，死在何年月日时。当日丙午正辰时占酉将。**苗公达断经**

```
白 贵 常 蛇
辰 亥 卯 戌
亥 午 戌 丙
```

```
子 辰 白
财 酉 朱
父 寅 武
```

```
戌 亥 子 丑
酉       寅
申       卯
未 午 巳 辰
```

苗公达奏曰：卦名斩关，此鹤在今日未时起去，飞正南方，不出一里，却望回正西方去。今年九月壬寅日辰时此鹤在水边，被军人将青黑食，用罗网而获，见血而死。上曰：何也？奏曰：正时加太岁逢白虎，不出时下起。丙午日并在天网，择旺处故望南方飞。不出一里回望正西者，天乙太岁并立，故回兑上，酉为朱雀，阴是从魁，更与生气并也。今年九月壬寅日辰时被军人于水边所获者，朱雀被日辰所制，日上见戌，应于九月，终于寅为玄武，故壬寅日。辰加亥兼亥加支上，则主近水。亥黑色食，天罡是军人为大杀，**大杀正月起戌，行四季**。并死气，又见白虎，行年又值天罡，日上又见螣蛇，故及时见血死也。

杨注：

此案为北宋仁宗嘉祐四年（公元1059年）岁次己亥三月十二日丙午，

该月乙未朔，初三丁酉日谷雨，故用酉将。原文中称"三月十三日"，当为"三月十二日"。

正时为辰，辰乘白虎加亥，亥为太岁，此为"正时加太岁逢白虎"，由此断为"不出时下起飞"。而文中此鹤于今日未时飞去，此未时为辰时之误。

太岁为亥，天乙贵人也是亥，故称"天乙、太岁并立"。而"天乙、太岁并立，故回兑上"，即老鹤先往南方飞去，又折向正西方飞去。兑方为酉方，此与"太岁、天乙并立"有何关系，是否仅是"酉为朱雀"之故？或因中传酉乘朱雀，原文中未能说明。

日辰丙午俱火，克制酉金，故称"朱雀被日辰所制"。日干丙上为戌，戌为九月。末传为寅，又乘玄武水将，故为壬寅日。又因亥加支上，由此断为近水处。

此案占老鹤，故案中以朱雀为类神。

四　楚衍占丰歉

庆历八年戊子，楚衍因到雍邱，知县张邴邀衍至厅，正月十四日占今年丰歉，是日癸未得申时。**一针见血**

```
      阴  空  勾  贵
      卯  亥  酉  巳
      亥  未  巳  癸
```

```
      父  酉  勾
      鬼  丑  常
      财  巳  贵
```

```
  酉  戌  亥  子
  申          丑
  未          寅
  午  巳  辰  卯
```

楚衍曰：今日申初二刻立春，却得申时，以月将神后加申，三下贼上俱比，以涉害从魁加巳为用，将得勾陈，中传大吉加酉太常，终传太乙加丑贵人，太岁上得天罡乘天后，此年宜麦宜麻之稔，其余谷米不丰。西南半熟，东北全荒，米谷涌贵，金银铜铁物贱，人民饥荒，仍有疾疫及盗贼惊恐。其年一一应验。

议曰：太岁上神与初传从魁为合，是金土相生，所以宜麻麦，金银铜铁物贱。太岁临空，又天罡加临岁上，故主人民饥荒，盗贼疾疫。西南方有亥子水神加之，与立春日干无伤为吉，将得天空、白虎凶神，故得半熟；东北方位有巳午未火神加之，与立春日干克战为凶，又将得蛇雀凶神，故主全荒也。

杨注：

此案为北宋仁宗庆历八年（公元1048年）岁次戊子正月十四日癸未日申时，该日申时二刻交立春节，故以立春日交节时刻占全年丰歉。此案是楚衍应雍邱（今河南杞县）知县张邴之邀占卦。原案文中所述清楚明白，无须再解。

凡占全年丰歉，柳子壮在《六壬捷录》中说："天腊日即元旦占之不误，或以月将加立春之时占之，亦可。"以太岁、三传等加临生克作出判断。又说"卜一方视支上神；卜天下视各方定其何郡"，可作参考。

五 刘日新占何人叩门

十月甲午日寅将丑时，占何人叩门。**张本占案**

<pre>
    后 贵 六 勾
    申 未 辰 卯
    未 午 卯 甲

        财 辰 合
        子 巳 朱
        子 午 螣

  午 未 申 酉
  巳   戌
  辰   亥
  卯 寅 丑 子
</pre>

　　刘公日新指一沙门曰：此来捕汝也。盖甲上卯挟刃太旺，卯为沙门，勾陈临之之故。然勾陈土为木所克，不妨。未上见申、天后，甲己非正合，带奸门，曾犯强奸，宅上阴神申克甲，是宅人不容，拒逐而败。卯克辰为财，甲又克之，是偷师傅之银而走。辰数五，午数九，银共一百四十两。有汪姓人藏他家中时果来搜寻，指他走南方，有少女随之可脱，至北河可以活命。以中传巳作朱雀，为飞腾之象也。果逃至溪边，有少女洗菜，见和尚来惊走，和尚随之，果往南脱去。少女者，巳也；利北河者，水能生甲木也。

杨注：

　　沙门即僧人。六壬式以卯乘勾陈或天空为沙门。案中干上卯乘勾陈，当为沙门。勾陈又为巡捕之人，负责抓捕办案事。卯木克勾陈土，故僧人可以逃过抓捕。

　　僧人为何犯法，又如何逃过官府抓捕，案中稍有解析。只是"甲己非正合"一语，日干为甲，而己无着落。十月以亥为奸门，亥遁干为己（甲午旬），由此引出"甲己非正合，带奸门"等内容，亥未入课传，似曲折不明。

六 祝泌奉诏占蝗灾 (一)

丑年五月庚戌日伏吟课，占外处飞蝗。**一针见血**

玄 玄 白 白
戌 戌 申 申
戌 戌 申 庚

比 申 白
财 寅 蛇
鬼 巳 勾

巳 午 未 申
辰　　　 酉
卯　　　 戌
寅 丑 子 亥

祝泌奏曰：谨按螣蛇与天空主飞蝗之象，今此课次传见之，乃螣蛇长生之地。凡螣蛇有气，则为灾轻，而不能全消其害，方此久雨，自不容此物滋蔓，但在课传在生地，未可扑绝。遗蝗再发，所乘白虎为德神属金，金主秋成，申主秔麦，二谷成熟，不如去岁之大歉。况贵人顺行，临于太岁，虽有遗蝗，不全然为灾。

杨注：

案中占飞蝗以天空和螣蛇为类神。今天空不入课传，可以不论，螣蛇乘寅入中传，寅为旬空，初传申乘白虎又冲之，以凶冲凶，则不为凶之象。原案对此未涉及。

案中称"凡螣蛇有气，则为灾轻，而不能全消其害"，螣蛇有缠绕之象，不易除去，但螣蛇有气，应为灾深，不当为灾轻。

七　祝泌奉诏占蝗灾（二）

六月初一戊午日未将辰时，占蝗。**一针见血**

<pre>
蛇 勾 朱 青
子 酉 亥 申
酉 午 申 戌
</pre>

<pre>
  子 酉 勾
  财子 蛇
  鬼卯 阴
</pre>

<pre>
申 酉 戌 亥
未   子
午   丑
巳 辰 卯 寅
</pre>

祝泌奏曰：谨按此课三传酉子卯，为三交课。夫课中主事之神，固以蛇为飞蝗，而初传酉亦是飞蝗之象，何以言之？蝗乃败辛之魂，所变乃勾陈，发用所乘之酉金死于午，即勾陈所立辛位而死于午者也。又酉为变而死之物，是飞蝗之象也。今初传、次传皆有飞蝗之证，则飞腾而众多，将捕之，不可胜捕矣。然三交课多主伏匿、凶丑，又中子、末卯乘太阴为翳蔽之象。要课之终而论之，酉加午、子加酉、卯加子，皆居败暴之地，而终之以翳蔽，则亦可灭，不致猖炽也。

杨注：

此案为南宋理宗淳祐元年（公元1241年）岁次辛丑六月初一戊午日辰时未将。该月初五壬戌大暑，故仍用未将。

案中称"蝗乃败辛之魂，所变乃勾陈，发用所乘之酉金死于午，即勾陈所立辛位而死于午者也"，此语待考。天盘酉加午，午火克酉金。六壬式论五行生旺墓绝，若以五行阴阳分生旺墓绝，则酉金死于午一语所指，仍应考证。

此课三传酉子卯，初酉生中传子水，中传子生末传卯木，卯木受递生而克日干，诚为实深之象，但中传子为旬空，末传卯落空，又似不得为害，原案对此未能涉及。

八 《残篇》为东阳寺僧占投呈

乾隆丁巳年三月戊戌日戌将午时，东阳寺僧祥明师壬戌命五十六岁，欲投阁宪呈词，屡递不收，叩余占断何日得能收进。**残篇**

```
    白  后  贵  勾
    午  寅  丑  酉
    寅  戌  酉  戌

    官  寅  后
    父  午  白
    兄  戌  合

酉  戌  亥  子
申          丑
未          寅
午  巳  辰  卯
```

断曰：占投呈看文书、朱雀为主。今中传午为文书，旬遁甲木为官星，乘神是白虎，午与白虎皆道路之神也。寅者，卦属艮，是高山也。今天盘寅去在西北，是西北高岗，官至其处，乘神天后，是大士之法像。末传戌为天喜，与卯六合，况寅卯大小官星俱聚于天门。意者此月十五癸卯日，阁宪大人必出拈大士香，登海会寺，尔迎路而求之，可蒙收进也。至十五日果一一如断。

又一壬友曰：十五日癸卯得收进者，取末传戌为应期，地盘戌前上见卯，故得收进也。又云：卯日者，卯加在亥，官星乘长生故也。

杨注：

此案为乾隆二年（公元1737年）岁次丁巳三月初十戊戌日午时，该月二十一己酉日谷雨，故仍用戌将。

中传午为文书，午乘白虎，午与白虎皆为道路之神，由此推出当于道路中求之。

为何主此月十五癸卯日？案中提供三种答案，可作参考。

九 《残篇》为阮帝臣占求贵人

雍正乙卯年五月丁卯日未将卯时，阮帝臣老占求孔分司委买之事允否。

残篇

```
    贵  勾  常  贵
    亥  未  卯  亥
    未  卯  亥  丁

        子  未  勾
      官 亥  贵
      父 卯  常

   酉  戌  亥  子
   申           丑
   未           寅
   午  巳  辰  卯
```

黄断：日求贵人不宜空，空则无力。且夏令得木局，乃休气。休者废也，不成之象。果至七月，另委他人矣。

杨注：

此案占求贵人，而值事贵人亥，甲子旬亥为旬空，贵人空亡，求贵人不成之象。三传未亥卯为三合木局，虽生日干丁火，但夏五月木为休气，"休者废也"，主事不成。

十　张江村自占幕馆

乾隆甲寅年四月初一丁巳日酉将申时，占幕馆。**说约**

```
勾 青 朱 合
未 午 酉 申
午 巳 申 丁
```

```
财 申 合
财 酉 朱
子 戌 蛇
```

```
午 未 申 酉
巳       戌
辰       亥
卯 寅 丑 子
```

张江村曰：占此事又现出他事者，又有为他人占牵连及我者，此间或有之，真变幻之极，非明眼人不能见也。余占幕馆，甲寅四月初一丁巳日酉将申时，三传申酉戌，申为道路神，主有行动，酉为月将作长生乘朱雀，主途次有大力人诩荐，酉生亥贵，荐必允从，此本指也。又看申为妻乘六合，内战，主妻患病，申遁庚而为重金，主患腹疾，阴见太阳，不致伤生。后于七八月间妻果大病，始瘰后痢，几几不保。

又妻病重时为占生死，七月二十七日壬子午将酉时，三传午卯子。午为妻乘天后外战，幸午为太阳，病虽重无妨，此本指也。又看干为我，申作长生临干，主有人作荐，巳作贵人临申、六合，余亦有馆矣。旋于八月初九日癸亥，由沈湘葵荐，熊枭台来延，此皆占此而现出他事也。

杨注：

此案为乾隆五十九年（公元1794年）岁次甲寅四月初一丁巳日申时，

该月二十三已卯日小满，此为小满之前，故仍用酉将。

案中称"酉为月将作长生乘朱雀，主途次有大力人诹荐"，是指酉为日干丁火长生之位。六壬家多以五行论长生，即丙丁火皆长生在寅，而张氏于此显然是以丙火长生在寅、丁火长生在酉论，此与他书不同。

案中为妻病重时占生死，为该年七月二十七日壬子日午将酉时，列式如下：

```
后 常 贵 玄
午 酉 巳 申
酉 子 申 壬


   财 午 后
   子 卯 朱
   兄 子 青


寅 卯 辰 巳
丑       午
子       未
亥 戌 酉 申
```

此案为张氏自占妻病。初传妻财午乘天后，天后水克午火，外战，因午为月将太阳，病重无妨。此为本占。

又，日干壬为自己，申为日干长生加临日干之上，主有人推荐，申之阴神巳为天乙贵人，巳与申为六合，由此推知自己可得馆（书馆）。

十一　张江村为舍弟占馆

乙卯年闰二月初二甲申日亥将午时，占馆。**说约**

```
后 空 青 贵
午 丑 子 未
丑 申 未 甲
```

```
父 子 青
子 巳 阴
财 戌 合
```

```
戌 亥 子 丑
酉       寅
申       卯
未 午 巳 辰
```

　　江村张鋐曰：六壬占一事，而相因之事牵连出现者，此时时有之，特人多忽而不经意耳。乙卯春间，舍弟在山东平州署，馆况颇佳，因占何时来接舍侄赴署，得甲申日干上未，三传子巳戌。余看课传全无来接之象，此本事也。又视干上虽逢未贵，但干视未为财、为墓，贵视干为鬼贼、为寇雠，宾主岂能相安？兼子为败气发用，而与贵人六害，似已分手。寅加酉，主酉日到家也。果于次日乙酉舍弟回家。

　　回后一月，舍弟索占何时得馆。余即以前课推之，命在未上见子水生干，主有人作荐，子与丑夜贵作合，主有官相延，俟子丑月可以得馆。后至十一月，由沈湘葵荐，就江苏布臬台之招。盖丑贵临申，申主刑杀，故为臬司，然丑遭太岁克制，亦不能久于此任。

　　愚按：一课与二课相害，三课与四课相害，此宾主不投之象。何况末传之戌与一课之未、三课之丑，共作三刑，焉得不分手乎。但一课与四课合，二课与三课合，恰好二课之子发用，与三课支上之丑相合，是失于此者而又得于彼也。

杨注：

此案为乾隆六十年（公元 1795 年）岁次乙卯闰二月初二甲申日午时，该岁二月（前二月）三十壬午日春分，此为春分后二日，应用戌将，而案中为何仍用亥将？是错用亥将，还是张鉉对用月将另有主张，待考。

十二 《指归》为人占买妾

八月乙巳日辰将寅时，占来意。**指归灵文论**

```
六 青 勾 空
酉 未 申 午
未 巳 午 乙
```

```
官 申 勾
财 戌 朱
父 子 贵
```

```
未 申 酉 戌
午       亥
巳       子
辰 卯 寅 丑
```

断曰：来意是起官人，道路往来，欲合婚姻，奈有所隔，而终不成。盖申为夜贵，故云官人。申为道路，既作勾陈，则勾留不定，往往来来。乙日为占人，庚寄在申，乙与庚合，巳与申合，干支俱与初传合，岂非欲合婚姻？中传戌作朱雀，为奴婢，是官人欲买一妾，故道路往来也。奈申金畏干上午火，其妾家畏而不允，故终隔而不成也。

杨注：

初传申为传送，又是夜贵，故称"事起官人，道路往来"等。又因日干之乙与庚合。庚寄申宫，由此引出初传之申。日支巳与初传申合。干支俱与初传申合，由此推出是官人欲合婚姻。

中传戌乘朱雀，戌为奴婢，由此推出是官人欲买妾（奴婢为妾），于道路奔波往来（申为传送）。

案中称初传申金畏干上午火之克，故"其妾家畏而不允"。卦象显示官人申金畏干上午火之克，而不是中传戌畏午火，故此论不为允当。

　　笔者认为当论末传子虽为当值贵人，又生日干乙木，本能成合此婚事，但是子加戌为贵人入狱，自顾不暇，故不能成合此婚。

十三　郭御青为人占卖马

己亥日，占卖马。**郭氏占案**

后　空　六　阴
丑　午　酉　寅
午　亥　寅　巳

父　午　空
兄　丑　后
子　申　勾

子　丑　寅　卯
亥　　　　　辰
戌　　　　　巳
酉　申　未　午

　　郭御青曰：余亲有马二匹，一大一小，问皆卖出否？课果传类神午字。时旁有人，断为皆不得卖，以午为日禄也。又一人断为卖出大马，以大马捷足先出也。

　　余断曰：马为日禄，惟卖出乃得价为禄。卖出小马，以午自刑，大刑出小，小不能刑出大也。马即从宅上发用，明乎一马在宅，一马出外，且马有恋主之意，凡卖皆不愿出。今一马出传，必大刑小出也。果卖小马。

　　杨注：

　　此案断法奇特，别出心裁。初传午（马）为类神发用，当断得出，然案中为一大马一小马，二马是否皆可卖出？此应细分。

　　初传午为自刑，又从日支宅上发用，刑即为（卖）出，发用亦为卖出。刑为大刑小，而小不得刑大，故断大刑出小，小马必可卖出。

　　因是二马（一大一小），卦象又显示初传为午（马），支（宅）上亦为午

（马），故可断为只能卖出一马，宅上仍有一马。然大刑小出，是郭氏断法奇巧之处。

十四　徐次宾一课为三人占事

七月丁亥日巳将午时，占来意。**一字诀　玉连环**

```
阴  后  空  白
酉  戌  巳  午
戌  亥  午  丁
```

```
   子  戌  后
   财  酉  阴
   财  申  玄
```

```
辰  巳  午  未
卯         申
寅         酉
丑  子  亥  戌
```

先一人戊申生五十四岁男子来占。徐次宾曰：来意因其子在外饮酒过多，胃有宿食冷气得病。盖时为日干六合，主在外。支上发用，本命上俱得子孙，支乘休气，故为子孙病。命上小吉太常为饮食，并发用戌为脾胃，上得天后水为冷饮，又值事门得白虎为道路，故云因子孙在外因饮食伤脾胃得病来占。

又一人丁卯生三十五岁男子来占。徐次宾曰：来意因在外与二卑下妇人往来，得气痞嗽血之病。盖命上见六合为私门，发用天后主厌翳。中传太阴主伏匿，天魁、从魁主奴婢，上得天后、太阴，故曰与二卑下妇人往来。天后克日，末传玄武又克日，戌酉申俱是日干死墓之乡，丁主心血，故知得病嗽血也。

又一人辛巳生八十一岁来占。徐次宾曰：来意因家中走失奴婢两口，得一姓马人往西南方追捕捉获。盖发用天魁主奴，从魁主婢，末传得玄武临门为窥户，又值事门上得白虎主道路，卦得斩关主逃亡。今年老有官者来占，岂不是奴婢逃亡也。先锋门胜光为今日等辈，又主姓马人。克制玄武，故捉获。言往西南追捕者，盖玄武阴神所居也。

杨注：

此案当为辛丑年。第一人戊申生五十四岁，第二人丁卯生三十五岁，第三人辛巳生八十一岁。前二人俱以课传结合本命上神作判断。第三人则未参看本命及其上神，仅以课传作出判断。课传相同，而应以本命、行年（此案中未涉及行年）之不同加以区别。此案虽一课先后为三人占事，所占事体又不相同，但皆未涉及三人之行年，尤其第三人也未涉及占问者的本命，似不足为法。试问，第一人为何不直接以课传作出判断？第三人为何又不参照其本命及其上神呢？这些问题，当然还有待进一步探讨。

十五　徐次宾为人占和合及添妾媵

四月丙子日申将丑时，占来意。**一字诀　玉连环**

```
青  阴  阴  六
寅  未  未  子
未  子  子  丙
```

```
   鬼  子  六
   子  未  阴
   印  寅  青
```

```
子  丑  寅  卯
亥           辰
戌           巳
酉  申  未  午
```

徐次宾曰：来意主内外和合之事，又主添妾媵之喜。盖丑时与日干三合，与日支六合，故言内外和合事也。日上神后水，时上天后水，不言鬼者，缘先锋门得大吉土，值事门得勾陈土，为今日之子孙爻，以克死绝之水，水岂能为鬼也。太阴主妾媵，六合主和合婚姻，青龙主喜庆，此课始末俱吉，岂不是和合添妾媵之象也。

杨注：

此案正时（占时）丑（正时为先锋门），天盘丑所乘天将勾陈（正时所乘天将为值事门），二者俱不入课传，而作者亦用来作为判断的依据。

《指掌赋》曰：

先贤时察来情端倪，无不应验。时遇空亡，必主侵欺诈伪，时乘驿马，必主动改迁移，冲日冲辰，彼我流离颠沛，同辰同日，事情偃蹇迟疑。时日相生，迭为恩泽。日时克害互作，日克时则为财，时克日则为鬼。遇子遇午，时往时来，值卯值酉，为门为户。

时乘日暮，虽冲而终成蒙昧。日得夜时见贵，而反为不祥。日逢时破，主走失之灾，辰遇时刑，应讼狱之祸。时干日干相合，外事合同。时支日支相合，婚姻和会。日辰俱合，明时内外兄一团和气。正时冲刑月将，顷刻有不测灾来。

　　古人以时为先锋门，故未得课传，先视正时，与日干禄墓生克何如，又以天上正时所乘神为直事，而事之原委已知矣。如甲日巳时巳作螣蛇，便知其为子孙忧疑事也。

十六　王牧夫为人占谒贵见否

乾隆己卯年十月壬午日寅将戌时，甲申命人五十六岁占谒贵见否。**牧夫占验**

```
    武  青  朱  阴
    寅  戌  未  卯
    戌  午  卯  壬

        鬼 未 雀
        兄 亥 空
        子 卯 阴

    酉  戌  亥  子
    申          丑
    未          寅
    午  巳  辰  卯
```

王牧夫曰：明日必见，见必有言语，不致动气，从此后水乳也。其人到辕三次禀见，俱未见，次日往禀，果传见。见有责备言语，却未曾动气，验甚。

盖本命行年逢空，故前此未见。今干支上卯与戌合，又年之阴见贵，来日未发传，木局生贵，故必见耳。

有言语者，未为朱雀；不动气者，乃未中藏丁，与干壬水作合也；三传木乃脱气，则气有所消，故应之耳。

杨注：

此案占问谒拜贵人，因干上卯与支上戌为六合，故定谒贵可见。又此人本命在申，五十六岁行年在酉，酉上为丑，丑上为巳，巳为今日昼贵，故称"年之阴见贵"，亦主与贵人相见。又三传未亥卯为三合木局，生起贵人巳火，亦主与贵人相见。初传未为用神，未为明日之支，故主明日（未日）必见。

初传未乘朱雀，故主见贵必有言语责备；未中藏丁，丁与日干壬作合（丁壬合），故主贵人虽有言语责备，却无大碍，终为合和；三传未亥卯三合木局为脱气（日干壬水生木），主气消，故主贵人不致动怒。课传中屡见三合、六合，主此后与贵人水乳交融。

此课用时为戌，却取用巳为值事贵人。若取用卯为值事贵人，断法基本不受影响。此条值得注意。

十七 王牧夫占盐船何日到泰州

辛巳年八月甲戌日巳将丑时，李仁夫占盐船何日到泰州。**牧夫占验**

```
后  白  合  后
午  寅  戌  午
寅  戌  午  甲
```

```
兄 寅 白
子 午 后
财 戌 合
```

```
酉  戌  亥  子
申      丑
未      寅
午  巳  辰  卯
```

王牧夫曰：此以类神并传上决之。卯为舟车，卯坐亥上受生，无险失阻滞。传出炎上火局，火最迅速，戌为仪神、支辰，为卯之合神，何阻之有？戌为仆，乃遣去探信之人，六合即卯为舟，临于其上。午为姤卦，姤者遇也。仆到船已到，今日即抵泰埧矣。戌坐午上，故有此应。

此翁占二数，非丑即未，乃贵为财，主由贵处见财也。

时为目前，故应日内。

杨注：

寅、卯俱可作舟车之类神。此案占船，取卯为类神，大概是取卯与戌（戌为仪神、日支）合之故。但是，卯并未入课传，似嫌曲折迂回。

此课三传寅午戌，初传寅即可为船，寅乘天将白虎，白虎为道路之神，可断船已在途中。三传寅午戌三合炎上火局，火发迅速。三传又递生，初传寅木生中传午火，午火生末传戌土，三传递生亦主迅速。初传寅为船，加临末传戌上，戌为旬首仪神，又为今日之支，故可断即日至。

案中午为姤卦之说，似画蛇添足，其出处亦有待考证。

十八　王牧夫为人占督院文书

乾隆乙亥年八月丁卯日辰将子时，占督院文书批发何如。**牧夫占验**

```
阴  朱  空  阴
亥  未  卯  亥
未  卯  亥  丁
```

```
    子  未  朱
    官  亥  阴
    父  卯  空
```

```
酉  戌  亥  子
申      丑
未      寅
午  巳  辰  卯
```

王牧夫曰：省中文字不能如意，盐窝当大退，丙丁之日批，戊己之日到。果于丁日批己日到。批语于生意甚无益也。连日大退数钱，甚验。

凡占督抚大位，俱以岁破为用。岁破之上坐酉，正冲木局，故不能如意也。正时与朱雀六害，与卯相刑，何能有望？窝价是以必退耳。朱雀为批辞，遁辛克支，支为卑下受墓受克，安得有好语乎。丙丁之日批者，未即丁，又辛与丙合，以丙丁为期；戊己之日到者，马带己又合戊也。

杨注：

此案断法新奇之处有三：

1.凡占督抚大位（相当于省部级），俱以岁破为用。此课岁破为巳，不入课传，仍以岁破为用；

2.正时不入课传，仍分析正时与类神和三传的关系，进行判断；

3.巧用遁干：初传未乘朱雀，朱雀为文书，未遁辛干克支，不利卑下。

初传未，又丙与未遁干辛合，取丙丁为期。驿马为巳，巳遁己干，巳为戊寄宫，又取戊己为应期。此为取应期的又一方法。

十九　王牧夫为人占成合事

乾隆甲戌年七月壬辰日巳将申时，占成合事。**牧夫占验**

```
青 朱 阴 白
戌 丑 巳 申
丑 辰 申 壬
```

```
  财巳阴
  子寅蛇
  兄亥陈
```

```
寅 卯 辰 巳
丑       午
子       未
亥 戌 酉 申
```

王牧夫曰：占成合事，而财作闭口为用，虽三传递生，有人举荐奈不能明言。况支辰纯土，闭塞不通，多有阻隔，事无益。据余看此数，今年宅中尊长与妻宫暨卑幼，皆有灾咎，何则？干上长生，父母也，带白虎凶杀，而支上又值岁刑。巳妻财，坐三刑中为闭口，闭口主兆死亡。蛇为小儿，亦在刑内，支为卑幼。种种不吉见于体用。况太岁在支阴，刑冲，而日支又为墓鬼，家运如此，年境如此，岂能望事成合乎？尤防口舌争竞也。丑乘朱雀，为岁刑克干，故主口舌。是年果见口舌死亡也。

愚按：此课之凶，在于鬼临三四，且并岁刑、太岁也。夫太岁为家长，既遭丑刑，自是不利。若曰：长生带白虎，主父母不利。彼《指掌赋》云："将时恶生我，则其喜终至。"注云："虎勾生我，其力尤雄。"此又何必称耶。况诸家壬癸日，昼贵咸用巳，独牧夫先生，昼贵则用卯，若依诸家用巳贵，则申又不乘白虎凶神矣。

杨注：

程氏按语指出："此课之凶在于鬼临三四，且并岁刑、太岁也。"是指第三课上丑克干为鬼，第四课上戌亦克干为鬼，此为鬼临三、四课。丑刑戌，戌为太岁，丑为岁刑，戌为太岁克干为鬼，故称"且并岁刑、太岁也"。

程氏在按语中指出六壬诸家对起天乙贵人不一致的问题，这是一个应引起探讨的重要问题。以本案论，若用卯贵，则申乘白虎加干，若用巳贵，则申乘玄武。白虎主死丧，玄武主盗耗，虽皆为凶将，却相差甚远。但是，十二天将终是判断时的重要因素，到底如何把起天乙贵人统一起来，仍值得进一步探讨。

二十　王牧夫为人占父柩在何处

己巳年巳月戊辰日酉将丑时，扬州某氏子求占父柩在何处。

```
蛇 青 朱 空
申 子 酉 丑
子 辰 丑 戌
```

```
    财 子 青
    子 申 □
    比 辰 玄
```

```
丑 寅 卯 辰
子       巳
亥       午
戌 酉 申 未
```

王牧夫曰：尊人之柩在北门寺庵中，庵前有河一条，询之僧人便知。

此占因柩失，非问墓也，不可以墓论。发用青龙子水，中申，申乃死气，而蛇居之，子由辰上发用，子为北，辰为关，故曰北门外。龙居辰上主寺观，申与僧同音，故曰询之僧人。前有河一条者，申子辰合成水局也。占者父亡时只数岁，后随姊迁于他处，及长因母亡，欲举柩合葬，其父柩在北门外庵中，只一姊夫知之，而庵中柩累累，询之僧人，乃得其父柩，即举合殡。占者得此数甚异之。王氏占验

愚按：王公不责白虎而论三传，极与邵公之法合。

杨注：

此案为人占父柩寄放何处，全以三传判断。案中称"申乃死气"一语，值得探讨。王牧夫生活在清代乾隆间，乾隆己巳年（公元1749年）有数则筮案。此案称己巳年巳月戊辰日，当为乾隆十四年（公元1749年）岁次己

巳。该年三月己酉朔，十九丁卯立夏，二十戊辰在立夏后，当称戊辰日在巳月（四月）内，这是六壬术数中较为普遍遵循的规定。也就是说，该年三月二十戊辰日虽在三月内，因戊辰日是在四月的立夏节管辖下，称为巳月（四月）戊辰日也是合乎道理的。既然将戊辰日纳入到四月之中，称申为死气就有问题了。死气的规定是正月起午，顺行十二支，则三月死气在申，而不是四月。或者此处是以时令的死气而论，四月为夏月，火旺，金为死气（我克者死），当称"申金乃死气"，而不应称"申乃死气"。也可能称"申乃死气"，其本意为"申金乃死气"，是文字表达不严密所致。但按课传所占，应取神煞中的"死气"，而不应取节令中的"死气"。

后 记

　　《历代六壬占验选注》完稿后，再加上笔者此前编著的《六壬指南例题解》、《六壬断案详解》二书，就对清人程爱函编辑的《精抄历代六壬占验汇选》中的六百余则历代六壬案例，全部作了解析（个别案例，只录原文，未作解析）。由于水平所限，笔者的解析内容难免有很多不足之处，但是，对于读者，尤其对于刚刚开始研究六壬的读者，可以起一点引导作用，这也是笔者所希望的。

　　前人认为，六壬最切合人事。对于我们来说，可谓得天独厚。因为在术数学体系中，流传下来的古代六壬典籍最为丰富，案例也最多。只要读懂六壬典籍，熟读古代六壬案例，就能够掌握这门学术，并在实践中加以应用。相对来说，是比较容易的。

　　笔者坚持认为，古代六壬案例（至清代中期）最为精彩。清末至民国年间的六壬案例，与古人相比，相差一个级别。恕笔者直言，今人的六壬作品（包括笔者本人的作品）中，几乎看不到精彩案例。因此，我建议学习六壬的读者，应以学古人为主。

　　如有学术交流，请与本人联系，电话：13313197798。

杨景磐

2012 年 8 月 18 日于文新墨旧斋